教育部　财政部职业院校教师素质提高计划成果系列丛书
教育部　财政部职业院校教师素质提高计划职教师资开发项目
"物流管理"专业职教师资培养资源开发项目（VTNE077）（负责人：白世贞）

现代物流信息技术与应用实践

主　编　白世贞　张鑫瑜

副主编　刘金芳

科学出版社
北　京

内 容 简 介

本书根据现代物流信息技术的最新发展及其在物流系统中的应用，对现代物流信息技术的基本理论和应用实践进行系统的、一体化的融合。本书共分为六章，每一章都是关于物流活动中所运用的各种信息技术及其相应的应用实践的内容，主要介绍了物流信息的基础及前沿性技术，包括条码技术、自动采集 RFID 技术、全球定位系统、地理信息系统、物流信息服务交换技术、EDI 物流数据交换技术、ebXML 物流数据交换技术、计算机网络技术、移动通信技术、数据库管理技术、大数据与云计算技术、物流信息管理系统、自动控制技术、自动化立体仓库及应用等。

本书可作为高等院校物流管理、物流工程、物流信息管理、信息管理与信息系统、计算机应用等相关专业的教材，也可作为物流相关行业各级管理人员和技术人员的参考用书。

图书在版编目（CIP）数据

现代物流信息技术与应用实践 / 白世贞，张鑫瑜主编. —北京：科学出版社，2019.6

（教育部财政部职业院校教师素质提高计划成果系列丛书）

ISBN 978-7-03-059804-2

Ⅰ. ①现… Ⅱ. ①白… ②张… Ⅲ. ①物流－信息技术－高等职业教育－教材 Ⅳ. ①F253.9

中国版本图书馆 CIP 数据核字（2018）第 269826 号

责任编辑：王京苏 / 责任校对：贾伟娟
责任印制：张 伟 / 封面设计：蓝正设计

科 学 出 版 社 出版
北京东黄城根北街 16 号
邮政编码：100717
http://www.sciencep.com

北京虎彩文化传播有限公司 印刷
科学出版社发行 各地新华书店经销
*

2019 年 6 月第 一 版 开本：787×1092 1/16
2019 年 6 月第一次印刷 印张：22 1/2
字数：540 000

定价：120.00 元
（如有印装质量问题，我社负责调换）

教育部　财政部职业院校教师素质提高计划
职教师资培养资源开发项目专家指导委员会

出 版 说 明

  《国家中长期教育改革和发展规划纲要（2010—2020 年）》颁布实施以来，我国职业教育进入加快构建现代职业教育体系、全面提高技能型人才培养质量的新阶段。加快发展现代职业教育，实现职业教育改革发展新跨越，对职业学校"双师型"教师队伍建设提出了更高的要求。为此，教育部明确提出，要以推动教师专业化为引领，以加强"双师型"教师队伍建设为重点，以创新制度和机制为动力，以完善培养培训体系为保障，以实施素质提高计划为抓手，统筹规划，突出重点，改革创新，狠抓落实，切实提升职业院校教师队伍整体素质和建设水平，加快建成一支师德高尚、素质优良、技艺精湛、结构合理、专兼结合的高素质专业化的"双师型"教师队伍，为建设具有中国特色、世界水平的现代职业教育体系提供强有力的师资保障。

  目前，我国共有 60 余所高校正在开展职教师资培养，但由于教师培养标准的缺失和培养课程资源的匮乏，制约了"双师型"教师培养质量的提高。为完善教师培养标准和课程体系，教育部、财政部在"职业院校教师素质提高计划"框架内专门设置了职教师资培养资源开发项目，中央财政划拨 1.5 亿元，系统开发用于本科专业职教师资培养标准、培养方案、核心课程和特色教材等系列资源。其中，包括 88 个专业项目、12 个资格考试制度开发等公共项目。该项目由 42 家开设职业技术师范专业的高等学校牵头，组织近千家科研院所、职业学校、行业企业共同研发，一大批专家学者、优秀校长、一线教师、企业工程技术人员参与其中。

  经过三年的努力，职教师资培养资源开发项目取得了丰硕成果。一是开发了中等职业学校 88 个专业（类）职教师资本科培养资源项目，内容包括专业教师标准、专业教师培养标准、评价方案，以及一系列专业课程大纲、主干课程教材及数字化资源；二是取得了6 项公共基础研究成果，内容包括职教师资培养模式、国际职教师资培养、教育理论课程、质量保障体系、教学资源中心建设和学习平台开发等；三是完成了 18 个专业大类职教师资资格标准及认证考试标准开发。上述成果，共计 800 多本正式出版物。总体来说，培养资源开发项目实现了高效益：形成了一大批资源，填补了相关标准和资源的空白；凝聚了一支研发队伍，强化了教师培养的"校—企—校"协同；引领了一批高校的教学改革，带动了"双师型"教师的专业化培养。职教师资培养资源开发项目是支撑专业化培养的一项系统化、基础性工程，是加强职教师资培养培训一体化建设的关键环节，也是对职教师资培养培训基地教师专业化培养实践、教师教育研究能力的系统检阅。

　　自 2013 年项目立项开题以来，各项目承担单位、项目负责人及全体开发人员做了大量深入细致的工作，结合职教师资培养实践，研发出很多填补空白、体现科学性和前瞻性的成果，有力推进了"双师型"教师专门化培养向更深层次发展。同时，专家指导委员会的各位专家以及项目管理办公室的各位同志，克服了许多困难，按照两部对项目开发工作的总体要求，为实施项目管理、研发、检查等投入了大量时间和心血，也为各个项目提供了专业的咨询和指导，有力地保障了项目实施和成果质量。在此，我们一并表示衷心的感谢。

教育部　财政部职业院校教师素质

提高计划成果系列丛书编写委员会

2016 年 3 月

前　言

　　现代物流业的核心就是信息技术和供应链一体化,而供应链一体化又是以信息技术为基础的。掌握信息技术的现代物流人才成为现代物流业发展的切实急迫的需求,而相应的本科层次的职业教育教师的培养显得尤其重要。

　　现代物流信息技术与应用实践是物流工程、物流管理等相关专业的核心课程,是一门综合性学科,融合了物联网技术、计算机科学与技术、通信技术、自动控制以及物流管理等诸多学科的知识和内容,具有很强的实践性和应用性。通过本课程的学习,学生不仅能够掌握物流信息技术的基础理论知识,同时能够培养学生的创新意识和实践能力,学会运用物流信息技术相关理论去发现问题、分析问题和解决问题。

　　基于上述认识及物流信息技术相关行业、政策的发展需求,对本书内容进行了设计。本书具有如下特点。

　　(1) 充分体现应用型物流人才的培养目标和要求。本书结合物流管理专业人才培养目标,以理实一体化作为编写的理念来设计本书内容,能够充分满足对物流人才的培养需求。

　　(2) 注重结构合理务实。根据研究的最新成果,加强教材的"纵向体系结构"和"横向体系结构"一体化建设。依照"案例导入,理论跟进,实践补充"的原则,循序渐进地组织本书的内容。

　　(3) 依据本书编写组多年的教学和实践经验,结合企业的实际需求,选取具有应用性、适用性和实用性的知识点作为本书的内容。

　　本书按照学生学习的认知规律和物流企业信息技术的需求,共分为六章,每章都是关于物流活动中所运用的各种信息技术及其相应的应用实践。第一章采集物流信息技术与应用实践,阐述条码技术和自动采集 RFID (radio frequency identification,无线射频识别)技术理论及其在物流领域中的应用。第二章动态跟踪物流信息技术与应用实践,阐述物流信息跟踪技术和实践,内容包括全球定位系统和地理信息系统理论及其在物流领域中的应用。第三章物流信息交换技术与应用实践,阐述物流信息服务交换技术、EDI (electronic data interchange,电子数据交换) 技术以及 ebXML (electronic business using extensible markup language,电子商务扩展标记语言) 物流数据交换技术理论及其在物流领域中的应用。第四章物流信息通信技术与应用实践,阐述计算机网络技术和移动通信技术理论及其在物流领域中的应用。第五章物流信息管理技术与应用实践，阐述数据库管理技术、大数据与云计算技术以及物流信息管理系统理论及其在物流领域中的应用。第六章物流自动控制技术与应用实践，阐述自动控制技术和自动化立体仓库及应用理论及其在物流领域中的应用。

本书由白世贞、张鑫瑜担任主编，由刘金芳担任副主编。主编负责全书的整体策划和结构设计，副主编负责内容组织撰写及最后的统稿工作。具体分工为：第一章～第五章由张鑫瑜编写，第六章由刘金芳编写。

本书在编写过程中，参考了大量的相关文献资料，在此对资料的作者表示由衷的感谢。

由于编者水平有限，书中难免存在不足之处，希望广大读者提出宝贵意见，以便进一步完善。

本书是教育部、财政部职业院校教师素质提高计划职教师资开发项目——"物流管理"专业职教师资培养资源开发项目（VTNE077）的成果之一，既可作为职业教育本科物流管理专业教师的学习和参考书，也可作为高等院校物流管理、物流工程、物流信息管理、信息管理与信息系统、计算机应用等相关专业的教材，还可作为物流相关行业各级管理人员和技术人员的参考用书。

目　　录

第一章

采集物流信息技术与应用实践

本章实施体系如下。

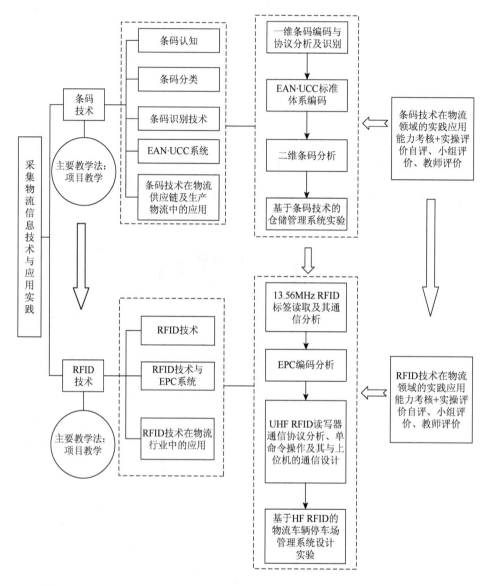

➢案例引导

现代社会物品种类繁多，物流量庞大，分拣任务繁重，如邮电业、批发业和物流配送业，人工操作越来越不能适应分拣任务的增加，利用条码技术实行自动化管理成为时代的要求。运用条码技术对邮件、包裹、批发和配送的物品等进行编码，通过条码自动识别技术建立自动分拣系统，就可极大地提高工作效率，降低成本。国家邮政局是我国最早配备自动分拣系统的单位之一，该系统的流程如下：在投递窗口将各类包裹的信息输入计算机，条码打印机按照计算机的指令自动打印条码标签，贴在包裹上，然后通过输送线汇集到自动分拣机上，自动分拣机通过全方位的条码扫描器，识读、鉴别包裹，并将它们分拣到相应的出口溜槽，这样可以极大地提高工作效率，降低成本，减少差错。在配送和仓库出货时，采用分货、拣选方式，需要快速处理大量的货物，利用条码技术可自动进行分货拣选，并实现有关的管理。其过程如下：配送中心接到若干个配送订货要求，将若干订货汇总，每一品种汇总成批后，按批量发出所在条码的拣货标签，拣货人员到库中将标签贴在每件商品上并取出，用自动分拣机分货。分货机始端的扫描器对处于运动状态分货机上的货物进行扫描，一方面确认所拣货物是否正确，另一方面识读条码上的用户标记，指令商品在确定的分支分流，到达各用户的配送货位，完成分货拣选作业。

美国托运人研究中心 2005 年年底的一份研究报告指出，沃尔玛在美国和世界各地的零售商场及配送中心普遍采用 RFID 标签技术以后，货物短缺和货架上的产品脱销发生率降低了 16%，从而大幅度提高了客户服务满意率。其实 RFID 标签无非是在每一种甚至每一件货物上贴上技术含量远远超过条形码并且信息独一无二的 RFID 标签。在货物进出通道口的时候，RFID 标签能够发出无线信号，把信息立即传递给无线射频机读器，传递到供应链经营管理部门的各个环节上。于是仓库、堆场、配送中心甚至商场货架上有关商品的存货动态可以一目了然。

沃尔玛的这项 RFID 标签技术是在美国阿肯萨斯大学的帮助下开发出来的，事实证明，在 RFID 标签技术和其他电子产品代码技术的大力支持下，避免了订货和货物发送的重复操作及遗漏，更不会出现产品或者商品供应链经营操作规程中的死角和黑箱。

仅在 2005 年，沃尔玛在原来的基础上又增加使用 5000 余万件 RFID 技术标签。RFID 技术标签的操作方式其实相当简便，只需要少数人管理，货物跟踪和存货搜索效率高得惊人，大幅度提高了存货管理水平，减少了库存和降低了物流成本。沃尔玛商场的工作人员手持射频识别标签识读器，定时走进商场销售大厅或者货物仓库，用发射天线对着所有的货物一扫，各种货物的数量、存量等动态信息全部自动出现在机读器的荧光屏幕上，已经缺货和即将发生短缺的货物栏目会发出提示警告声光信号，无一漏缺。

总而言之，确保沃尔玛零售商场货架上的各种产品该有的不得无故短缺，商场货架快充物流战略必须进一步实施，如果突发事件和意外事故不可避免，也必须向消费者提前发出告示、解释原因、道歉，并且预告货物补充的日期。令人佩服的是，分布在美国和世界各地的沃尔玛零售商场的 RFID 网络，可以通过卫星通信网络技术实施全球一体化经营管理。也就是说，沃尔玛集团的各个零售商场，各家供货商、制造商、运输服务商和中间商等的存货、销售与售后服务、金融管理等信息动态均被美国沃尔玛零售商总部全面掌握。

请思考：试从物流信息技术角度分析沃尔玛在中国成功运营的关键影响因素。

第一节　条码技术应用

一、条码认知

条形码（又称条码）是将线条与空白按照一定的编码规则组合起来的符号，用以代表一定的字母、数字等资料。在进行辨识的时候，用条码阅读机即条码扫描器（又称条码扫描枪或条码阅读器）扫描，得到一组反射光信号，此信号经光电转换后变为一组与线条、空白相对应的电子信号，经解码后还原为相应的文/数字，再传入计算机。

条码技术是在计算机应用和实践中产生并发展起来的一种广泛应用于商业、邮政、图书管理、仓储、工业生产过程控制、交通等领域的自动识别技术，具有输入速度快、准确度高、成本低、可靠性强等优点，在当今的自动识别技术中占有重要的地位。现如今条码辨识技术已相当成熟，其读取的错误率约为百万分之一，首读率大于98%，是一种可靠性高、输入速度快、准确性高、成本低、应用面广的资料自动收集技术。图 1-1 是标识在康师傅红烧牛肉面上的条码。条码不仅可以用来标识物品，还可以用来标识资产、位置和服务关系等。

图 1-1　标识在康师傅红烧牛肉面上的条码

二、条码分类

目前世界上常用的码制有 EAN（European article number，欧洲物品编码）码、UPC（universal product code，商品统一代码）码、25 码、交叉 25 码（interleaved 2 of 5 bar code）、库德巴码、39 码和 128 码等，而商品上最常使用的就是 EAN 码。

（一）按码制分类

目前常用码制见表 1-1，说明如下。

表 1-1　常用条码的码制比较

种类	长度	排列	校验	字符符号、码元结构	标准字符集	其他
EAN-13 码 EAN-8 码	13 位 8 位	连续	校验码	7 个模块，2 条、2 空	0~9	EAN-13 码为标准版 EAN-8 码为缩短版
UPC-A 码 UPC-E 码	12 位 8 位	连续	校验码	7 个模块，2 条、2 空	0~9	UPC-A 为标准版 UPC-E 为消零压缩版
39 码	可变长	非连续	自校验校验码	12 个模块，5 条、4 空，其中 3 个宽单元，6 个窄单元	0~9、A~Z、-、$、/、+、%、*、.、空格	*用作起始符和终止符，密度可变，有串联性，也可增设校验码
93 码	可变长	连续	校验码	9 个模块，3 条、3 空	0~9、A~Z、-、$、/、+、%、*、.、空格	有串联性，可设双校验码，加前置码后可表示 128 个全 ASCII 码
基本 25 码	可变长	非连续	自校验	14 个模块，5 条，其中 2 个宽单元，3 个窄单元	0~9	空不表示信息，密度低
交叉 25 码	定长或可变长	连续	自校验校验码	18 个模块表示 2 个字符，5 个条表示奇数位，5 个空表示偶数位	0~9	表示偶数位个信息编码，密度高，EAN、UPC 的物流码采用该码制
矩阵 25 码	定长或可变长	非连续	自校验校验码	9 个模块，3 条、2 空，其中 2 个宽单元，3 个窄单元	0~9	密度较高，在我国广泛地用于邮政管理
库德巴码	可变长	连续	自校验	7 个单元，4 条、3 空	0~9、A~D、$、+、-、/、:、.	有 18 种密度
128 码	可变长	连续	自校验	11 个模块，3 条、3 空	三个字符集覆盖了 128 个全 ASCII 码	有功能码，对数字码的密度最高
49 码	可变长多行	连续	校验码	每行 70 个模块，18 条，17 空	128 个全 ASCII 码	多行任意起始扫描，行号由每行词的奇偶性决定
11 码	可变长	非连续	自校验	3 条、2 空	0~9、-	有双自校验功能

1. UPC 码

1973 年，美国率先在国内的商业系统中应用 UPC 码，之后加拿大也在商业系统中采用 UPC 码。UPC 码是一种长度固定的连续型数字式码制，其字符集为数字 0~9。它采用四种元素宽度，每个条或空是 1、2、3 或 4 倍单位元素宽度。UPC 码有两种类型，即 UPC-A 码和 UPC-E 码。

2. EAN 码

1977 年，欧洲各国按照 UPC 码的标准制定了欧洲物品编码——EAN 码，与 UPC 码兼容，而且两者具有相同的符号体系。EAN 码的字符编号结构与 UPC 码相同，也是长度固定的、连续型的数字式码制，其字符集是数字 0～9。它采用四种元素宽度，每个条或空是 1、2、3 或 4 倍单位元素宽度。EAN 码有两种类型，即 EAN-13 码和 EAN-8 码。

3. 交叉 25 码

交叉 25 码是一种长度可变的连续型自校验数字式码制，其字符集为数字 0～9。采用两种元素宽度，每个条和空是宽或窄元素。编码字符个数为偶数，所有奇数位置上的数据以条编码，偶数位置上的数据以空编码。如果为奇数个数据编码，则在数据前补一位 0，以使数据为偶数个数。

4. 39 码

39 码是第一个字母数字式码制。1975 年由 Intermec 公司推出。它是长度可变的非连续型自校验字母数字式码制。其字符集为数字 0～9、26 个大写字母和 8 个特殊字符(-、、*、空格、/、+、%、$)，共 44 个字符。每个字符由 9 个元素组成，其中有 5 个条(2 个宽条、3 个窄条)和 4 个空(1 个宽空、3 个窄空)，是一种离散码。

5. 库德巴码

库德巴(code bar)码出现于 1972 年，是一种长度可变的连续型自校验字母数字式码制。其字符集为数字 0～9、A～D 4 个大写字母和 6 个特殊字符 (-、、、/:、+、$)，共 20 个字符。常用于仓库、血库和航空快递包裹中。

6. 128 码

128 码出现于 1981 年，是一种长度可变的连续型自校验数字式码制。它采用四种元素宽度，每个字符有 3 个条和 3 个空，共 11 个单元元素宽度，又称(11，3)码。它有 106 个不同条形码字符，每个条形码字符有三种含义不同的字符集，分别为 A、B、C。它使用 3 个交替的字符集可将 128 个 ASCII 码①编码。

7. 93 码

93 码是一种长度可变的连续型字母数字式码制。其字符集为数字 0～9，26 个大写字母和 8 个特殊字符 (-、、空格、/、+、%、$、*) 以及 4 个控制字符。每个字符有 3 个条和 3 个空，共 9 个元素宽度。

---

① ASCII 码为美国信息交换标准代码(American standard code for information interchange)。

8. 49 码

49 码是一种多行的连续型、长度可变的字母数字式码制。出现于 1987 年，主要用于小物品标签上的符号。采用多种元素宽度。其字符集为数字 0~9，26 个大写字母和 8 个特殊字符（-、.、空格、%、/、+、%、$），3 个功能键（F1、F2、F3）和 3 个变换字符，共 50 个字符。

9. 其他码制

除上述码制外，还有其他码制，例如，基本 25 码出现于 20 世纪 60 年代后期，主要用于航空系统机票的顺序编号；11 码出现于 1977 年，主要用于电子元器件标签；矩阵 25 码是 11 码的变形；Nixdorf 码已被 EAN 码所取代；Pbssey 码出现于 1971 年 5 月，主要用于图书馆等。

（二）按维数分类

1. 一维条码

一维条码只在一个方向（一般是水平方向）表达信息，在垂直方向则不表达任何信息，其一定的高度通常是为了便于阅读器进行对准。一维条码的应用可以提高信息录入的速度，减少差错率，可直接显示内容为英文、数字、简单符号；存储数据不多，主要依靠计算机中的关联数据库；保密性能不高；损污后可读性差。

随着条码技术的发展和条码码制种类的不断增加，条码的标准化显得越来越重要。为此，人们曾先后制定了军用标准 1189；交叉 25 码、39 码和库德巴码 ANSI 标准 MH10.8M 等。同时，一些行业也开始建立行业标准，以适应发展的需要。此后，戴维·阿利尔又研制出 49 码。这是一种非传统的条码符号，它比以往的条码符号具有更高的密度。特德·威廉斯（Ted Williams）1988 年推出 16K 码，该码的结构类似于 49 码，是一种比较新型的码制，适用于激光系统。

普通的一维条码自问世以来，很快得到了普及和广泛应用。但是由于一维条码所携带的信息量有限，如商品上的条码仅能容纳 13 位（EAN-13 码）阿拉伯数字，更多的信息只能依赖商品数据库的支持，离开了预先建立的数据库，这种条码就没有意义了，所以在一定程度上也限制了条码的应用范围。基于这个原因，在 20 世纪 90 年代发明了二维条码。二维条码除了具有一维条码的优点，还有信息量大、可靠性高、保密性高、防伪性强等优点。

2. 二维条码

在水平和垂直方向的二维空间存储信息的条码，称为二维条码（2-dimensional bar code），可直接显示英文、中文、数字、符号、图形；储存数据量大，可存放 1KB 字符，可用扫描仪直接读取内容，无需另接数据库；保密性高（可加密）；安全级别最高时，损污 50%仍可读取完整信息。使用二维条码可以解决如下问题：表示包括汉字、照片、指纹、签字在内的小型数据文件；在有限的面积上表示大量信息；对"物品"进行精确描述；防止各种证件、卡片及单证的仿造；在远离数据库和不便联网的地方实现数据采集。

目前二维条码主要有 PDF417 二维条码、49 码、16K 码、Data Matrix 二维条码、Maxicode 等，可分为堆积式或层排式二维条码（started bar code）和棋盘式或矩阵式二维条码（dot matrix bar code）两大类型，如图 1-2 所示。

Data Matrix二维条码　　Maxicode　　Aztec二维条码　　QR二维码　　Vericode二维条码

PDF417二维条码　　Ultracode条码　　　49码　　　　　16K码

图 1-2　二维条码实例

二维条码除具有普通条码的优点外，还具有信息容量大、可靠性高、保密性强、防伪性强、易于制作、成本低等优点。二维条码依靠其庞大的信息携带量，能够把过去使用一维条码时存储于后台数据库中的信息包含在条码中，可以直接通过阅读条码得到相应的信息，并且二维条码还有错误修正技术及防伪功能，增加了数据的安全性。

二维条码可把照片、指纹编制于其中，可有效地解决证件的可机读和防伪问题。因此，可广泛应用于护照、身份证、行车证、军人证、健康证、保险卡等。

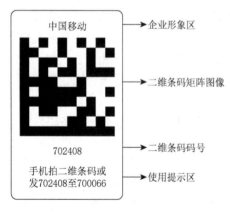

图 1-3　中国移动二维条码实例

例如，中国移动二维条码是用特定的几何图形按一定规律在平面（二维方向上）分布的黑白相间的矩阵，是记录数据符号信息的新一代条码技术。中国移动二维条码由企业形象区、二维条码矩阵图像和一个二维条码码号（关键字），以及下方的使用提示说明文字构成。通过手机拍照此二维条码或发送短信等方式均可方便地进行 WAP 网站的访问。用户通过手机摄像头对二维条码图形进行扫描，或输入二维条码码号即可方便上网，下载图铃、信息、优惠券、视频等，企业通过二维条码发布促销广告信息。中国移动二维条码实例如图 1-3 所示。

另外在海关报关单、长途货运单、税务报表、保险登记表上也都有使用二维条码技术来解决数据输入及防止伪造、删改表格的例子。

3. 多维条码

进入 20 世纪 80 年代以来，人们围绕如何提高条码符号的信息密度，进行了研究工作。多维条码和集装箱条码成为研究、发展与应用的方向。

（三）按应用领域分类

1. 商品条码

商品条码是用来表示商品信息的一种手段，是商品标识代码的一种载体。商品标识代码（identification code for commodity）是由国际物品编码协会（EAN International）和美国统一代码委员会（Uniform Code Council，UCC）规定的、用于标识商品的一组数字。

商品标识代码包括 EAN/UCC-13、EAN/UCC-8、UCC-12 三种代码结构，厂商应根据需要选择申请适宜的代码结构，遵循三项基本的编码原则来编制商品标识代码，即唯一性原则、无含义性原则、稳定性原则，这样就能保证商品标识代码在全世界范围内是唯一的、通用的、标准的，可作为全球贸易中信息交换、资源共享的关键字和"全球通用的商业语言"。

商品条码具有以下共同的符号特征（图 1-4）。

1）条码符号的整体形状为矩形，由一系列互相平行的条和空组成，四周都留有空白区。

2）采用模块组合法编码方法，条和空分别由 1～4 个深或浅颜色的模块组成。深色模块表示 1，浅色模块表示 0。

3）在条码符号中，表示数字的每个条码字符仅由 2 个条和 2 个空组成，共 7 个模块。

4）除了表示数字的条码字符，还有一些辅助条码字符，用作表示起始、终止的分界符和平分条码符号的中间分隔符。

图 1-4 商品条码符号

5）条码符号可设计成既可供固定式扫描器全向扫描，又可用手持扫描设备识读的形式。

6）条码符号的大小可在放大系数 0.8～2.0 所决定的尺寸之间变化，以适应各种印刷工艺印制合格条码符号及用户对印刷面积的要求。

2. 物流条码

1）物流单元即在供应链过程中为运输、仓储、配送等建立的任意一种包装单元，如托盘、桶、板条箱、集装箱。

2）物流标签即物流单元标签，物流标签设计分为 3 部分：供应商区段、客户区段、承运商区段。

3）标签文本即物流单元标签中用文字表示的信息。

与商品条码相比，物流条码具有如下特点。

1）储运单元的唯一标识。通常标识多个或多种类商品的集合，用于物流的现代化管理。

2）服务于供应链全过程（包装、运输、仓储、分拣、配送至零售店）；而商品条码只服务于消费环节。

3）信息多。商品条码是一个无含义的 13 位数字条码；物流条码则是一个可变的，可表示多种含义、多种信息的条码，是无含义的货运包装的唯一标识，可表示货物的体积、重量、生产日期、批号等信息，是贸易伙伴根据在贸易过程中共同的需求，经过协商统一制定的。

4）可变性。物流条码是随着国际贸易的不断发展，贸易伙伴对各种信息需求的不断增加应运而生的，其应用在不断扩大，内容也在不断丰富。

5）维护性。物流条码的相关标准需要经常维护。及时沟通用户需求，传达标准化机构有关条码应用的变更内容，是确保国际贸易中物流现代化、信息化管理的重要保障之一。

三、条码识别技术

（一）条码识别原理

条码是由宽度不同、反射率不同的条和空，按照一定的编码规则（码制）编制成的，用以表达一组数字或字母符号信息的图形标识符，即条码是一组粗细不同，按照一定的规则安排间距的平行线条图形。常见的条码是由反射率相差很大的黑条（简称条）和白条（简称空）组成的。条码自动识别系统一般由条码自动识别设备、系统软件、应用软件等组成，具体如图 1-5 所示。

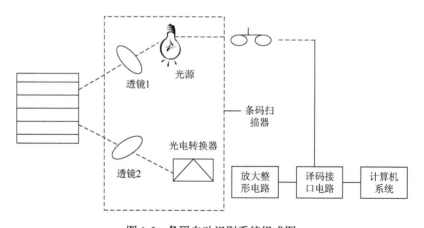

图 1-5　条码自动识别系统组成图

因为不同颜色的物体反射的可见光的波长不同，白色物体能反射各种波长的可见光，黑色物体则吸收各种波长的可见光，所以当条码扫描器光源发出的光经光阑及透镜 1 后，照射到黑白相间的条码上时，反射光经透镜 2 聚焦后，照射到光电转换器上，于是光电转换器接收到与白条和黑条相应的强弱不同的反射光信号，并转换成相应的电信号输出到放大整形电路。白条、黑条的宽度不同，相应的电信号持续时间也不同。但是，由光电转换器输出的与条码的条和空相应的电信号一般仅 10mV 左右，不能直接使用，所以要先将光电转换器输出的电信号送放大器放大，放大后的电信号仍然是一个模拟电信号，为了避免由条码中的疵点和污点导致的错误信号，在放大电路后需加一个整形电路，把模拟信号转换成数字信号，以便计算机系统能准确判读。

整形电路的脉冲数字信号经译码器译成数字、字符信息，它通过识别起始、终止字符来判别出条码符号的码制及扫描方向；通过测量脉冲数字电信号 0、1 的数目来判别条和空的数目；通过测量 0、1 信号持续的时间来判别条和空的宽度。这样便得到了被判读的条码符号的条和空的数目，以及相应的宽度和所用码制，根据码制所对应的编码规则，便可将条码符号换成相应的数字、字符信息，通过接口电路传送给计算机系统进行数据处理与管理，便完成了条码判读的全过程。

根据需要，一台计算机可配置多台阅读器终端，一台译码器也可以用若干个扫描器联网，形成一个数据采集网络。条码符号的印制质量将直接影响识别效果和整个系统的性能，因此必须按照印制标准，选择相应的印刷技术和设备，以便印制出符合规范的条码符号。条码符号印制载体、印刷涂料、印制设备、印制工艺和轻印刷系统的软件开发等都属于条码印刷技术所要研究的内容。条码识别原理如图 1-6 所示。

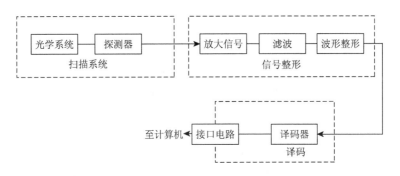

图 1-6 条码识别原理

（二）条码的识别设备

条码识别设备由条码扫描和译码两部分组成。现在绝大部分条码识别设备都将扫描器和译码器集成为一体。条码扫描器可分为输入组件（input device）及解码器（decoder），两者可一体成型，也可用电线连接，或利用红外线以无线方式输送数据。

输入组件主要包括光电转换系统与数位类比转换器两大部分，光电转换系统主要用来扫描条码，扫描动作可借操作者手的移动或条码的移动来完成。当光源照射到条码，反射光经光路设计落在感测组件上时，感测组件随着不同内射光的强度转换成不同的类比信号，经类比数位（A/D）转换器处理成数位码输出。

数位码输出到解码器中，将数位码解译成条码信号，即完成了条码扫描的工作。条码扫描器的读取系统结构如图1-7所示。

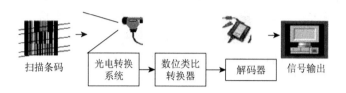

图1-7　条码扫描器的读取系统结构

人们根据不同的用途和需要设计了各种类型的扫描器。一般可将条码扫描器分为四类（图1-8）：①手持式激光条码扫描器（hand-held laser bar code reader）；②固定式激光条码扫描器（fixed laser bar code reader）；③CCD条码扫描器（charge-coupled device bar code reader）；④光笔（wand或称light pen）条码扫描器。

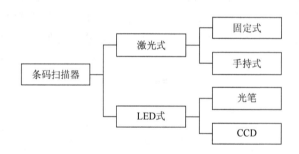

图1-8　条码扫描器的分类

LED为发光二极管（light emitting diode）

1）光笔条码扫描器。光笔条码扫描器的取像方式为单点式，借由人手的移动来完成扫描条码的动作，扫描速度可达3～30次/s。光笔的读取方式为接触式读取，光笔尖端条码距离最多只能容许0.2～1mm，可视为读取距离，属于条码扫描器的低阶产品。目前的光笔只能读取一维条码。需注意的是光径需符合最小条码间距，以能完整读取条码的资料，光源以波长660nm LED为主。

2）CCD条码扫描器。线型CCD主要用于一维条码，而面型CCD主要应用于资料量丰富的二维条码。其感测元件为电荷耦合器件（charge-coupled device），一般简称CCD。CCD的取像方式属于线型接触式，因为其感测元件长度涵盖条码长度范围，所以读取时并不需要左右移动，CCD的解析度约为2048dpi，扫描速度比光笔快。

CCD的读取距离比激光式的短，传统CCD读取距离可容许10～25mm，并非一定要完全接触。目前则在增加读取距离上努力，已经有20～50mm的加强型CCD开发出来，未来则希望读取距离能加强至100mm。在读取宽度上，以60mm与80mm为主，光源则以波长660nm红光LED阵列为主。

3）固定式激光条码扫描器。固定式激光条码扫描器为一种体积较大、价格较高的扫描系统，使用时以物就机，即机器固定，以物品的移动来扫描解码，适用于输送带或一般大型超市。

4）手持式激光条码扫描器。借由激光光束的扫描来读取条码的资料，因此其读取距离较长，约可达 100mm。由于它和笔式读码机一样，可自由移动到物体处扫描，条码的长度在容许的范围下并不会受到限制，而且扫描时可悬空划过，不必像笔式读码机要接触到条码的表面。手持式激光条码扫描器特别适用于大量扫描以及印刷品质较差的条码。

从扫描方式上，条码扫描设备可分为接触式和非接触式两类。接触式条码扫描设备包括光笔与卡槽式条码扫描器；非接触式条码扫描设备包括 CCD 条码扫描器、激光条码扫描器。

从操作方式上，条码扫描设备可分为手持式和固定式两类。手持式条码扫描器应用于许多领域，这类条码扫描器特别适用于条码尺寸多样、识读场合复杂、条码形状不规整的场合。在这类扫描器中有光笔、激光枪、手持式全向扫描器、手持式 CCD 扫描器和手持式图像扫描器。

固定式扫描器扫描识读不用人手把持，适合于省力、人手劳动强度大（如超市的扫描结算台）或无人操作的自动识别应用。固定式扫描器有卡槽式扫描器，固定式单线、单方向多线式（栅栏式）扫描器，固定式全向扫描器，以及固定式 CCD 扫描器。

从原理上，条码扫描设备可分为光笔与卡槽式、激光式和图像式三类。光笔与卡槽式条码扫描器只能识读一维条码。激光式条码扫描器只能识读行排式二维条码（如 PDF417 二维条码）和一维条码。图像式条码扫描器既可以扫描常用的一维条码，也可以扫描行排式和矩阵式的二维条码。

从扫描方向上，条码扫描设备可分为单向和全向两类，其中全向条码扫描器又分为平台式和悬挂式。

把条码识读器和具有数据存储、处理、通信传输功能的手持数据终端设备结合在一起，称为条码数据采集器，简称数据采集器，当人们强调数据处理功能时，往往简称为数据终端。它具备实时采集、自动存储、即时显示、即时反馈、自动处理、自动传输功能。它实际上是移动式数据处理终端和某一类型的条码扫描器的集合体。

数据采集器按处理方式分为两类：在线式数据采集器和批处理式数据采集器。数据采集器按产品性能分为手持终端、无线型手持终端、无线掌上电脑、无线网络设备。

四、EAN·UCC 系统

（一）EAN·UCC 系统概述

EAN·UCC 系统为由国际物品编码协会和美国统一代码委员会共同开发、管理和维护的全球统一及通用的商业标准，为贸易产品与服务（即贸易项目）、物流单元、资产、位置、服务以及特殊应用领域等提供全球统一的标识系统。

国际物品编码协会是一个国际性的非官方的非营利性组织。美国统一代码委员会是一个致力于全球贸易标准化的非营利性组织。1973 年由美国统一代码委员会所推出的 UPC 条码，促进了条码技术在美国的应用。在美国统一代码委员会的影响下，1974 年欧洲 12 国的制造商和销售商自愿组成了一个非营利的机构，在 UPC 条码的基础上开发出了与 UPC 兼容的 EAN 条码，并于 1977 年正式成立了欧洲物品编码协会，简称 EAN。该协会的建立加速了条码技术在欧洲以及全球的应用进程。如今该组织已经不仅限于欧洲，而是发展成为一个拥有 90 多个成员国家或地区的国际物品编码协会，名为 EAN International。而且从 1998 年开始，国际物品编码协会和美国统一代码委员会这两大组织联手，成为推行全球化标识和数据通信系统的唯一国际组织，即全球统一标识系统。

目前，全球共有 100 多个国家（地区）采用这一标识系统，广泛应用于工业、商业、出版业、医疗卫生、物流、金融保险和服务业，大大提高了供应链的效率。EAN·UCC 系统用于 EDI，极大地推动了电子商务的发展。

EAN·UCC 系统是全球统一的标识系统，是在商品条码基础上发展而来的，目前，统一标识系统主要由标准的编码系统、应用标识符和条码标识系统构成。该系统通过对产品和服务等全面的跟踪与描述，简化电子商务过程，通过改善供应链管理和其他商务处理，降低成本，为产品和服务增值。

EAN·UCC 系统主要包含三部分内容：编码体系、可自动识别的数据载体、电子数据交换标准协议。

1. 编码体系

编码体系是 EAN·UCC 系统的核心。它实现了对不同物品的唯一编码；它将供肉眼识读的编码转化为可供机器识读的载体，如条码符号等，然后通过自动数据采集（automatic data capture，ADC）技术及电子数据交换（EDI/XML[①]），以最少的人工介入实现自动化操作。

EAN·UCC 系统的物品编码体系包括六个部分（图 1-9）：全球贸易项目代码（global trade item number，GTIN）、系列货运包装箱代码（serial shipping container code，SSCC）、全球位置码（global location number，GLN）、全球可回收资产标识（global returnable asset identifier，GRAI）、全球单个资产标识（global individual asset identifier，GIAI）和全球服务关系代码（global service relation number，GSRN）。

---

① XML 为可扩展标记语言（extensible markup language）。

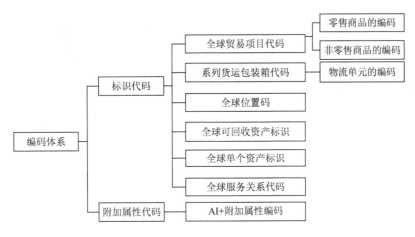

图 1-9　EAN·UCC 系统的编码体系结构图

2. 可自动识别的数据载体

（1）条码符号

条码符号是目前 EAN·UCC 系统中的主要载体，是应用比较成熟的一种自动识别技术。EAN·UCC 系统的条码符号主要有 EAN/UPC 条码、ITF-14 条码和 UCC/EAN-128 条码三种。

（2）射频识别

射频识别技术的基本原理是电磁理论。射频系统的优点是不局限于视线，识别距离比光学系统远，射频识别标签具有可读写能力，可携带大量数据，难以伪造且有智能的特点等。

射频识别技术适用的领域为物料跟踪、运载工具、货架识别等要求非接触数据采集和交换的场合，由于射频识别标签具有可读写能力，对于需要频繁改变数据内容的场合尤为适用。

射频识别系统的传送距离由许多因素决定，如传送频率、天线设计等。对于应用射频识别的特定情况应考虑传送距离、工作频率、标签的数据容量、尺寸、重量、定位、响应速度及选择能力等。

射频识别标签基本上是一种标签形式，将特殊的信息编码进电子标签，标签被粘贴在需要识别或追踪的物品上，如货架、汽车、自动导向的车辆、动物等。

一些射频识别系统是只读的，另外一些射频识别系统则允许增加或更改标签中现有的信息。所有的射频识别系统都具有非接触识读能力，识读距离从 1in（1in = 2.54cm）到 100ft（1ft = 0.3048m）或更大。在恶劣的环境中可能会对接触式或近于接触式读写器造成损坏或失调，所以非接触型识读的应用将会十分广泛，尤其是某些射频识别系统已经具有高达 1MB 的记忆力，给数据处理带来了极大的方便。

射频识别标签要比条码标签更具有放置方面的灵活性，而且几乎不需要任何保养工作。射频识别标签不要求瞄准线，不会被强磁场洗去信息。射频识别系统非常准确，错误率极低。尘土、油漆和其他不透明的物质都不会影响射频识别标签的识读性。射频识别还可以识别"飞行中"的物品，附有射频识别标签的物品不需要处于静止状态。非金属性的物品即使穿过读写器和射频识别标签之间也不造成干扰。但若是金属则会影响射频识别系统。当然，射频识别技术在金属环境下的功能要比另外一些自动识别技术更成功。

射频识别标签能够在人员、地点、物品和动物上使用。目前，最流行的应用是在交通运输（汽车、货箱识别）、路桥收费、保安（进出控制）、自动生产和动物标签等方面。自动导向的汽车使用射频识别标签在场地上指导运行。其他应用包括自动存储、工具识别、人员监控、包裹和行李分类、车辆监控、货架识别。

3. 电子数据交换标准协议

EAN·UCC 系统的 EDI 用统一的报文标准传送结构化数据。它通过电子方式从一个计算机系统传送到另一个计算机系统，使人工干预最小化。EAN·UCC 是一套以 EAN·UCC 编码系统为基础的标准报文集。

（二）EAN·UCC 系统的应用领域

EAN·UCC 系统目前有六大应用领域，分别是贸易项目、物流单元、资产、位置、服务关系和特殊应用，如图 1-10 所示。

EAN·UCC 系统是一个完整的系统，其技术内容包括系统的基本知识、应用领域（贸易项目的编码和符号表示、物流单元的编码和符号表示、资产的编码和符号表示、非常小的医疗保健品项目编码和符号表示）、单元数据串的定义、组成有效信息的单元数据串的联系、数据载体、EAN/UPC 符号规范、ITF-14 符号规范、UCC/EAN-128 符号规范、缩减空间码（reduced space symbology，RSS）和 EAN·UCC 复合码符号规范、条码制作与符号评价、条码符号放置指南、系统在电子数据处理（electronic data processing，EDP）中的应用、术语等，可以满足社会各行各业的商业需求。

（三）物流条码标准体系

尽管条码的标准有很多，但国际上公认的用于物流领域的条码主要有 3 种，即通用商品条码、储运单元条码和贸易单元 128 条码，这 3 种条码基本上可以满足物流领域的条码应用要求。

1. 通用商品条码

通用商品条码（bar code for commodity）是用于标识国际通用的商品代码的一种模块组合。通用商品条码是由国际物品编码协会和美国统一代码委员会规定的、用于表示商品标识代码的条码，包括 EAN 商品条码（EAN-13 商品条码和 EAN-8 商品条码）和 UPC 商品条码（UPC-A 商品条码和 UPC-E 商品条码），是商品标识的一种载体。

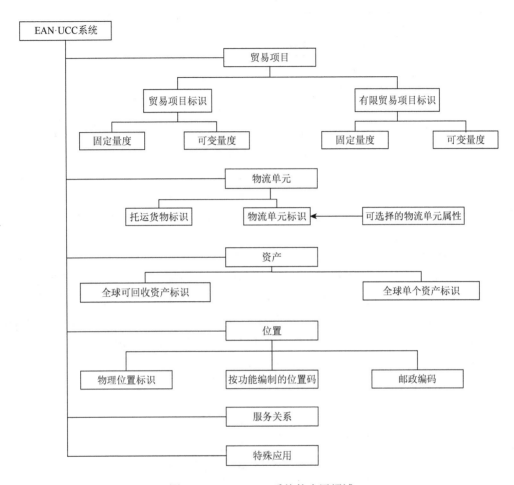

图 1-10 EAN·UCC 系统的应用领域

条码标识商品起源于美国，并形成一个独立的编码系统——UPC 系统，通用于北美地区。由于国际物品编码协会推出的国际通用编码系统——EAN 系统，在世界范围内得到迅速推广应用，UPC 系统的影响逐渐缩小。美国早期的商店扫描系统只能识读 UPC 条码。为适应 EAN 条码的蓬勃发展，北美地区大部分商店的扫描系统更新改造为能同时识读 UPC 条码和 EAN 条码的自动化系统。为适应市场需要，EAN 系统和 UPC 系统目前已经合并为一个全球统一的标识系统——EAN·UCC 系统。商品条码是 EAN·UCC 系统的核心组成部分，是 EAN·UCC 系统发展的根基，也是商业最早应用的条码符号。

（1）EAN-13 条码

EAN-13 条码由 13 位数字组成。不同国家（地区）的条码组织对 13 位代码的结构有不同的划分。在中国，EAN-13 条码分为三种结构，每种代码结构由三部分组成，如表 1-2 所示。

表 1-2　EAN-13 条码的三种结构

结构	厂商识别代码	商品标识代码	校验码
结构一	$X_{13}X_{12}X_{11}X_{10}X_9X_8X_7$	$X_6X_5X_4X_3X_2$	X_1
结构二	$X_{13}X_{12}X_{11}X_{10}X_9X_8X_7X_6$	$X_5X_4X_3X_2$	X_1
结构三	$X_{13}X_{12}X_{11}X_{10}X_9X_8X_7X_6X_5$	$X_4X_3X_2$	X_1

厂商识别代码用来在全球范围内唯一标识厂商，其中包含前缀码。在中国，厂商识别代码由 7～9 位数字组成，由中国物品编码中心（Article Numbering Center of China，ANCC）负责注册分配和管理。根据《商品条码管理办法》，具有企业法人营业执照的厂商可以申请注册厂商识别代码。任何厂商不得盗用其他厂商的厂商识别代码，不得共享和转让，更不得伪造代码。当厂商生产的商品品种很多，超过了商品标识代码的编码容量时，允许厂商申请注册一个以上的厂商识别代码。

商品标识代码由 3～5 位数字组成，由获得厂商识别代码的厂商自己负责编制。由于厂商识别代码的全球唯一性，在使用同一厂商识别代码的前提下，厂商必须确保每个商品标识代码的唯一性，这样才能保证每种商品的标识代码的全球唯一性，即符合商品条码编码的“唯一性原则”。不难看出，由 3 位数字组成的商品标识代码有 000～999 共 1000 个编码容量，可标识 1000 种商品；同理，由 4 位数字组成的商品标识代码可标识 10 000 种商品；由 5 位数字组成的商品标识代码可标识 100 000 种商品。EAN-13 条码的结构与编码方式如图 1-11 所示，EAN-13 条码的符号宽度结构如图 1-12 所示。

中间分隔符
起始符
左侧数据符
右侧数据符
终止符
左侧空白区
右侧空白区
导入值
6 9 1 0 0 0 0 1 2 3 4 5 1
国家代码
厂商代码
产品代码
校验码

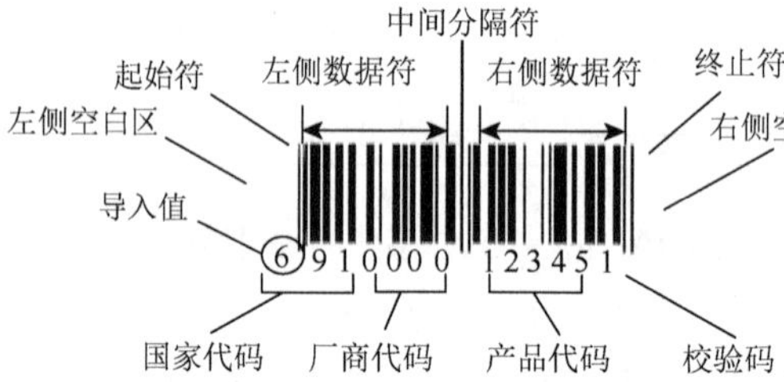

图 1-11　EAN-13 条码的结构与编码方式

113模块
95模块
左侧空白区 11
起始符 3
左侧数据符 6×7个模块 42
中间分隔符 5
右侧数据符 5×7个模块 35
校验码 7个模块 7
终止符 3
右侧空白区 7

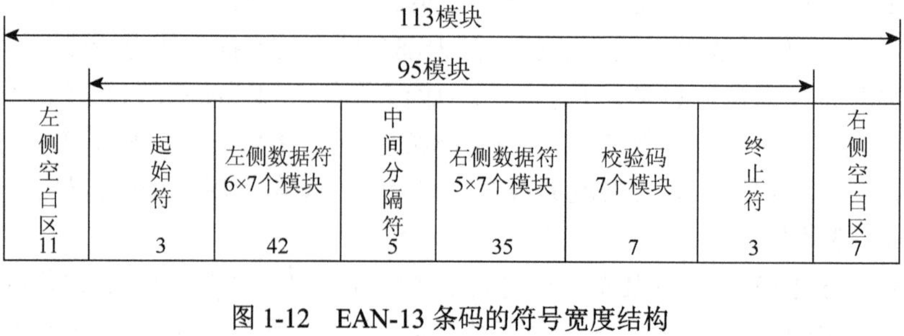

图 1-12　EAN-13 条码的符号宽度结构

左/右侧空白区：位于条码符号最左/右侧的与空的反射率相同的区域，宽度为 7/11 个模块宽。起始/终止符：位于条码符号左侧空白区的左/右侧，表示信息开始/结束的特殊符号，由 3 个模块组成。中间分隔符：位于左侧数据符的右侧，是平分条码字符的特殊符号，由 5 个模块组成。

EAN-13 条码的编码方式如下。

1）导入值：为 EAN-13 条码的最左边第一个数字，即国家代码的第一码，是不用条码符号表示的，其功能仅作为左侧数据符的编码设定之用。

2）起始符：为辅助码，不代表任何资料，列印长度比一般资料长，逻辑形态为 101，其中 1 代表细黑，0 代表细白。

3）左侧数据符：为左护线和中线间的条码部分，共有六个数字资料，其编码方式取决于导入值的大小，规则如表 1-3 和表 1-4 所示。

表 1-3 编码方式与导入值对应关系

导入值	编码方式	导入值	编码方式
1	AAAAAA	6	ABBBAA
2	AABABB	7	ABABAB
3	AABBAB	8	ABABBA
4	ABAABB	9	ABBABA
5	ABBAAB		

表 1-4 EAN-13 条码左侧数据符逻辑值

字码	值	A 类编码原则 逻辑值	B 类编码原则 逻辑值
0	0	0001101	0100111
1	1	0011001	0110011
2	2	0010011	0011011
3	3	0111101	0100001
4	4	0100011	0011101
5	5	0110001	0111001
6	6	0101111	0000101
7	7	0111011	0010001
8	8	0110111	0001001
9	9	0001011	0010111

注：0 为空白，1 为线条

4）中间分隔符：为辅助码，作为区分左侧数据符与右侧数据符之用。中线长度比一般资料长，逻辑形态为 01010。

5）右侧数据符：为位于终止符与中间分隔符之间的部分，包括五位产品代码与一位校验码。其编码方式采为 C 类编码原则，如表 1-5 所示。

表 1-5　EAN-13 条码右侧数据符逻辑值

字码	值	C 类编码原则
		逻辑值
0	0	1110010
1	1	1100110
2	2	1101100
3	3	1000010
4	4	1011100
5	5	1001110
6	6	1010000
7	7	1000100
8	8	1001000
9	9	1110100

注：0 为空白，1 为线条

6）终止符：为辅助码，列印长度与起始符、中间分隔符相同，逻辑形态也为 101。

7）EAN-13 条码的校验码的算法与 UPC-A 条码相同，例如，假设一个 EAN-13 条码各码代号如下：

N1	N2	N3	N4	N5	N6	N7	N8	N9	N10	N11	N12	C

8）校验码的计算步骤如下：

$$C1 = N1 + N3 + N5 + N7 + N9 + N11$$
$$C2 = （N2 + N4 + N6 + N8 + N10 + N12）\times 3$$
$$CC = （C1 + C2）取个位数$$
$$C（校验码）= 10 – CC（若值为 10，则取 0）$$

（2）EAN-8 条码

1）EAN-8 条码结构。EAN-8 条码是 EAN-13 条码的一种补充，用于标识小型商品。它由 8 位数字组成，其结构见表 1-6。

表 1-6　EAN-8 条码结构

商品项目识别代码	校验码
$X_8X_7X_6X_5X_4X_3X_2$	X_1

可以看出，EAN-8 条码的结构中没有厂商识别代码。

EAN-8 条码的商品识别代码由 7 位数字组成。在中国，$X_8X_7X_6$ 为前缀码。前缀码与校验码的含义与 EAN-13 条码相同。计算校验码时只需在 EAN-8 条码前添加 5 个 "0"，然后按照 EAN-13 条码中的校验位计算即可。

从条码结构上可以看出，EAN-8 条码中用于标识商品项目的编码容量要远远少于

EAN-13 条码。以前缀码 690 的商品标识代码为例：就 EAN-8 条码来说，除校验位外，只剩下 4 位可用于商品的编码，即仅可标识 10 000 种商品项目；而在 EAN-13 条码中，除厂商识别代码、校验位外，还剩 5 位可用于商品编码，即可标识 100 000 种商品项目。由此可见，EAN-8 条码用于商品编码的容量很有限，应慎用。

2）EAN-8 商品条码的注册。商品识别代码由国家（或地区）编码组织统一分配管理。在我国由中国物品编码中心依据《商品条码管理办法》的相关规定，对 EAN-8 商品条码进行统一分配，以确保标识代码在全球范围内的唯一性，厂商不得自行分配。

①EAN-8 商品条码的注册条件。根据《商品条码 零售商品编码与条码表示》（GB 12904—2008）和《商品条码管理办法》中的规定，"商品条码印刷面积超过商品包装表面面积或者标签可印刷面积四分之一的，系统成员可以申请使用缩短版商品条码"。申请 EAN-8 商品条码时，企业应先办理注册 EAN-13 厂商识别代码或同时办理。②EAN-8 商品条码的注册程序。

a. 企业填写《中国商品条码缩短码注册登记表》，并提供使用缩短码产品的外包装或标签设计样张。b. 企业将上述材料交到所在地的编码中心分支机构进行初审，并向编码中心交纳相关费用。c. 初审合格后，分支机构将材料上报到编码中心。d. 编码中心收到分支机构上报材料和相关费用，符合要求的，由编码中心统一分配 EAN-8 商品条码。e. 申请人获得由编码中心颁发的《中国商品条码缩短码通知书》。

图 1-13 所示的是"69012341"的 EAN-8 条码结构。

（3）UCC-12 条码

UCC-12 条码可以用 UPC-A 商品条码和 UPC-E 商品条码的符号表示。UPC-A 商品条码是 UCC-12 条码的条码符号表示，UPC-E 商品条码则是在特定条件下将 12 位的 UCC-12 条码消"0"后得到的 8 位代码的 UCC-12 条码符号表示。

图 1-13　"69012341"的 EAN-8 条码结构

需要指出的是，通常情况下，不选用 UPC 商品条码。只有当产品出口到北美地区并且客户指定时，才申请使用 UPC 商品条码。中国厂商如需申请 UPC 商品条码，须经中国物品编码中心统一办理。

UPC 条码是美国统一代码委员会制定的一种商用条码，主要用于美国和加拿大地区，在美国进口的商品上可以看到。UPC 条码是最早大规模应用的条码，其是一种长度固定、连续性的条码，由于其应用范围广泛，又称为万用条码。UPC 条码仅可用来表示数字，故其字码集为数字 0～9。UPC 条码共有 A、B、C、D、E 等五种版本。

1）UPC 条码和 EAN 条码的区别。

①EAN 条码。EAN 条码是国际物品编码协会制定的一种条码，已经遍布全球 90 多个国家和地区，EAN 条码符号有标准版和缩短版两种，标准版由 13 位数字构成，缩短版由 8 位数字构成，我国于 1991 年加入 EAN 组织。

②UPC 条码。UPC 条码也是用于商品的条码，主要用于美国和加拿大地区，UPC 条码是由美国统一代码委员会制定的一种条码。我国有些商品出口到北美地区，为了适应北美地区的需要，也需要申请 UPC 条码，UPC 条码也有标准版和缩短版两种，标准版由

12 位数字构成（比标准版的 EAN 条码少一位），缩短版由 8 位数字构成（与缩短版的 EAN 条码位数相同）。

2）UPC-A 商品条码的代码结构。UPC-A 商品条码所表示的 UCC-12 条码由 12 位（最左边加 0 可视为 13 位）数字组成，其结构如下。

①厂商识别代码。厂商识别代码是美国统一代码委员会分配给厂商的代码，由左起 6~10 位数字组成。其中，X12 为系统字符，其应用规则见表 1-7。

表 1-7　厂商识别代码应用规则

系统字符	应用范围
0、6、7	一般商品
2	商品变量单元
3	药品及医疗用品
4	零售商店内码
5	优惠券
1、8、9	保留

美国统一代码委员会起初只分配 6 位定长的厂商识别代码，后来为了充分利用编码容量，于 2000 年开始，根据厂商对未来产品种类的预测，分配 6~10 位可变长度的厂商识别代码。

系统字符 0、6、7 用于一般商品，通常为 6 位厂商识别代码；系统字符 2、3、4、5 的厂商识别代码用于特定领域（2、4、5 用于内部管理）的商品；系统字符 8 用于非定长的厂商识别代码的分配，其厂商识别代码位数如下。

80：6 位　　　　　　84：7 位

81：8 位　　　　　　85：9 位

82：6 位　　　　　　86：10 位

83：8 位

图 1-14　"725272730706" 的 UPC-A 条码结构

②商品标识代码。商品标识代码由厂商编码，由 1~5 位数字组成，编码方法与 EAN-13 条码相同。

③校验码。校验码为 1 位数字。在 UCC-12 条码最左边加 0 即视为 13 位代码，计算方法与 EAN-13 条码相同。

"725272730706" 的 UPC-A 条码结构如图 1-14 所示。

3）UPC-E 商品条码的代码结构。UPC-E 商品条码所表示的 UCC-12 条码由 8 位数字（X_8~X_1）组成，是将系统字符为 "0" 的 UCC-12 条码进行消零压缩所得。

其中，X_8~X_2 为商品标识代码；X_8 为系统字符，取值为 0；X_1 为校验码，校验码为消零压缩前 UCC-12 条码的校验码。需要指明的是，表 1-8 所示的消零压缩方法是人为规定的算法。

由表 1-8 可看出，以 000、100、200 结尾的 UPC-A 商品条码的代码转换为 UPC-E 商品条码的代码后，商品标识代码 X_4、X_3、X_2 有 000~999 共 1000 个编码容量，可标识 1000 种商品项目；同理，以 300~900 结尾的，可标识 100 种商品项目；以 10~90 结尾的，可标识 10 种商品项目；以 5~9 结尾的，可标识 5 种商品项目。可见，UPC-E 商品条码的 UCC-12 条码可用于给商品编码的容量非常有限，因此，厂商识别代码第一位为 0 的厂商，必须谨慎地管理它们有限的编码资源。只有以 0 打头的厂商识别代码的厂商，确有实际需要，才能使用 UPC-E 商品条码。

表 1-8　UCC-12 条码转换为 UPC-E 商品条码的代码压缩方法

UPC-A 商品条码的代码				UPC-E 商品条码的代码	
厂商识别代码		商品标识代码	校验码 X_1	商品标识代码	校验码
X_{12} 系统字符	X_{11}　X_{10}　X_9　X_8　X_7	X_6　X_5　X_4　X_3　X_2			
0	X_{11}　X_{10}　0　0　0 X_{11}　X_{10}　1　0　0 X_{11}　X_{10}　2　0　0	0　0　X_4　X_3　X_2	X_1	0　X_{11}　X_{10}　X_4　X_3　X_2　X_9	X_1
	X_{11}　X_{10}　3　0　0 ⋮ X_{11}　X_{10}　9　0　0	0　0　0　X_3　X_2		0　X_{11}　X_{10}　X_9　X_3　X_2　3	
	X_{11}　X_1　X_9　1　0 ⋮ X_{11}　X_{10}　X_9　9　0	0　0　0　0　X_2		0　X_{11}　X_{10}　X_9　X_8　X_2　4	
	无零结尾　$X_7<>0$	0　0　0　0　5 ⋮ 0　0　0　0　9		0　X_{11}　X_{10}　X_9　X_8　X_7　2	

以 0 开头的 UCC-12 条码压缩成 8 位的数字代码后，就可以用 UPC-E 商品条码表示了。

需要特别说明的是，在识读设备读取 UPC-E 商品条码时，由条码识读软件或应用软件把压缩的 8 位标识代码还原成全长度的 UCC-12 条码。条码系统的数据库中不存在 UPC-E 商品条码表示的 8 位数字代码。

示例：设某编码系统字符为 0，厂商识别代码为 012300，商品标识代码为 00064，将其压缩后用 UPC-E 条码的代码表示。

由于厂商识别代码是以 300 结尾的，首先取厂商识别代码的前三位数字 123，后跟商品标识代码的后两位数字 64，再其后是 3。计算压缩前 12 位代码的校验字符为 2。因此，UPC-E 条码的条码为 "01236432"，如图 1-15 所示。

图 1-15　"01236432" UPC-E 条码结构

2. 储运单元条码

储运单元条码是指专门表示储运单元编码的条码。储运单元是指为便于搬运、仓储、订货、运输等，由消费单元（即通过零售渠道直接销售给最终用户的商品）组成的商品包装单元。储运单元可以分为定量储运单元和变量储运单元。

（1）定量储运单元

定量储运单元是指内含预先确定的、指定数量商品的储运单元，如成箱的牙刷、瓶装饮料、烟等。定量储运单元一般采用 13 位或者 14 位数字编码，具体可分为以下 3 种情况。

1）当定量储运单元同时是定量消费单元时（如彩电、冰箱等），其代码与通用商品编码相同。

2）当定量储运单元内含有不同种类的定量消费单元时，其代码为区别于消费单元的 13 位数字代码，条码标识可用 EAN-13 条码表示，也可用 14 位交叉 25 条码（ITF-14 条码）表示。

3）当定量储运单元由相同种类的定量消费单元组成时，定量储运单元可用 14 位数字代码进行编码标识，定量储运单元包装指示符（V）用于指示定量储运单元的不同包装，取值为 $V = 1, 2, \cdots, 8$。定量消费单元代码是指包含在定量储运单元内的定量消费单元代码去掉校验码后的 12 位数字代码，其编码的代码结构如表 1-9 所示。

表 1-9　由相同种类的定量消费单元组成的定量储运单元的代码结构

定量储运单元包装指示符	定量消费单元代码（不含校验码）	校验码
V	$X_1 X_2 X_3 X_4 X_5 X_6 X_7 X_8 X_9 X_{10} X_{11} X_{12}$	C

注：V 用于指示定量储运单元的不同包装，取值范围为 $V = 1, 2, \cdots, 8$

（2）变量储运单元

变量储运单元是指内含按基本计量单位计价的商品的储运单元。变量储运单元编码由 14 位数字的主代码和 6 位数字的附加代码组成，其代码结构如表 1-10 所示。

表 1-10　变量储运单元的代码结构

主代码			附加代码	
变量储运单元包装指示符	厂商识别代码与商品标识代码	校验码	商品数量	校验码
LI	$X_1 X_2 X_3 X_4 X_5 X_6 X_7 X_8 X_9 X_{10} X_{11} X_{12}$	C_1	$Q_1 Q_2 Q_3 Q_4 Q_5$	C_2

注：LI 用于指示在主代码后面有附加代码，取值为 LI = 9

附加代码（$Q_1 \sim Q_5$）是指包含在变量储运单元内，按确定的基本计量单位（如千克、米等）计量取得的商品数量。变量储运单元的主代码用 ITF-14 条码标识，附加代码用 ITF-6 条码（6 位交叉 25 条码）标识。变量储运单元的主代码和附加代码也可以用 EAN-128 条码标识。

1）交叉 25 条码。交叉 25 条码由美国的 Intermec 公司于 1972 年发明，其自身具有校验功能。交叉 25 条码起初广泛应用于仓储及重工业领域，1987 年开始用于运输包装领域。1987 年日本引入了交叉 25 条码，用于储运单元的识别与管理。1997 年我国也研究制定了交叉 25 条码相关标准，主要应用于运输、仓储、工业生产线、图书情报等领域的自动识别管理。

交叉 25 条码是一种条、空均表示信息的连续型、非定长、具有自校验功能的双向条码。它的字符集为数字字符 0～9。图 1-16 为表示 3185 的交叉 25 条码的结构。

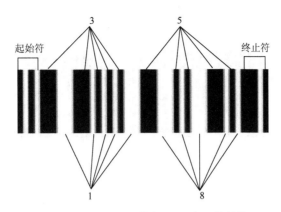

图 1-16　表示 3185 的交叉 25 条码的结构

从图 1-16 中可以看出，交叉 25 条码由左侧空白区、起始符、数据符、终止符及右侧空白区构成。它的每个条码数据符由 5 个单元组成，其中两个是宽单元（表示二进制的 1），三个是窄单元（表示二进制的 0）。条码符号从左到右，表示奇数位数字符的条码数据符由条组成，表示偶数位数字符的条码数据符由空组成。组成条码符号的条码字符个数为偶数。当条码字符所表示的字符个数为奇数时，应在字符串左端添加 0，如图 1-17 所示。

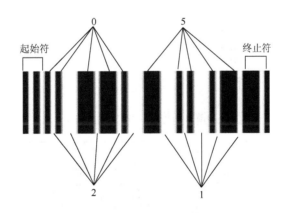

图 1-17　表示 215 的交叉 25 条码（字符串左端添加 0）

2）ITF-14 条码和 ITF-6 条码。ITF 条码是一种连续型、定长、具有自校验功能，并且条和空都表示信息的双向条码。主要用于运输包装，是印刷条件较差、不允许印刷 EAN-13 条码和 UPC-A 条码时应选用的一种条码，是有别于 EAN、UPC 条码的另一种形式的条码。在商品运输包装上使用的主要是由 14 位数字字符组成的 ITF-14 条码和 6 位数字字符组成的 ITF-6 条码。

ITF-14 条码和 ITF-6 条码由矩形保护框、左侧空白区、条码字符、供人识别字符组成，其条码字符集、条码字符的组成与交叉 25 条码相同。ITF-14 条码只用于标识非零售的商品。ITF-14 条码对印刷精度要求不高，比较适合直接印刷（热转换或喷墨）于表面不够光滑、受力后尺寸易变形的包装材料，如瓦楞纸或纤维板上。图 1-18 为 ITF-14 条码。

图 1-18　ITF-14 条码

3. 贸易单元 128 条码

通用商品条码和储运单元条码都属于不携带信息的标识符。在物流配送过程中，如果需要将生产日期、有效日期、运输包装序号、重量、体积、尺寸、送出地址、送达地址等重要信息条码化，以便扫描输入，就需要用到贸易单元 128 条码。贸易单元 128 条码是物流条码中常用条码之一，其样式如图 1-19 所示。

图 1-19　贸易单元 128 条码表示的物流条码
上部分为承运商区段，下部分为供应商区段

（1）贸易单元 128 条码结构

贸易单元 128 条码（UCC/EAN-128）于 1981 年推出，是一种长度可变、连续型的字母数字条码。与其他一维条码比较起来，128 条码是较为复杂的条码系统，而其所能支援的字符也相对地比其他一维条码多，又有不同的编码方式可供交互运用，因此其应用弹性也较大。贸易单元 128 条码一般由起始符、数据符、校验符、终止符和两侧空白区组成，如表 1-11 所示，每个条码字符由 3 个条、3 个空共 11 个模块组成，每个条、空由 1~4

个模块组成。起始符标识 128 条码符号的开始，由 2 个条码字符组成；数据符标识一定的数据信息，每个数据符由 11 个模块组成；校验符用以校验 128 条码的正误；终止符标识 128 条码的结束，由有 4 个条、3 个空共 13 个模块组成；左、右侧空白区都由 10 个模块组成，如表 1-11 所示。

表 1-11　贸易单元 128 条码的结构

左侧空白区	起始符	数据符	校验符	终止符	右侧空白区
10 个模块	22 个模块	11 个模块	11 个模块	13 个模块	10 个模块

（2）EAN-128 条码

目前我国所推行的 128 条码是 EAN-128 条码，应用最多，其结构如图 1-20 所示。EAN-128 条码根据 UCC/EAN-128 条码的定义标准将资料转变成条码符号，并采用 128 条码逻辑，具有完整性、紧密性、连接性及高可靠度的特性。辨识范围涵盖生产过程中一些具有补充性质且易变动的资讯，如生产日期、批号、计量等。

因为 EAN-128 条码可携带大量的信息，所以其应用范围非常广泛，主要应用于制造业的生产流程控制、物流业的仓储管理、车辆调配、货物追踪、医院血液样本的管理、政府对管制药品的控制追踪等方面，也可应用于货运栈板标签、携带式资料库、连续性资料段、流通配送标签等。EAN-128 条码的内容如表 1-12 所示。

图 1-20　EAN-128 条码的结构

表 1-12　EAN-128 条码的内容

代号	条码内容	码长度	说明
A	应用标识符	2	00 代表其后的资料内容为运输包装序号
B	包装性能指示码	1	3 代表无定义的包装指示码
C	前置码与公司码	7	代表 EAN-128 条码的前置码与公司码
D	自行编定序号	9	由公司指定序号
E	校验码	1	校验码
F	应用标识符		420 代表其后的资料内容为配送邮政码
G	配送邮政码		代表配送邮政码

由表 1-12 可知，EAN-128 条码可以通过应用标识符和数据来组合生成条码，应用标识符是标识编码应用含义和格式的字符，作用是指明跟随在应用标识符后面的数字所表示的含义。应用标识符是一个用于改善货物与信息有效流动的通用工具，是一个全面而系统的通用商业通信手段，填补了其他 EAN·UCC 标准遗留的空白。应用标识符由 2~4 位数字信息组成，EAN-128 条码可编码的信息范围包括项目标识、计量、数量、日期、交易参考信息、位置等。常见应用标识符的含义如表 1-13 所示。

表 1-13　EAN-128 条码常见应用标识符的含义

AI	内容	格式
00	系列货运包装箱代码	n2＋n18
01	全球贸易项目代码	n2＋n14
02	物流单元中的全球贸易项目标识代码	n2＋n14
10	批号和组号	n2＋an…20
11	生产日期	n2＋n6
13	包装日期	n2＋n6
15	保质期	n2＋n6
17	有效期	n2＋n6
21	系列号	n2＋an…20
310X	净重/kg	n4＋n6
37	一个物流单元中所含贸易项目数量	n2＋an…8
401	托运代码	n3＋an…30
420	收货方邮政编码	n3＋an…20

注：n2＋n18 表示应用标识符由 2 位代码组成，其后的条码必须由 18 位数字和其他字符组成；n2＋an…20 表示应用标识符由 2 位代码组成，其后的条码不超过 20 位数字和其他字符

4. 特殊情况下的编码

（1）产品变体的编码

产品变体是指制造商在产品生产周期内对产品进行的各种变更。如果制造商决定产品的变体（如含不同的有效成分）与标准产品同时存在，那么就必须为该变体另外分配一个标识代码。

产品只作较小的改变或改进时，不需要分配不同的商品标识代码。如标签图形进行重新设计，产品说明有小部分修改，但内容物不变或成分只有微小的变化。

当产品的变化影响到产品的重量、尺寸、包装类型、产品名称、商标或产品说明时，必须另行分配一个商品标识代码。

产品的包装说明有可能使用不同的语言，如果想通过商品标识代码加以区分，那么一种说明语言对应一个商品标识代码。也可以用相同的商品标识代码对其进行标识，但在这种情况下，制造商有责任将贴着不同语言标签的产品包装区分开来。

（2）组合包装的编码

如果商品是一个稳定的组合单元，那么其中每一部分都有其相应的商品标识代码。一旦任意一个组合单元的商品标识代码发生变化，或者组合单元的组合有所变化，都必须分配一个新的商品标识代码。

如果组合单元变化微小，那么其商品标识代码一般不变，但如果需要对商品实施有效的订货、营销或跟踪，那么就必须对其进行分类标识，另行分配商品标识代码，如针对某一特定地理区域的促销品、某一特定时期的促销品、用不同语言进行包装的促销品。

某一产品的新变体取代原产品，消费者已从变化中认为两者截然不同，这时就必须给新产品分配一个不同于原产品的商品标识代码。

（3）促销品的编码

此处讲的促销品是指商品的一种暂时性的变动，并且商品的外观有明显的改变。这种变化是由供应商决定的，商品的最终用户从中获益。通常促销变体和它的标准产品在市场中共同存在。

商品的促销变体如果影响产品的尺寸或重量，那么必须另行分配一个不同的、唯一的商品标识代码，如加量不加价的商品或附赠品的包装形态。

包装上明显地注明了减价的促销品，必须另行分配一个唯一的商品标识代码，如包装上有"省2.5元"的字样。

针对时令的促销品要另行分配一个唯一的商品标识代码，如春节才有的糖果包装。

其他的促销变体不必另行分配商品标识代码。

（4）商品标识代码的重新启用

厂商在重新启用商品标识代码时，应主要考虑以下两个因素。

1）合理预测商品在供应链中流通的期限。根据EAN·UCC规范，按照国际惯例，一般来讲，不再生产的产品标识代码自厂商将最后一批商品发送之日起，至少4年内不能重新分配给其他商品项目。对于服装类商品，最低期限可为2年半。

2）合理预测商品历史资料的保存期。即使商品已不在供应链中流通，由于要保存历史资料，需要在数据库中较长时期地保留它的商品标识代码，在重新启用商品标识代码时，还需考虑此因素。

5. 编码举例

例1：如图1-21所示，假设分配给A厂的厂商识别代码为6901234。对于A厂生产的规格分别为200g和500g的M牌蘑菇罐头，其商品标识代码不同，分别为6901234567892和6901234567885；对于规格同为200g，但大包装为4罐、小包装为1罐的不同包装形式应以不同商品标识代码标识，分别为 6901234567878 和 6901234567892；对于规格同为200g，但包装类型为纸质方形包装，也应以不同商品标识代码标识。

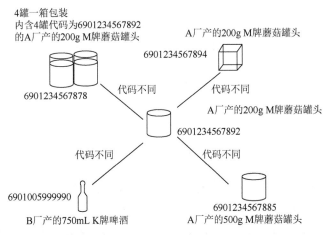

图 1-21　A 厂生产的 M 牌蘑菇罐头的商品标识代码

例 2：假设分配给某药厂的厂商识别代码为 6901234。表 1-14 给出了其部分产品的编码方案。

表 1-14　某药厂部分产品的编码方案

产品种类	商标	剂型、规格与包装规格			商品标识代码
清凉油	天坛牌	搽型	固体	棕色	3.5g/盒
					6901234 000 00 9
					3.5g/袋
					6901234 000 01 6
					19g/盒
					6901234 000 02 3
				白色	19g/盒
					6901234 000 03 0
			液体	3mL/瓶	6901234 000 04 7
				8mL/瓶	6901234 000 05 4
				18mL/瓶	6901234 000 06 1
		吸剂（清凉油鼻舒）		1.2g/支	6901234 000 07 8
	龙虎牌	黄色	3.0g/盒		6901234 000 08 5
			10g/盒		6901234 000 09 2
		白色	10g/盒		6901234 000 10 8
			18.4g/盒		6901234 000 11 5
		棕色	10g/盒		6901234 000 12 2
			18.4g/瓶		6901234 000 13 9
		吸剂（清凉油鼻舒）	1.2g/支		6901234 000 14 6
	ROYAL BALM™	运动型棕色强力装		18.4g/瓶	6901234 000 15 3
		关节型原始白色装		18.4g/瓶	6901234 000 16 0
风油精	龙虎牌	8mL/瓶			6901234 000 17 7
		3mL/瓶			6901234 000 18 8
家友（组合包装）	龙虎牌	风油精 1mL，清凉油鼻舒 0.5g/支			6901234 000 19 1

总结说明如下。

1）商品品种不同应编制不同的商品标识代码。例如，清凉油与风油精是不同的商品，所以其商品标识代码不同。

2）即使是同一企业生产的同一品种的商品，其商标不同，也应编制不同的商品标识代码。例如，天坛牌清凉油与龙虎牌清凉油，其商标不同，所以应编制不同的商品标识代码。

3）同种商标的同种商品，如果剂型不同，其商品标识代码也应不同。例如，天坛牌清凉油，搽剂与吸剂的商品标识代码不同。

4）同一种类、同一商标、同一剂型的商品，其商品规格或包装规格不同，均应编制不同的商品标识代码。例如，天坛牌清凉油棕色固体搽剂中，3.5g/盒 与 19g/盒、3.5g/盒 与 3.5g/袋的商品标识代码各不相同。ROYAL BALM™ 清凉油，18.4g/瓶的运动型棕色强力装与 18.4g/瓶的关节型原始白色装的商品标识代码也不相同。

5）对于组合包装的项目，例如，龙虎牌家友组合，也应分配一个独立的商品标识代码。如果其包装内的风油精与清凉油鼻舒也有单卖的产品，则风油精、清凉油鼻舒以及两者组合包装后的产品应分别编制不同的商品标识代码。

五、条码技术在物流供应链及生产物流中的应用

随着我国"以信息化带动工业化"政策的实施，在物流供应链管理中将广泛应用以条码技术为代表的信息技术。我国物流和供应链的发展就是在条码技术基础之上实现物流的信息化与高效化，所以要推进条码技术的应用，提高物流供应链的竞争力，从而推动工业化进程。

（一）条码技术与物流供应链的关系

哈理森对供应链的定义如下：供应链是执行采购原材料、将它们转换为中间产品和成品、并且将成品销售到用户的功能网链。在研究分析的基础上，可以给出一个供应链的定义：供应链是围绕核心企业，通过对信息流、物流、资金流的控制，从采购原材料开始，制成中间产品以及最终产品，由销售网络把产品送到消费者的手中。供应链将供应商、制造商、分销商、零售商、最终用户连成一个整体的功能网链结构模式。

条形码技术是随着计算机与信息技术的发展和应用而诞生的，它是集编码、印刷、识别、数据采集和处理于一身的新型技术。利用条码技术、计算机技术和通信技术对企业物流进行有效管理是降低企业成本、提高生产效率、提升管理水平的重要手段之一。在物流供应链管理方面，条码技术像一条纽带，把产品生命周期中各阶段发生的信息连接在一起，可跟踪产品从生产到销售的全过程，使企业在激烈的市场竞争中处于有利地位。产品信息条码化可以保证数据的准确性，条码识别设备高效便捷的性能可以保证供应链管理的信息化。

随着市场竞争的加剧，物流管理不单要考虑从生产者到消费者的货物配送问题，而且要考虑从供应商到生产者对原材料的采购，以及生产者本身在产品制造过程中的运输、保管和信息传递等各个方面，全面地、综合性地提高经济效益和效率的问题。因此，现代物流是以满足消费者的需求为目标，把制造、运输、销售等市场情况统一起来考虑的一种战略措施。高超的物流能力能实时地监督物流动态的信息系统，识别潜在的作业障碍，在向顾客提供的服务有可能失败之前，采取正确的行动，从而创造完美的客户体验，获得持久的竞争优势。

由于条码技术提供了一种对供应链中的物品进行表示和描述的方法，借助自动识别技术、销售终端（point of sale，POS）系统、EDI 等现代技术手段，企业可以随时了解有关产品在供应链上的位置，处于集成供应链上的每个企业通过 ERP 软件相连，规定各个相连企业间货物的最低和最高库存，当上游企业通过 ERP 软件发现下游企业的库存达到最低时，马上组织供货。当今在欧美等发达国家兴起的有效客户反应（efficient consumer response，ECR）、快速反应（quick response，QR）、自动连续补货（automatic continuous replenishment，ACEP）等供应链管理策略，都离不开条码技术的应用。条码技术是实现POS系统、EDI、电子商务、供应链管理的技术基础，是实现物流管理现代化、提高企业管理水平和竞争能力的重要技术手段。

（二）条码技术在物流供应链管理中的应用

下面就以条码技术在企业产品生产中的应用为例，简单介绍条码技术在物流供应链中的应用。

（1）进货管理

企业在进货时可用数据采集器核对产品品种和数量。首先，将所有本次进货的单据、产品信息下载到数据采集器中，数据采集器将提示材料管理员输入购货单的号码，由数据采集器的应用系统判断这个条码是否正确。如果不正确，系统会立刻向材料管理员做出警示；如果正确，材料管理员扫描所购材料单上的项目号，系统随后检查购货单上的项目是否与实际相符。其次，材料管理员扫描物料规格信息和标识号的条码。每个物料都有唯一的标识。

（2）生产管理

在条码没有应用的时期，每个产品在上生产线前，必须手工记载生成这个产品所需的工序和零件，领料员按记载分配好物料后，才能开始生产。在每条生产线上每个产品都有记录表单，每个工序完成后，填上元件号和自己的工号。手工记载过程工作量大，很复杂，而且不能及时反映产品在生产线上的流动情况。采用条码技术后，订单号、零件种类、产品数量编号都可条码化，在产品零件和装配的生产线上及时打印并粘贴标签。产品下线时，由生产线质检人员检验合格后扫入产品条码、生产线条码号，并按工序顺序扫入工人的条码，将不合格的产品送维修，由维修确定故障的原因，整个过程不需要手工记录。

（3）库存货物管理

条码技术应用于库存管理，避免了手工书写票据和送到机房输入的步骤，大大提高了工作效率；同时解决了库房信息陈旧滞后的问题，提高了交货日期的准确性；另外，解决了票据信息不准确的问题，提高了客户服务质量，消除了事务处理中的人工操作，减少了无效劳动。

若产品在存储期间标签破损，则可以参照同类货物或根据其所在位置，在计算机上制作标签，进行补贴。在货物移位时，用识别器进行识读，自动收集数据，把采集数据自动传送至计算机货物管理系统中进行数据管理。按照规定的标准，通过条码识别器对仓库分类货物或零散货物进行定期的盘存。在货物发放过程中，出现某些品名的货物零散领取的情况，可采用两种方式：一种是重新打包，系统生成新的二维码标签，作为一个包箱处理；另一种是系统设置零散物品库来专门存储零散货物信息，记录货物的品名、数量、位置等信息，统一管理。

对各种货物库存量高于或低于限量进行自动预警。结合各种货物近期平均用量，自动生成在一定时间内需要采购的货物品名和数量等。管理人员可适时地进行采购或取消订货，有效地控制库存量。空间监控用来监控货物的实际位置、存放时间、空间余地等参数，自动对不合理位置、超长存放时间、空间余地不足等规定的限量自动报警。

（4）出库管理

采用条码扫描器对出库货物包装上的条码标签进行识读，并将货物信息传递给计算机，计算机根据货物的编号、品名、规格、数量等自动生成出库明细。发现标签破损或丢失按照程序人工补贴。对出库货物进行核对，确认无误后，再进行出库登账处理，更新货物库存明细。

（5）产品信息跟踪

对整个供应链进行跟踪。例如，通过跟踪系列、批号和库存，掌握准确的可供应量信息；跟踪货物的出库、入库情况，掌握分发单位、生产单位的相关信息等。若发现某件产品收到投诉，则可根据条码信息得出产品的生产人员、质检人员、保管人员等的信息，以便追究责任，并可避免同类事件再次发生，从而提高产品的合格率，也可作为考核员工的标准和激励措施。

（三）条码技术在生产物流管理中的应用

在现代化工业大规模生产流水线中，时间是以秒为单位计算的，手工方式既费时、费力，又容易产生错误。企业为了满足市场需求多元化的要求，生产制造从过去的大批量、单调品种的模式向小批量、多品种的模式转移，给传统的手工方式带来了更大的压力。手工方式效率低，各个环节统计数据的时间滞后性，造成统计数据在时序上的混乱，无法进行整体的数据分析，进而无法给管理决策提供真实、可靠的依据。

利用条码技术，对生产制造业的物流信息管理系统进行跟踪设计。系统通过对生产制造业的物流跟踪，满足企业针对物料准备、生产制造、仓储运输、市场销售、售后服务、质量控制等方面的诸处管理需求。系统高度集成，数据可追踪、溯源、反查强大的报表功能、满足多变的管理需要，多维图形化数据分析，使人们坐在办公室就能了解生产计划的执行情况以及具体单位部件的流向。

（1）物料管理

物料跟踪管理、建立完整的产品档案。物流信息管理系统具有库存量控制、采购控制、制造命令控制、供应商资料管理、零件缺件控制、盘点管理等功能。对物料仓库进行基本的进、销、存管理。建立物料质量检验档案，产生质量检验报告，与采购订单挂钩，建立对供应商的评价。

（2）生产管理

建立产品识别码（product identification number，PIN）。在生产中应用产品识别监控生产，采集生产测试数据，采集生产质量检查数据，进行产品完工检查，建立产品识别码和产品档案，使企业决策者动态地监控生产过程。监视各个采集点的运行情况，保证采集网络的各个采集点正常工作，图表或表格实时反映产品的未上线、在线、完工情况，从而保证生产的正常运行，提高生产效率，通过一系列的生产图表或表格监控生产运行。通过产品标识条码在生产线上采集质量检测数据，以产品质量标准为准绳判定产品是否合格，从而控制产品在生产线上的流向及是否建立产品档案。

（3）仓库管理

仓库管理系统根据货物的品名、型号、规格、产地、牌名、包装等划分货物品种，并且分配唯一的编码，也就是"货号"，分货号管理货物库存和管理货号的单件集合，并且应用于仓库的各种操作。采用产品标识条码记录单件产品所经过的状态，从而实现对单件产品的跟踪管理。仓库业务管理包括出库、入库、盘库、月盘库、移库，不同业务以各自的方式进行，完成仓库的进、销、存管理。更加准确地完成仓库出入库操作。条码仓库管理采集货物单件信息，处理采集数据，建立仓库的入库、出库、移库、盘库数据。这样使仓库操作完成更加准确。条码仓库管理能够根据货物单件库存为仓库货物出库提供库位信息，使仓库货物库存更加准确。对仓库的日常业务建立台账，月初开盘，月底结盘，保证仓库进、销、存的有机进行，提供差错处理。

（4）市场销售链管理

销售链管理控制，跟踪产品销售过程。针对不同销售方式采取相应的销售跟踪策略：企业直接销售（企业下属销售实体的销售）在仓库销售出库过程中完成跟踪；其他单位销售按其上报销售单件报表或用户信息返回卡建立跟踪。市场规范检查监督区域销售政策的实施。市场销售跟踪建立完整销售链，根据销售规范检查销售；建立部分销售链，根据市场反馈检查销售。销售商评估即按品种、数量评估销售商能力及区域市场销售特点。

（5）产品售后跟踪服务

客户购买回寄或零售商回寄，建立用户信息。产品用户信息处理提供销售跟踪和全面市场分析。通过售后维修产品检查，控制售后维修产品，检查产品是否符合维修条件和维修范围，企业能够进一步提高产品售后维修服务质量，能为用户解决产品维修及区分保修和收费维修等问题。售后维修跟踪建立产品售后维修档案。通过产品维修点反馈产品售后维修记录，建立售后维修跟踪记录，监督产品维修点和建立产品的售后产品质量，记录统计维修原因。维修部件管理即对产品维修部件进行基本的进、销、存管理。

（6）产品质量管理及分析

物料质量管理根据物料准备、生产制造、维修服务过程中采集的物料质量信息，统计物料的合格率、质量缺陷分布，产生物料质量分析报告。

实验一：一维条码编码与协议分析

【实验目的】

1）了解常用编码软件的使用。

2）进一步使学生理解条码技术的理论知识、理解条码协议。

3）加深学生对条码构成、生成、应用的直观认识。

4）培养学生写作和交流的意识与能力，让学生进一步掌握条码编码技巧。

【实验条件】

1）一台带有 USB[①]口的计算机。

2）计算机软件环境为 Windows 7 或 Windows XP。

3）物流信息技术与信息管理实验硬件和软件平台（LogisTechBase.exe）。

4）编码设计软件。

【实验步骤】

1）打开条码编码实验的参数设置窗口，如图 1-22 所示。

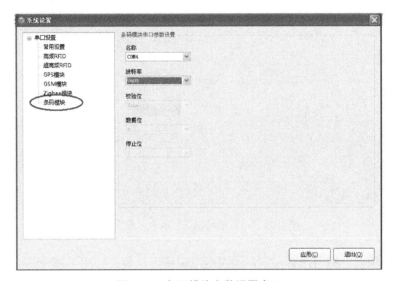

图 1-22　条码模块参数设置窗口

2）设置完之后，开始进行条码编码实验，如图 1-23 所示。

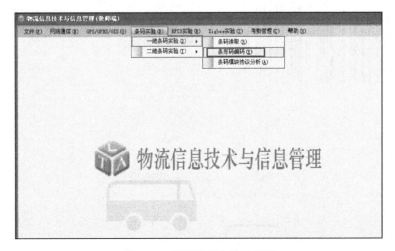

图 1-23　条码编码实验示意图

---

① USB 为通用串行总线（universal serial bus）的简称。

3）单击"条形码编码"选项，会出现相关条形码的编辑选项，如图 1-24 所示。

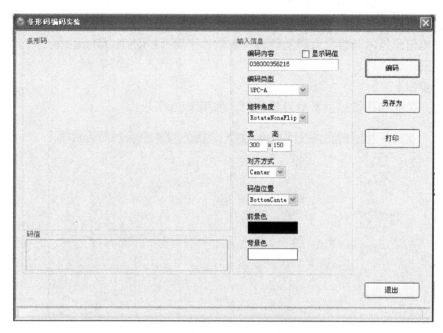

图 1-24 "条形码编码"选项示意图

4）单击"编码"按钮，会在窗口的左侧出现编码结果，如图 1-25 所示。

图 1-25 编码结果示意图

5）若要将其存为图片或打印，可使用软件右端的两个功能按钮："另存为"和"打印"，如图 1-26 所示。

图 1-26　打印条码示意图

6）按照上述方式对表 1-15 中的条码进行编码并打印。

表 1-15　条码编码实验

序号	需编码的条码	码制标准选择
1	cl-0327-1117 cl-0327-1117	128 条码
2	0123456789 0123456789	128 条码

续表

序号	需编码的条码	码制标准选择
3	7464378643857 7 464378 643857	EAN-13 条码
4	0123456789000000000 0123456789000000000	UCC/EAN 条码
5	012345678905 0 12345 67890 5	UPC-A 条码

实验二：一维条码识别

【实验目的】

1）了解条码识别的基本原理，对条码识别形成一定的理论认识。

2）掌握利用条码识别设备进行条码识别。

3）培养学生协作和交流的意识与能力，让学生进一步掌握条码扫描和条码制作的技巧，为学生应用条码技术奠定基础。

【实验条件】

1）物流信息技术与信息管理实验硬件和软件平台（LogisTechBase.exe）。

2）PC（USB 接口功能正常）。

3）计算机软件环境为 Windows 7 或 Windows XP。

4）收集的带条码的物品。

5）编码实验中的条码。

6）条码扫描仪。

【实验步骤】

1）首先进行条码读取实验，找一个带有清晰条码的物品，单击软件中的"条码读取"选项，如图 1-27 所示。

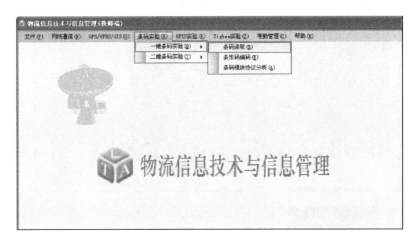

图 1-27 条码读取实验示意图

2）单击"打开串口"和"开始"按钮，如图 1-28 和图 1-29 所示。

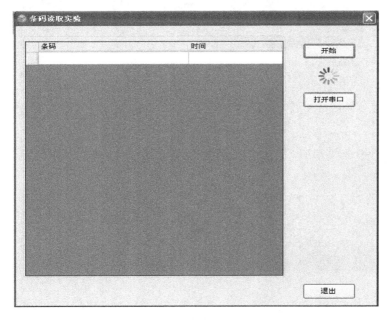

图 1-28 条码读取实验示意图（未开始）

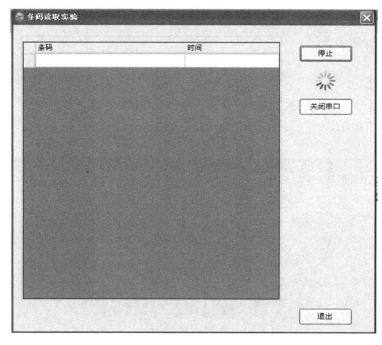

图 1-29　条码读取实验示意图（已开始）

3）将条码放置在距条码模块 10cm 左右的水平位置，按下条码模块上的读取开关，获得条码数据，如图 1-30 所示。

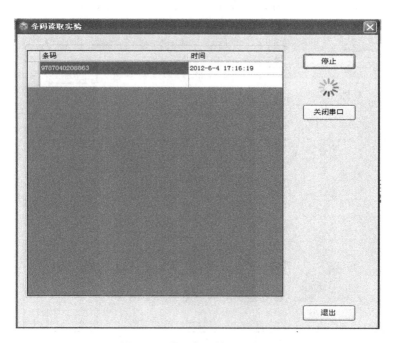

图 1-30　获取条码数据示意图

4）依次选取五个条码进行扫描，条码可以是收集的条码或者是实验六中制作的条码，将条码号记录在表 1-16 中。

表 1-16　识别结果表

编号	识别结果
1	
2	
3	
4	
5	

实验三：EAN·UCC 标准体系编码

【实验目的】

1）在综合运用物流分类编码技术和条码技术的基础上，结合立体仓库的实际情况，为仓库中的物品和储运单元（包括托盘和周转箱）设计相应的编码方案，并制作符合 EAN·UCC 标准的条码标签。

2）通过本实验，进一步体会 EAN·UCC 标准体系结构；掌握条码的编码及制作方法；并学会使用条码识读设备扫描条码。

【实验条件】

1）条码识别模块（手持）。

2）PC（串口功能正常）。

3）计算机软件环境为 Windows 7 或 Windows XP。

4）标准 9 芯串口线。

5）条码打印机。

【实验步骤】

制作三张商品条码、一张托盘条码、一张周转箱条码，主要参数如表 1-17 和表 1-18 所示。

表 1-17　实验参数列表 1

颜色	数量/条	长/cm	宽/cm	高/cm	重量/kg
红	150	22	16	22	3
黄	150	22	16	22	3
灰	150	22	16	22	3

表 1-18　实验参数列表 2

参数	数量/条	长/cm	宽/cm	高/cm	载重/kg
托盘	200	120	80	16	100
周转箱	180	40	30	28	20

1. 条码编码

根据 EAN·UCC 标准的有关规定，分别为货物、托盘、周转箱和各种应用确定编码方案。编码中应当注意如下问题。

1）区分贸易项目与储运单元，采用的是完全不同的编码标准。

2）对于贸易项目需要考虑零售贸易项目或者非零售贸易项目的问题。

3）零售贸易项目需要进一步确定是定量贸易项目还是变量贸易项目。

4）如果是非零售贸易项目中的定量贸易项目，还要区分单个包装或多个包装等级。

5）对于储运单元，则需要考虑标签是否需要附加信息，如何选择附加信息的应用标识符（AI）。

2. 编码过程

1）确定是贸易项目单元或储运单元或其他。

2）考虑贸易项目属于零售还是非零售、变量还是定量以及包装等级，储运单元是否需要附加信息，选择附加信息标识符。

3）选择编码结构。

4）按编码结构进行编码。

3. 实验过程

（1）三张商品条码

三张商品条码属于零售定量贸易项目，选择全球贸易项目代码的 EAN/UCC-13 条码表示，见表 1-19。它由 13 位数字组成，包含三部分：厂商识别代码（前缀码 + 厂商代码）、商品标识代码、校验码。

表 1-19　EAN/UCC-13 编码结构

厂商识别代码	商品标识代码	校验码
N_1, N_2, $\cdots$, N_7	N_8, N_9, $\cdots$, N_{12}	N_{13}

1）前缀码由 2～3 位数字组成，是国际物品编码协会分配给国家（或地区）编码组织的代码。

2）厂商识别代码由 7～9 位数字组成，由物品编码中心负责分配和管理。

3）商品标识代码由 3～5 位数字组成，由厂商负责编制，一般为流水号形式。

4）校验码为 1 位数字，由一定的数学计算方法计算得到，厂商对商品项目编码时不必计算校验码的值，而由制作条码的原版胶片或打印条码符号的设备自动生成，见表 1-19。

（2）托盘条码/周转箱条码

托盘条码/周转箱条码属于储运单元，选用 SSCC 的 UCC/EAN-128 条码表示。SSCC 编码结构如表 1-20 所示，由 18 位数组成。AI：应用标识符。扩展位：由厂商分配。厂商识别代码：由物品编码中心分配。系列代码：由厂商分配的一个系列号，一般为流水号。校验码：由制作条码的原版胶片或者打印条码符号的设备自动生成。

表 1-20 SSCC 编码结构

AI	扩展位	厂商识别代码	系列代码	校验码
00	N_1	N_2, N_3, …, N_8	N_9, N_{10}, …, N_{17}	N_{18}

（3）条码制作

根据上述参数和编码实现过程得到如下结果。

1）三张商品条码。国际物品编码协会分配给中国内地（大陆）的前缀码为 690～695，现设厂商识别代码为 12345，商品有红、黄、灰三种，规格相同，设 0001 为红色，0002 为黄色，0003 为灰色。三张商品条码分别为：690123450001X、690123450002X、690123450003X。X 为校验码：1（红色）、8（黄色）、5（灰色），三种不同的条码见图 1-31。

(a) 红色商品

(b) 黄色商品

(c) 灰色商品

图 1-31 三种不同的条码示意图

2）托盘条码和周转箱条码。SSCC 应用标识符 AI 为 00，设 0 为托盘条码扩展位，1 为周转箱条码扩展位，厂商识别代码设为 1234567，系列代码为：000000001，所以以托盘条码为：（00）01234567000000001X，周转箱条码为：（00）11234567000000001X。X 为检验码：5（托盘）、2（周转箱），见图 1-32。

00012345670000000015
(a) 托盘

00112345670000000012
(b) 周转箱

图 1-32 制作出的条码示意图

（4）条码打印

对上述制作出的条码使用实验一条码打印机安装与检验中的步骤进行打印。

（5）条码识别

使用实验二一维条码识别中的步骤对制作的条码进行扫描，并查看识别结果。

实验四：二维条码分析

【实验目的】

1）掌握二维条码的编码原理。

2）掌握二维条码的解码规则。

【实验条件】

1）一台带有 USB 口的计算机。

2）计算机软件环境为 Windows 7 或 Windows XP。

3）物流信息技术与信息管理实验硬件和软件平台（LogisTechBase.exe）。

4）编码设计软件。

【实验步骤】

1）打开软件，选择二维条码编码实验，如图 1-33 所示。

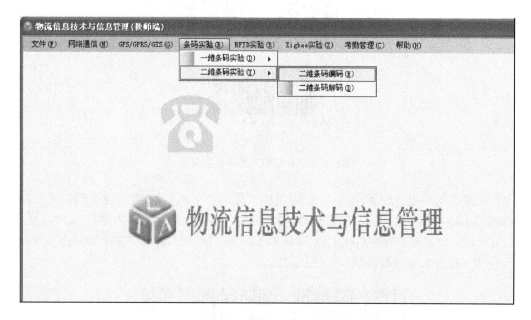

图 1-33　二维条码示意图

2）界面如图 1-34 所示，首先选择"选项"中的各种设置，然后在"编码内容"文本框中输入要编写的内容。

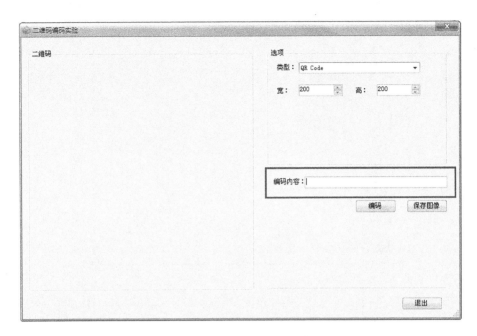

图 1-34 二维码编码实验示意图

3）单击"编码"按钮，在软件左边出现要编写的图像，见图 1-35。

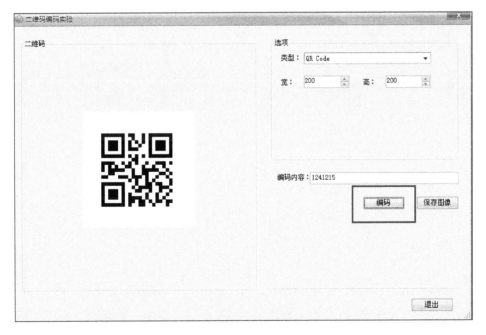

图 1-35 二维码编码结果示意图

4）单击"保存图像"按钮，能够将生成的图像保存下来，以便解码使用，见图 1-36。

图 1-36　另存结果示意图

5）打开二维码解码实验，见图 1-37。

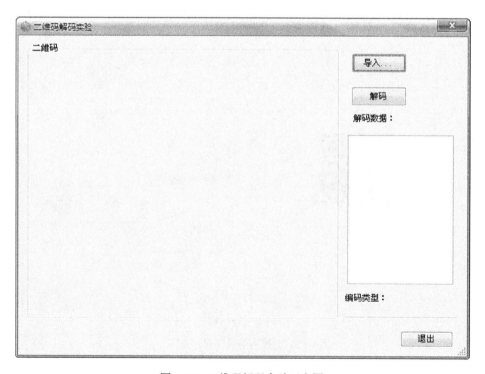

图 1-37　二维码解码实验示意图

6）单击"导入"按钮，导入在编码实验中保存的图像，见图1-38。

图1-38　导入二维码示意图

7）将二维图片导入后，单击"解码"按钮，出现解码结果，见图1-39。

图1-39　解码结果示意图

实验五：基于条码技术的仓储管理系统实验

【实验目的】

1）了解条码技术在仓储管理系统的应用，熟悉仓储系统的管理流程。

2）深入了解条码识别的基本原理，形成对条码识别的理论认识。

3）熟练掌握利用条码识别设备进行条码识别。

4）培养学生协作和交流的意识与能力，让学生进一步掌握条码扫描和条码制作的技巧，为学生应用条码技术奠定基础。

【实验条件】

1）物流信息技术与信息管理实验硬件和软件平台（LogisTechBase.exe）。

2）PC 三台（USB 接口功能正常）。

3）计算机软件环境为 Windows 7 或 Windows XP。

4）收集的带条码的物品。

5）编码实验中的条码。

【实验步骤】

1. 产品入库

首先打开综合实验软件，利用实验箱 A 模拟产品入库过程。该实验位于主界面的位置如图 1-40 所示。

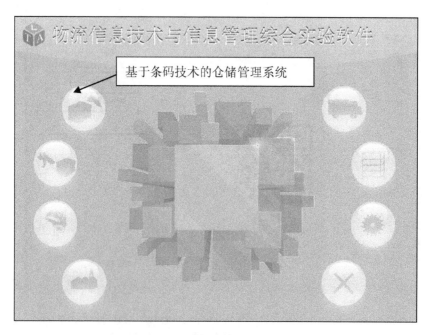

图 1-40　实验位置示意图

1）条码编辑，界面如图 1-41 所示。

图 1-41　条码编辑示意图

2）产品信息录入，界面如图 1-42 所示。

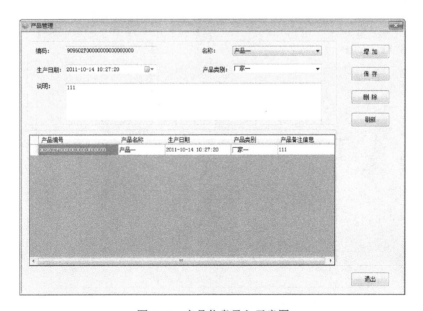

图 1-42　产品信息录入示意图

3）产品入库。单击图 1-43 中的"扫描"按钮，扫描商品条码信息，扫描到信息后显示在"未入库产品信息"列表，单击"入库"按钮，产品入库管理示意图如图 1-43 所示。

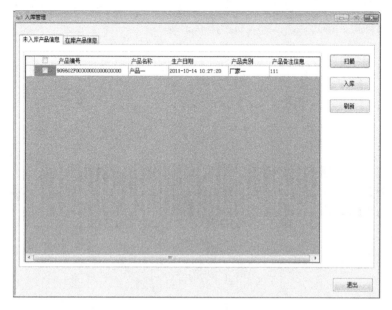

图 1-43　产品入库管理示意图

2. 产品盘点

实验箱 B 模拟在库监控系统，对在库产品进行盘点。

1）产品扫描，库存盘点示意图如图 1-44 所示。

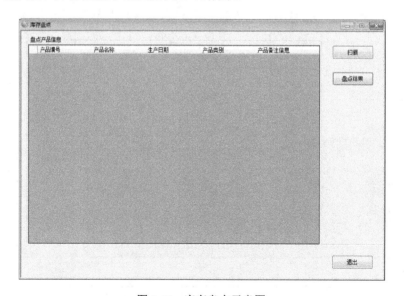

图 1-44　库存盘点示意图

2）盘点结果查看，如图 1-45 所示。

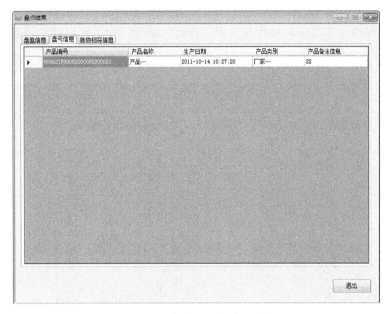

图 1-45　盘点结果查看示意图

3. 订单添加

订单添加示意图如图 1-46 所示。

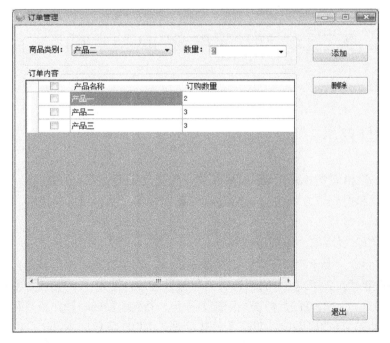

图 1-46　订单添加示意图

4. 产品出库

实验箱 C 模拟仓库出库，对产品出库过程进行模拟，仓库根据订单扫描产品出库，如图 1-47 所示。

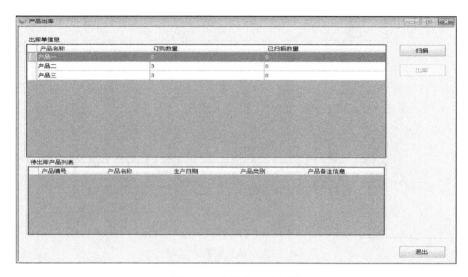

图 1-47　产品出库示意图

第二节　自动采集 RFID 技术应用

一、RFID 技术

RFID 技术是 20 世纪 90 年代开始兴起的一种自动识别技术，RFID 技术利用无线射频方式在阅读器和射频卡之间进行非接触双向数据传输，以达到目标识别和数据交换的目的。

RFID 技术的发展可按十年期进行划分。

20 世纪 50 年代，是 RFID 技术的初步探索阶段，以实验室内的实验研究为主。

20 世纪 60 年代，RFID 技术的理论研究取得了进步，开始了一些应用尝试。

20 世纪 70 年代，RFID 技术与产品研发处于一个快速发展时期，很多科研院所和商业机构开始投入 RFID 的研发中，出现了一些最早的 RFID 商业应用。

20 世纪 80 年代，RFID 技术更加成熟。各种封闭独立的 RFID 系统应用开始逐步出现。

20 世纪 90 年代，RFID 技术发展更全面。RFID 产品在门禁系统、防盗系统、航空行李识别、电子付费及运动计时等方面都得到了广泛的应用。

进入 21 世纪后，RFID 技术理论得到了进一步的丰富和完善，RFID 产品种类变得更加丰富，电子标签的成本也不断下降。全球最大的零售商沃尔玛要求其前 100 家供应商必须从 2005 年 1 月起，向其配送中心发送货盘和包装箱时使用 RFID 技术，2006 年 1 月起在单件商品中使用 RFID 技术。通过使用 RFID 技术，沃尔玛每年可以节省劳动力成本 83.5 亿美元，挽回因盗窃而损失的 20 多亿美元。沃尔玛的成功把 RFID 技术再次推到了聚光灯下。

目前，RFID 技术在国民经济的各个领域均具有广泛的用途。在安全防护领域，RFID 技术可以用于门禁保安、汽车防盗、电子物品监控；在商品生产销售领域，RFID 技术可以用于生产线自动化、仓储管理、产品防伪、收费；在管理与数据统计领域，RFID 技术可以用于畜牧管理、运动计时；在交通运输领域，RFID 技术可以用于高速公路自动收费及交通管理、火车和货运集装箱的识别等。

总之，RFID 技术在未来的发展中结合其他高新技术［如全球定位系统（global positioning system，GPS）、生物识别等技术］，由单一识别向多功能识别方向发展的同时，将结合现代通信及计算机技术，实现跨地区、跨行业应用。表 1-21 是几种常见的自动识别技术的比较。

表 1-21　常见的自动识别技术的比较

系统参数	条形码	OCR[①]	生物识别	智能卡	RFID
典型的数据量/B	1～100	1～100	—	16～64K	16～64K
数据密度	低	低	高	很高	很高
机器可读性	好	好	昂贵	好	好
人可读性	有限	简单	简单	不可	不可
污渍和潮湿的影响	很高	很高	根据具体技术	可能（接触式）	不影响
遮盖的影响	完全失效	完全失效	根据具体技术	—	不影响
方向和位置的影响	低	低	—	双向	不影响
退化和磨损	有限	有限	—	有（接触）	不影响
购买成本	很低	中	很高	低	中
运行成本	低	低	无	中（接触式）	无
安全	轻微	轻微	可能	高	高
阅读速度	低～4s/条	低～3s/条	较低	较低～4s/条	很快～0.5s/条
阅读器和载体之间的最大距离	0～50cm	<1cm	0～50cm	直接接触	0～5m

———————————

① OCR 为光学字符识别（optical character recognition）。

（一）RFID 系统的组成

RFID 系统可分为硬件组件和软件组件。其中，硬件组件由电子标签和阅读器组成，软件组件包括中间件和应用软件。

电子标签是 RFID 系统真正的数据载体，它的作用是完成与阅读器之间的通信。电子标签由标签天线和标签芯片构成，其中标签天线的作用是接收阅读器发出的射频信号，而标签芯片的作用是对接收的信息进行解调、解码，并把内部保存的数据信息进行编码、调制，再由标签天线将已调制的信息发射出去。

阅读器也称读写器，主要完成与电子标签之间的通信，此外还可以完成与计算机之间的通信。阅读器由射频模块和基带控制模块组成。其中，射频模块用于产生高频发射能量，激活电子标签，为无源式电子标签提供能量；对于需要发送至电子标签的数据进行调制并发射；还能够接收并解调电子标签发射的信号。基带控制模块用于信号的编码、解码、加密、解密；与计算机应用系统进行通信，并执行从应用系统发来的命令；执行防碰撞算法，实现同时与多个标签通信。

RFID 中间件不仅屏蔽了 RFID 设备的多样性和复杂性，而且可以支持各种标准的协议和接口，将不同的操作系统或不同应用系统的应用软件集成起来。应用软件是直接面向 RFID 应用的最终用户的人机交互界面。

（二）RFID 系统的工作原理

RFID 系统的基本工作流程如下：阅读器通过发射天线发送一定频率的射频信号，当射频卡进入发射天线工作区域时产生感应电流，射频卡获得能量被激活；射频卡将自身编码等信息通过卡内置发送天线发送出去；系统接收天线接收到从射频卡发送来的载波信号，经天线调节器传送到阅读器，阅读器对接收到的信号进行解调和解码，然后送到后台主系统进行相关处理；主系统根据逻辑运算判断该卡的合法性，针对不同的设定做出相应的处理和控制，发出指令信号控制执行机构动作。

RFID 系统的工作原理如下：阅读器将要发送的信息，经编码后加载在某一频率的载波信号上经天线向外发送，进入阅读器工作区域的电子标签接收此脉冲信号，卡内芯片中的有关电路对此信号进行调制、解码、解密，然后对命令请求、密码、权限等进行判断。若为读命令，控制逻辑电路则从存储器中读取有关信息，经加密、编码、调制后通过卡内天线再发送给阅读器，阅读器对接收到的信号进行解调、解码、解密后送至中央信息系统进行有关数据处理；若为修改信息的写命令，有关控制逻辑会引起内部电荷泵提升工作电压，从而电可擦可编程只读存储器（electrically erasable programmable read only memory，EEPROM）中的内容可进行改写，若经判断其对应的密码和权限不符，则返回出错信息。RFID 系统基本原理框图如图 1-48 所示。

在 RFID 系统中，阅读器必须在可阅读的距离范围内产生一个合适的能量场以激励电子标签。在当前有关的射频约束下，欧洲的大部分地区各向同性有效辐射功率限制在

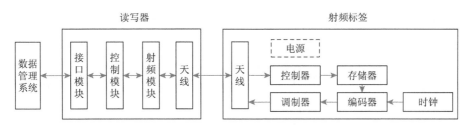

图 1-48 RFID 系统基本原理框图

500mW，这样的辐射功率在 870MHz，阅读距离可近似达到 0.7m。美国、加拿大以及其他一些国家，无需授权的辐射约束为各向同性辐射，其功率为 4W，这样的功率将达到 2m 的阅读距离，在获得授权的情况下，在美国发射 30W 的功率将使阅读距离增大到 5.5m 左右。

（三）RFID 技术的特点

RFID 技术是一项易于操控、简单实用且特别适合用于自动化控制的灵活性应用技术，识别工作无须人工干预，它既可支持只读工作模式也可支持读写工作模式，且无须接触或瞄准。可自由工作在各种恶劣环境下：短距离射频产品不怕油渍、灰尘污染等恶劣的环境，可以替代条码，如用在工厂的流水线上跟踪物体；长距射频产品多用于交通上，识别距离可达几十米，如自动收费或识别车辆身份等。RFID 技术所具备的独特优越性是其他识别技术无法企及的。

RFID 技术主要有以下几个方面的特点。

1）读取方便快捷。数据的读取无需光源，甚至可以透过外包装来进行。有效识别距离更大，采用自带电池的主动标签时，有效识别距离可达到 30m 以上。

2）识别速度快。标签一进入磁场，解读器就可以即时读取其中的信息，而且能够同时处理多个标签，实现批量识别。

3）数据容量大。数据容量最大的二维条码（PDF417），最多也只能存储 2725 个数字；若包含字母，存储量则会更少；RFID 标签则可以根据用户的需要扩充到数十 KB。

4）使用寿命长，应用范围广。无线电通信方式，使 RFID 技术可以应用于粉尘、油污等高污染环境和放射性环境，而且封闭式包装使得 RFID 技术寿命大大超过印刷的条码。

5）标签数据可动态更改。利用编程器可以向标签写入数据，从而赋予 RFID 标签交互式便携数据文件的功能，而且写入时间相比打印条码更少。

6）更好的安全性。RFID 技术不仅可以嵌入或附着在不同形状、类型的产品上，而且可以为标签数据的读写设置密码保护，从而具有更高的安全性。

7）动态实时通信。标签以 50～100 次/s 的频率与解读器进行通信，所以只要 RFID 标签所附着的物体出现在解读器的有效识别范围内，就可以对其位置进行动态的追踪和监控。

（四）RFID 技术的分类

根据电子标签工作频率的不同，RFID 系统通常可分为低频（30～300kHz）、中频（3～30MHz）和高频系统（300MHz～3GHz）。RFID 系统的常见工作频率有：低频 125kHz、

134.2kHz，中频 13.56MHz，高频 860～930MHz、2.45GHz 等。低频系统的特点是电子标签内保存的数据量较少，阅读距离较短，电子标签外形多样，阅读天线方向性不强等，主要用于短距离、低成本的应用中，如多数的门禁控制、校园卡、煤气表、水表等；中频系统则用于需传送大量数据的应用系统；高频系统的特点是电子标签及阅读器成本均较高，标签内保存的数据量较大，阅读距离较远（可达十几米），适应物体高速运动，性能好。阅读天线及电子标签天线均有较强的方向性，但天线宽波束方向较窄且价格较高，主要用于需要较长的读写距离和高读写速度的场合，多在火车监控、高速公路收费等系统中应用。

根据电子标签的不同，RFID 卡可分为可读写（read write，RW）卡、一次写入多次读出（write once read many，WORM）卡和只读（read only，RO）卡。RW 卡一般比 WORM 卡和 RO 卡贵得多，如电话卡、信用卡等；WORM 卡是用户可以一次性写入的卡，写入后数据不能改变，比 RW 卡要便宜；RO 卡存有一个唯一的号码，不能逐改，保证了安全性。

根据电子标签的有源和无源，RFID 标签又可分为有源的和无源的。有源电子标签使用卡内电流的能量，识别距离较长，可达十几米，但是它的寿命有限（3～10 年），且价格较高；无源电子标签不含电池，它接收到阅读器（读出装置）发出的微波信号后，利用阅读器发射的电磁波提供能量，一般可做到免维护、重量轻、体积小、寿命长、较便宜，但它的发射距离受限制，一般是几十厘米，且需要阅读器的发射功率较大。

根据电子标签调制方式的不同，RFID 标签还可分为主动式（active tag）和被动式（passive tag）。主动式的电子标签用自身的射频能量主动地发送数据给读写器，主要用于有障碍物的应用中，距离较远（可达 30m）；被动式的电子标签使用调制散射方式发射数据，它必须利用阅读器、读写器的载波调制自己的信号，适宜在门禁或交通的应用中使用。

（五）RFID 技术的标准

RFID 技术标准化工作最早可以追溯到 20 世纪初期，当时负责制定条码标准的欧洲 CEN/TC225（Committee for Standardization/Technical Committee 225，标准化委员会/技术委员会 225）开始关注自动识别技术。1995 年 ISO/IEC（International Organization for Standardization/International Electrotechnical Commission，国际标准化组织/国际电工委员会）联合技术委员会 JTC-l[①]设立了子委员会 SC31，负责 RFID 技术相关标准的制定。SC31 共有 5 个工作组来分别承担相关工作，工作内容涉及自动识别与数据采集技术相关的数据格式、数据语法、数据结构、数据编码等。其中，第 4 工作组（WG4）主要负责 RFID 技术在单品管理中的应用工作，使其能在全球 ISM（industrial scientific medical，工业、科学、医用）频段或可自由使用的频率范围内传输、接收和存储数据，使这项技术能在供应链管理中发挥作用。

从类别看，RFID 标准可以分为以下四类：技术标准（如 RFID 技术、IC（integrated circuit，集成电路）卡标准等）、数据内容与编码标准（如编码格式、语法标准等）、性能与一致性标准（如测试规范等）、应用标准（如船运标签、产品包装标准等）。

---

① JTC-l（Joint Technical Committee 1）为 ISO/IEC 联合组合的第一联合技术委员会。

1. RFID 标准体系

RFID 标准体系主要包含技术标准和应用标准两大类，其基本结构如图 1-49 所示。

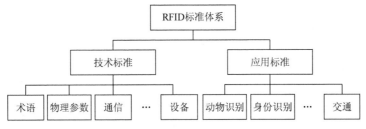

图 1-49 RFID 标准体系基本结构

2. RFID 技术标准内容

RFID 技术标准包含设备、测试及试验、安全、协议、数据、通信、物理参数和术语等方面的标准。RFID 技术标准基本结构如图 1-50 所示。

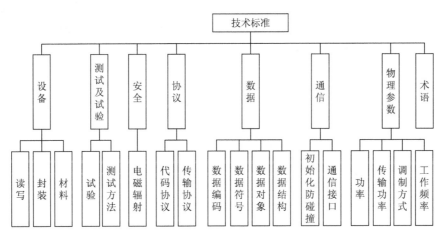

图 1-50 RFID 技术标准基本结构

RFID 主要的技术标准包括如下几种。

（1）电子产品编码标准

RFID 是一种只读或可读写的数据载体，它所携带的数据内容中最重要的是唯一标识号。因此，唯一标识体系以及它的编码方式和数据格式，是我国电子标签标准中的一个重要组成部分。唯一标识号广泛应用于国民经济活动中，如我国的居民身份证号、组织机构代码、全国产品与服务统一代码扩展码、电话号、车辆识别代号、国际证券号等。尽管国家多个部委在唯一标识领域开展了一系列的相关研究工作，但与发达国家相比，我国的唯一标识体系总体上还处于发展的起步阶段，正在逐步完善中。电子产品编码标准包括产品电子代码（electronic product code，EPC）、EAN·UCC 系统、《全国产品与服务统一标识代码编制规则》（GB 18937—2003）（全国产品代码（national product code，NPC））。

（2）通信标准

RFID 的无线接口标准中最受关注的是 ISO/IEC 18000 系列协议，涵盖了 125kHz～2.45GHz 的通信频率，识读距离由几厘米到几十米，其中主要是无源标签，但也有用于集装箱的有源标签。

近距离无线通信（near field communication，NFC）是一项让两个靠近（近乎接触）的电子装置以 13.56MHz 频率通信的 RFID 应用技术，该标准还与 ISO/IEC 14443 和 ISO/IEC 15693 非接触式 IC 卡兼容。

超宽带（ultra wide band，UWB）无线技术是一种直接以载波频率传送数据的通信技术。以 UWB 无线技术作为射频通信接口的电子标签可实现 0.5m 以内的精确定位。

无线传感器网络是另一种 RFID 技术的扩展。传感器网络技术的对象模型和数字接口已经形成产业联盟标准 IEEE 1451。该标准正进一步扩展，提供基于射频的无线传感器网络，并对现有的 ISO/IEC 18000 系列 RFID 标准，以及 ISO/IEC 15961、ISO/IEC 15862 读写器数据编码内容和接口协议进行扩展。

（3）频率标准

RFID 标签与阅读器之间进行无线通信的频段有多种，常见的工作频率有 135kHz 以下、13.56MHz、860～928MHz（UHF[①]）、2.45GHz 及 5.8GHz 等。各频段有其技术特性和适合的应用领域。低频系统使用最广，但通信速度过慢，传输距离也不够长；高频系统通信距离远，但耗电量也大。短距离的射频卡可以在一定环境下替代条码，用在工厂的流水线等场合跟踪物体。长距离的产品多用于交通系统，距离可达几十米，可用在自动收费或识别车辆身份等场合。

3. RFID 应用标准

RFID 应用标准基本结构如图 1-51 所示。

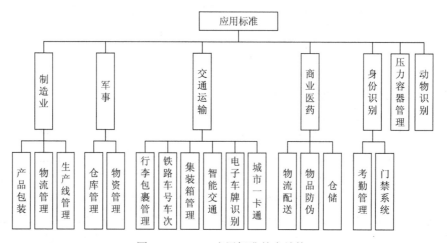

图 1-51　RFID 应用标准基本结构

---

① UHF 为超高频（ultra high frequency）。

RFID 在行业上的应用标准包括动物识别、道路交通、集装箱识别、产品包装、自动识别等。

4. RFID 技术相关标准

（1）EPCglobal

EPCglobal 是由美国统一代码委员会和国际物品编码协会联合发起的非营利性机构，美国沃尔玛、英国德士高，还有强生、宝洁等都是 EPCglobal 的成员，同时由美国 BEA 公司、IBM 公司、微软公司等提供技术研究支持。此组织除发布工业标准外，还负责 EPCglobal 号码注册管理。EPCglobal 系统是一种基于 EAN·UCC 编码的系统。作为产品与服务流通过程信息的代码化表示，EAN·UCC 编码具有一整套涵盖了贸易流通过程各种有形或无形的产品所需的全球唯一的标识代码，包括贸易项目、物流单元、位置、资产、服务关系等标识代码。EAN·UCC 标识代码随着产品或服务的产生在流通源头建立，并伴随着该产品或服务的流动贯穿全过程。EAN·UCC 标识代码是固定结构、无含义、全球唯一的全数字型代码。在 EPCglobal 标签信息规范 1.1 中采用 64～96 位的电子产品编码；在 EPCglobal 标签规范 2.0 中采用 96～256 位的电子产品编码。原来的产品条码仅是对产品分类的编码，EPCglobal 则为所有产品都赋予了一个全球唯一编码。

（2）UHF Gen2 标准

UHF Gen2 标准是由加入 EPCglobal 组织的全球 60 多家主要公司于 2004 年 12 月 16 日合作开发完成的。UHF Gen2 标准是制定推动新的 RFID 硬件产品开发的标准接口和协议的一项基础要素，能够在供应链内提供准确的、有成本效益的信息可见度，从而使企业间可以共享货物在供应链中传输的相关信息。

UHF Gen2 协议与 UHF Gen1 协议比较，有多方面的功能增强，如标签的信息储存量增大、准确性提高、符合全球许多条例的要求。而 UHF Gen2 空中接口协议也于 2006 年 6 月被国际标准化组织（International Organization for Standardization，ISO）批准并入 ISO/IEC18000-6C 标准中，使得全球 UHF RFID 技术发展得到规范。而沃尔玛则于 2006 年 9 月正式开始用 UHF Gen2 标签替代 UHF Gen1 标签，所有新进入沃尔玛配送网络的货物都必须贴上 UHF Gen2 标签。当前许多新的供应商都决定支持 UHF Gen2，这样制造商就可以在统一标准的基础上充分发挥各种标签、芯片、打印机或者编码器通用性的优点，在价格竞争上占据优势。

（3）ISO 标准

目前常用的 RFID 国际标准主要有：用于动物识别的 ISO11784/ISO11785，用于非接触智能卡的 ISO10536、ISO15693 和 ISO14443，用于集装箱识别的 ISO10374，以及用于供应链的 ISO18000。ISO 也建立了测试 RFID 标签和读写器兼容性的标准（ISO18047）及测试 RFID 标签和读写器性能的标准（ISO18046）。

ISO11784、ISO11785 分别规定了动物识别的代码结构和技术准则，其中 ISO11784 定义了如何组织标签的数据结构，ISO11785 定义了空中接口协议。标准中没有对射频标签样式尺寸加以规定，因此可以设计成适合于所涉及动物的各种形式，如玻璃管状、卫标或项圈等。技术准则规定了射频标签的数据传输方法和读写器规范，工作频率为 134.2kHz，可采用全双工和半双工两种数据传输方式。

ISO18000 是一系列标准，此标准是目前较新的标准，原因是它可用于供应链，其中的部分标准也正在形成之中。ISO18000 包括可能被用来追踪货物的空中接口协议，涉及 125kHz、13.56MHz、433MHz、860～930MHz、2.45GHz、5.8GHz 等频段空中接口通信参数。它们基本覆盖了用于 RFID 系统的频率范围。其中，ISO18000-6 基本上是整合了一些现有 RFID 厂商的读写器规格和 EAN·UCC 所提出的标签架构要求而制定出的规范。

在未来发展中，RFID 市场竞争将从技术转移到标准和系统实施。标准之争也就是利益之争，掌握了标准就等于掌握了产业发展的先机。虽然人们已经认识到，全球统一标准是 RFID 技术能得以推广和运用的必然要求，但各标准组织背后都有自己的利益团体支持，各国主管机构未能协调好利益和主权，成了 RFID 应用的最大障碍之一。

基于 RFID 技术的多样性，各标准组织根据自身的应用特点，开发重点也略有不同，这主要体现在频段上。ISO18000 系列标准中，泛在 ID（Ubiquitous ID，UID）中心提交的方案主要集中于第 3 部分和第 4 部分，对应的频段为 13.56MHz 和 2.45GHz。EPCglobal 一直致力于将 EPC Class 1Gen2 相关标准并入第 6 部分的 Type-C 中，在 2006 年已经取得成效。NFC 主要应用于手机的短距离通信和移动支付，因此只关注 ISO14443 标准及 13.56MHz 频段。IP-X 技术标准采用一些独特的技术来提高性能，其代表产品有使用较为特殊的 125kHz 和 6.8MHz 双频段。

另外，在全球化的背景下，各标准组织在保证自身利益的前提下，也开始寻找更为广泛的合作，标准之间的互联性将会逐步增强。例如，异步传输模式（asynchronous transfer mode，ATM）制定的标准兼容多项标准，并在互操作性上给予了规范；NFC 的标签标准同时基于 ISO14443 Type-A/B 以及索尼公司的 FeliCa 协议。

二、RFID 技术与 EPC 系统

针对 RFID 技术的优势及其可能给供应链管理带来的效益，国际物品编码协会和美国统一代码委员会早在 1996 年就开始与 ISO 协同合作，陆续开发了无线接口通信等相关标准，自此，RFID 的开发、生产及产品销售乃至系统应用有了可遵循的标准，它对于 RFID 制造者及系统方案提供商而言也是一个重要的技术标准。

1999 年麻省理工学院成立 Auto-ID Center，致力于自动识别技术的开发和研究。Auto-ID Center 在美国统一代码委员会的支持下，将 RFID 技术与 Internet 结合，提出了 EPC 概念。国际物品编码协会与美国统一代码委员会将全球统一标识编码体系植入 EPC 概念中，从而使 EPC 纳入全球统一标识系统。世界著名研究型大学——英国的剑桥大学、澳大利亚的阿德莱德大学、日本的 Keio 大学、瑞士的圣加仑大学、中国的复旦大学相继加入并参与 EPC 的研发工作。该项工作还得到了可口可乐、吉利、强生、辉瑞、宝洁、联合利华、UPS、沃尔玛等 100 多家国际大公司的支持，其研究成果已在一些公司中试用，如宝洁、TESCO 等。

2003 年 11 月 1 日，国际物品编码协会正式接管了 EPC 在全球的推广应用工作，成立了 EPCglobal，负责管理和实施全球的 EPC 工作。EPCglobal 授权 EAN·UCC 在各国的编码组织

成员负责本国的 EPC 工作，各国编码组织的主要职责是管理 EPC 注册和标准化工作，在当地推广 EPC 系统、提供技术支持以及培训 EPC 系统用户。在我国，EPCglobal 授权中国物品编码中心作为唯一代表负责我国 EPC 系统的注册管理、维护及推广应用工作。同时，EPCglobal 于 2003 年 11 月 1 日将 Auto-ID Center 更名为 Auto-ID Lab，为 EPCglobal 提供技术支持。

EPCglobal 的成立为 EPC 系统在全球的推广应用提供了有力的组织保障。EPCglobal 旨在改变整个世界，搭建一个可以自动识别任何地方、任何事物的开放性的全球网络。EPC 系统可以形象地称为"物联网"。在物联网的构想中，RFID 标签中存储的 EPC 代码，通过无线数据通信网络把它们自动采集到中央信息系统，实现对物品的识别。进而通过开放的计算机网络实现信息交换和共享，实现对物品的透明化管理。EPC 系统是一个非常先进的、综合性的和复杂的系统，其最终目标是为每一单品建立全球的、开放的标识标准。EPC 系统由 EPC 编码体系、RFID 系统及信息网络系统三部分组成，主要包括六个方面，见表 1-22。

表 1-22　EPC 系统的构成

系统构成	名称	注释
EPC 编码体系	EPC 代码	用来标识目标的特定代码
RFID 系统	EPC 标签	贴在物品之上或者内嵌在物品之中
	读写器	识读 EPC 标签
信息网络系统	EPC 中间件	EPC 系统的软件支持系统
	对象名称解析服务（object naming service，ONS）	
	EPC 信息服务（EPC information service，EPC IS）	

EPC 的特点如下。

1）开放的结构体系。EPC 系统采用全球最大的公用的 Internet 系统。这就避免了系统的复杂性，同时大大降低了系统的成本，并且有利于系统的增值。

2）独立的平台与高度的互动性。EPC 系统识别的对象是一个十分广泛的实体对象，因此，不可能有哪一种技术适用于所有的识别对象。同时，不同地区、不同国家的 RFID 技术标准也不相同。因此开放的结构体系必须具有独立的平台和高度的交互操作性。EPC 系统网络建立在 Internet 系统上，并且可以与 Internet 所有可能的组成部分协同工作。

3）灵活的可持续发展体系。EPC 系统是一个灵活的、开放的、可持续发展的体系，在不替换原有体系的情况下就可以做到系统升级。

EPC 系统是一个全球的大系统，供应链的各个环节、各个节点、各个方面都可受益，但对低价值的识别对象，如食品、消费品等来说，它们对 EPC 系统引起的附加价格十分敏感。EPC 系统正在考虑通过本身技术的进步，进一步降低成本，同时系统的整体改进使供应链管理得到更好的应用，提高效益，以抵消和降低附加价格。

（一）EPC 编码体系

EPC 编码体系是新一代与 GTIN 兼容的编码标准，它是全球统一标识系统的延伸和拓展，是全球统一标识系统的重要组成部分，是 EPC 系统的核心与关键。

EPC 编码标准与目前广泛应用的 EAN·UCC 编码标准是兼容的。GTIN 是 EPC 编码结构中的重要组成部分，目前被广泛使用的 GTIN、SSCC、GLN 等都可以顺利转换成 EPC 编码。在物流领域，许多国家都将 EPC 技术成功地应用在货品跟踪、采购管理、订单管理和库存管理等各个方面。

当前，出于成本等因素的考虑，参与 EPC 测试所使用的编码标准采用的是 64 位数据结构，未来将采用 96 位的编码结构。它对每个单品都赋予了一个全球唯一编码，96 位的 EPC 码，可以为 2.68 亿个公司赋码，每个公司可以拥有 1600 万个产品分类，每类产品有 680 亿个独立产品编码，形象地说它可以为地球上的每一粒大米赋予一个唯一的编码。

EPC 编码体系分为通用标识类型和基于 EAN·UCC 的标识类型，后者有效地应用于五个需要特殊识别类型的领域，分别是 SGTIN、SSCC、SGLN、GRAI、GIAI，如图 1-52 所示。

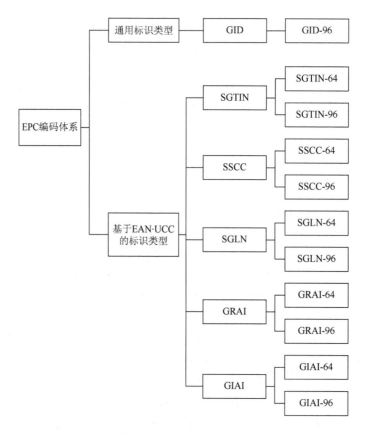

图 1-52　EPC 编码体系图

GID 为通用标识符（general identifier）；SGTIN 为序列化全球贸易项目标识代码（serialized global trade item number）；
SGLN 为序列化全球位置码（serialized global location number）

EPC 是由 EPCglobal 组织、各应用方协调一致的编码标准，具有以下特性。

1）科学性：结构明确，易于使用、维护。

2）兼容性：兼容了其他贸易流通过程的标识代码。

3）全面性：可在贸易结算、单品跟踪等各环节全面应用。

4）合理性：由 EPCglobal、各国 EPC 管理机构（中国的 EPC 管理机构称为 EPCglobal China）、标识物品的管理者实行分段管理、共同维护、统一应用，具有较强合理性。

5）国际性：不以具体国家、企业为核心，编码标准全球协商一致，具有国际性。

6）无歧视性：编码采用全数字形式，不受地方色彩、语言、经济水平、政治观点的限制，是无歧视性的编码。

EPC 代码是新一代与 EAN/UPC 码兼容的编码标准，在 EPC 系统中，EPC 编码与现行 GTIN 相结合，因而 EPC 并不是取代现行的条码标准，而是由现行的条码标准逐渐过渡到 EPC 标准或者是在未来的供应链中 EPC 和 EAN·UCC 系统共存。

EPC 中码段的分配是由 EAN·UCC 来管理的。在我国，EAN·UCC 系统中 GTIN 编码由中国物品编码中心负责分配和管理。同样，中国物品编码中心也已启动了 EPC 服务来满足国内企业使用 EPC 的需求。

EPC 代码是由一个版本号加上另外三段数据（依次为域名管理、对象分类、序列号）组成的一组数字。其中版本号标识 EPC 的版本号，使得 EPC 随后的码段可以有不同的长度；域名管理是描述与此 EPC 相关的生产厂商的信息，如可口可乐公司；对象分类记录产品精确类型的信息，如美国生产的 330mL 罐装减肥可乐（可口可乐的一种新产品）；序列号唯一标识货品，它会精确地告诉人们所说的究竟是哪一罐 330mL 罐装减肥可乐。EPC 代码具体结构见表 1-23。

表 1-23　EPC 代码具体结构

类型		版本号	域名管理	对象分类	序列号
EPC-64	TYPE I	2	21	17	24
	TYPE II	2	15	13	34
	TYPE III	2	26	13	23
EPC-96	TYPE I	8	28	24	36
EPC-256	TYPE I	8	32	56	160
	TYPE II	8	64	56	128
	TYPE III	8	128	56	64

目前，EPC 代码有 64 位、96 位和 256 位 3 种。为了保证所有物品都有一个 EPC 代码并使其载体——标签成本尽可能降低，建议采用 96 位，这对未来世界所有产品已经非常够用了。

鉴于当前不用那么多序列号，所以只采用 64 位 EPC，这样会进一步降低标签成本。

为长远发展，所以出现了 256 位编码。至今已经推出 EPC-96 Ⅰ 型，EPC-64 Ⅰ 型、Ⅱ 型、Ⅲ 型，EPC-256 Ⅰ 型、Ⅱ 型、Ⅲ 型等编码方案。

（1）EPC-64 码

目前研制出了三种类型的 64 位 EPC 代码，如下。

1）EPC-64 Ⅰ 型。如图 1-53 所示，EPC-64 Ⅰ 型编码提供 2 位的版本号编码、21 位的 EPC 域名管理、17 位的对象分类和 24 位的序列号。该 64 位 EPC 代码包含最小的标识码。21 位的 EPC 域名管理分区就会允许 200 万个组使用该 EPC-64 Ⅰ 型码。对象分类分区可以容纳 131 072 个库存单元——远远超过 UPC 所能提供的，这样就可以满足绝大多数公司的需求。24 位序列号可以为 1600 万个单品提供空间。

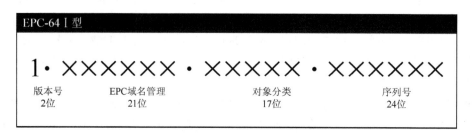

图 1-53　EPC-64 Ⅰ 型编码

2）EPC-64 Ⅱ 型。除了 EPC-64 Ⅰ 型，还可采用其他方案来适合更大范围的公司、产品和序列号的要求。建议采用 EPC-64 Ⅱ 型（图 1-54）来适合众多产品以及价格反应敏感的消费品生产者。

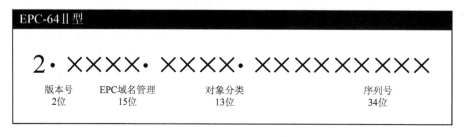

图 1-54　EPC-64 Ⅱ 型编码

那些产品数量超过 2 万亿个并且想要申请唯一产品标识的企业，可以采用方案 EPC-64 Ⅱ 型编码。采用 34 位的序列号，最多可以标识 17 179 869 184 个不同产品。与 13 位对象分类分区结合（允许多达 8192 个库存单元），每个工厂可以为 140 737 488 355 328 个或者超过 140 万亿个不同的单品编号。这远远超过了世界上最大的消费品生产商的生产能力。

3）EPC-64 Ⅲ 型。除了一些大公司和正在应用 EAN·UCC 编码标准的公司，为了推动 EPC 应用过程，应将 EPC 扩展到更加广泛的组织和行业。希望通过扩展分区模式来满足小公司、服务行业和组织的应用。因此，除了扩展单品编码的数量，就像 EPC-64Ⅱ型编码那样，也可以增加应用的公司数量来满足要求。

通过把 EPC 域名管理分区增加到 26 位，如图 1-55 所示，可以供多达 67 108 864 个公司来采用 64 位 EPC 编码。6700 万个号码已经超出世界公司的总数，因此现在已经足够用了。希望更多公司采用 EPC 编码体系。

采用 13 位对象分类分区，这样可以为 8192 种不同种类的物品提供空间。序列号分区采用 23 位编码，可以为超过 800 万（2^{23}=8 388 608）个商品提供空间。因此对于 6700 万个公司，每个公司允许超过 680 亿（2^{36}=68 719 476 736）个不同产品采用此方案进行编码。

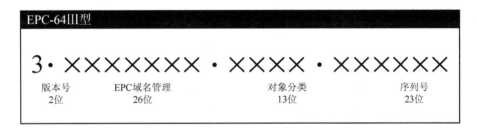

图 1-55　EPC-64Ⅲ型编码

（2）EPC-96 码

EPC-96 Ⅰ型的设计目的是成为一个公开的物品标识代码，如图 1-56 所示，它的应用类似于目前的 UPC，或者 EAN·UCC 的运输集装箱代码。

图 1-56　EPC-96 Ⅰ型编码

如图 1-56 所示，EPC 域名管理负责在其范围内维护对象分类代码和序列号。EPC 域名管理必须保证对 ONS 可靠地操作，并负责维护和公布相关的产品信息。EPC 域名管理的区域占据 28 个数据位，允许大约 2.68 亿家制造商，这超出了 UCC-12 码的 10 万个和 EAN-13 码的 100 万个的制造商容量。

对象分类字段在 EPC-96 码中占 24 位。这个字段能容纳当前所有的 UPC 库存单元的编码。序列号字段则是单一货品识别的编码。EPC-96 Ⅰ型序列号对所有的同类对象提供

36 位的唯一辨识号，其容量为 2^{36}=68 719 476 736。与产品代码相结合，该字段将为每个制造商提供 1.1×10^{28} 个唯一的项目编号——超出了当前所有已标识产品的总容量。

（3）EPC-256 码

EPC-96 码和 EPC-64 码是作为物理实体标识符的短期使用而设计的。在原有表示方式的限制下，EPC-64 码和 EPC-96 码版本的不断发展使得 EPC 代码作为一种世界通用的标识方案已经不足以长期使用。更长的 EPC 代码表示方式一直以来就广受期待并酝酿已久。EPC-256 码就是在这种情况下应运而生的。

256 位 EPC 是为满足未来使用 EPC 代码的应用需求而设计的。因为未来应用的具体要求目前还无法准确地知道，所以 256 位 EPC 版本必须可以扩展以使其不限制未来的实际应用，多个版本就提供了这种可扩展性。EPC-256 I 型、II 型和III型的位分配情况如图 1-57 所示。

EPC-256 I 型			
1 ·	×××××××× ·	×××× ·	××××××
版本号 8位	EPC域名管理 32位	对象分类 56位	序列号 160位

(a) EPC-256 I 型

EPC-256 II 型			
2 ·	×××××××× ·	×××× ·	××××××
版本号 8位	EPC域名管理 64位	对象分类 56位	序列号 128位

(b) EPC-256 II 型

EPC-256III型			
3 ·	×××××××× ·	×××× ·	××××××
版本号 8位	EPC域名管理 128位	对象分类 56位	序列号 64位

(c) EPC-256 III型

图 1-57　EPC-256 码的三种编码体系

（二）EPC 信息网络体系

EPC 系统的信息网络系统是在本地网络和全球互联网的基础上，通过 EPC 中间件、ONS 和 EPC 信息服务来实现信息的管理与流通，从而实现全球的“物物相连”。

（1）EPC 中间件

EPC 中间件以前称为 Savant，它具有一系列特定属性的程序模块或服务，被用户集成用来满足他们的特定需求。

应用事件管理协议和 RFID 通信协议构成了 EPC 中间件的主要协议。前者是 EPCglobal

的中间件标准，是一个接口协议，主要用于阅读器和应用程序之间。对于各种目的的程序，此协议定义了两者之间统一的接口，以告知客户如何收集和处理来自读写器的 EPC 标签。图 1-58 描述了 EPC 中间件组件与其他应用程序的通信。

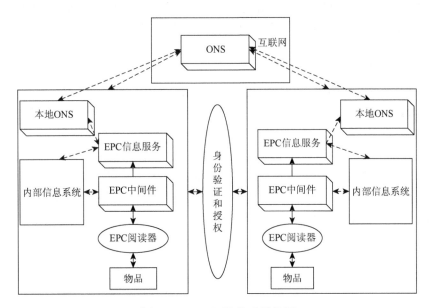

图 1-58　EPC 网络体系结构图

（2）ONS

ONS 是一种连接 EPC 编码和标签上附带项目数据或信息的"直接服务"。这些附加的、项目相关的数据或信息可能储存在局域网或 Internet 的服务器上，ONS 类似于用来定位 Internet 信息的域名解析服务（DNS①）。

ONS 是联系 EPC 中间件和 EPC 信息服务的网络枢纽，并且 ONS 设计与架构都以 Internet 域名解析服务为基础。因此可以利用整个 EPC 网络以 Internet 为依托，迅速架构并顺利延伸到世界各地。

当阅读器获得 EPC 标签的数据时，就会将 EPC 码发送给 EPC 中间件系统，借助 ONS 查出对象数据的存储位置。

（3）EPC 信息服务

EPC 信息服务提供了一个模块化、可扩展的数据和服务的接口，使得 EPC 的相关数据可以在企业内部或者企业之间实现共享。

在物联网中，有关产品信息的文件存储在 EPC 信息服务器中。这些服务器往往由生产厂家来维护。所有产品信息将用一种新型的标准计算机语言——物理标记语言（physical markup language，PML）书写，物理标记语言文件将被存储在 EPC 信息服务器上，为其他计算机提供需要的文件。

---

① DNS 为域名系统（domain name system）。

（4）EPC 的物理标记语言

物理标记语言是基于被人们广为接受的可扩展标识语言发展而来的，是用信息对某个产品或对象进行适当的说明，其句法和语义是由 EPCglobal 和用户协会管理与发展的，标准组织如国际测量协会、国际标准与技术研究所已经开始进行节能型产品描述，物理标记语言标记工具内的产品定义，从食品项目开始，要求管理机构不断努力建立充分包含的指南。

（三）EPC 系统的工作流程

在由 EPC 标签、读写器、EPC 中间件、Internet、ONS 服务器、EPC 信息服务以及众多数据库组成的实物互联网中，读写器读出的 EPC 只是一个信息参考（指针），由这个信息参考从 Internet 中找到 IP 地址并获取该地址中存放的相关的物品信息，并采用分布式的 EPC 中间件处理由读写器读取的一连串 EPC 信息。由于在标签上只有一个 EPC 代码，计算机需要知道与该 EPC 匹配的其他信息，这就需要 ONS 来提供一种自动化的网络数据库服务，EPC 中间件将 EPC 代码传给 ONS，ONS 指示 EPC 中间件到一个保存着产品文件的服务器中查找，该文件可由 EPC 中间件复制，文件中的产品信息就能传到供应链上，EPC 系统的工作流程如图 1-59 所示。

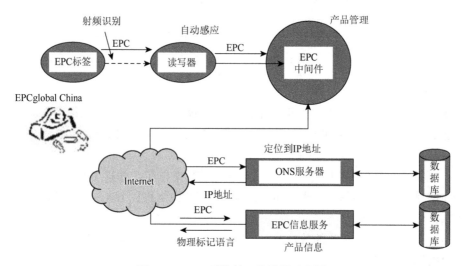

图 1-59　EPC 系统的工作流程示意图

（四）EPC 系统与 RFID 技术的关系

采用 RFID 最大的好处是可以对企业的供应链进行高效管理，以有效地降低成本。因此对于供应链管理应用而言，RFID 技术是一项非常适合的技术。但由于标准不统一等，该技术在市场中并未得到大规模的应用。EPC 产品电子代码及 EPC 系统的出现，使 RFID 技术向跨地区、跨国界物品识别与跟踪领域的应用迈出了划时代的一步。

EPC 系统与 RFID 技术之间有共同点，也有不同之处。从技术上来讲，EPC 系统包括物品编码技术、RFID 技术、无线通信技术、软件技术、互联网技术等多个学科技术，而

RFID 技术只是 EPC 系统的一部分，主要用于 EPC 系统数据存储与数据读写，是实现系统其他技术的必要条件；而对 RFID 技术来说，EPC 系统应用只是 RFID 技术的应用领域之一，EPC 的应用特点，决定了射频标签的价格必须降低到市场可以接受的程度，而且某些标签必须具备一些特殊的功能（如保密功能等）。换句话说，并不是所有的 RFID 标签都适合做 EPC 射频标签，只有符合特定频段的低成本射频标签才能应用到 EPC 系统。

成熟的 RFID 技术应用于新生的 EPC 系统，将极大地拓展 RFID 技术的应用领域，并给 RFID 技术特别是 RFID 标签市场带来迅猛增长，随着零售巨擘沃尔玛要求其供应商使用 EPC 射频标签的期限迫近，EPC 给 RFID 世界带来的商机已逐渐显现，同时，随着 2004 年第二代射频标签全球标准的出台，RFID 技术与市场的发展将更加规范有序，EPC 系统的推广与应用将真正步入快车道。

三、RFID 技术在物流行业中的应用

（一）RFID 技术在物流管理中的应用

1. 在仓储环节的应用

RFID 系统可以在智能仓库货物接收、入库、订单拣货、出库等环节应用。当贴有射频标签的货物或容器进入仓储中心（或物流中心）时，装卸平台上的阅读器将自动识读标签，确认货物的数量、大小、种类等是否与订单一致，并且把收货时间及货物运输途中的损坏程度等信息输入主机系统的数据库，完成货物接收工作。入库时，由于实现了库位、品种和射频标签的对应管理，系统可以根据目前仓库库位的情况，自动生成货物上架信息（如货物上架库位地址等），待上架操作完成后，利用手持阅读器将对应货位最新的货物信息通过无线网络传输到后台数据库，主控计算机自动进行货位货物信息的变更确认，完成货物入库操作。

出库时，出库信息通过系统处理传到相应库位的电子标签上，显示出该库位货物需出库的数量，同时发出光和声音信号，指示拣货人员完成作业。拣货完毕后，拣货人员通过手持阅读器，将对应货位最新的货物信息通过无线网络传输到后台数据库，系统自动进行货位货物信息的变更确认，完成货物出库操作。当货物从备货区运送到装卸平台时，安置于该处的 RFID 系统把出货时间、数量等信息输入主机系统的数据库。

2. 在运输环节的运用

RFID 技术结合 GPS，可以对物流运输过程进行全面可视化跟踪。当贴有电子标签的货物和运输工具，经过一些设立了 RFID 读写系统的地理位置时，运输工具可以不用停下来而直接通过，节省了通过的时间。同时，设立在运输路径上的 RFID 系统可以对车辆进行实时定位跟踪，及时了解货物在途运输信息，便于公司进行远程调度管理，并极大地提高了在途货物的安全性。例如，RFID 技术在集装箱运输管理中的应用可以提高集装箱的运输效率。

将记录有集装箱箱号、箱型、装载货物种类、数量等数据的电子标签安装在集装箱上，

在经过安装有 RFID 系统的公路、铁路的出入口、码头的检查门时，该系统可以对集装箱进行动态跟踪，同时阅读器可以非常容易地校验集装箱等封闭容器内的货物，而无需花费大量的人力和时间进行开箱检查、手工点货及货单校对，不仅加快了车辆进港提箱的速度，而且可以对车辆提箱进行严密的管理，并有效地降低了工作人员的劳动强度，减少了人为因素造成的差错。

3. 在物流配送环节的应用

（1）用于在途物资可见性系统

物资配送中心接到配送任务后，需要及时、迅速地将需求方所需物资运送到位，利用 RFID 技术即可准确、迅速地完成配送任务并实现对在途物资的跟踪。物资配送中心为每台车配发一枚射频标签，并在仓库出入口处安装一套射频装置形成门禁，以利用 RFID 技术完成物资的自动出入库操作。

1）物资配送中心所派车队进入仓储中心时通过门禁，阅读器读取到射频标签信息并在仓储中心系统中显示此时车队所载物资为空。

2）车队装载物资完毕离开发物仓库时再次通过门禁，物流系统将出库物资信息写入系统数据库中并上报给物资配送中心，这样就等于射频标签承载了所运物资的相关信息，自动完成物资出库，此时运送物资的车辆和物资进入在途状态。

3）运输车队到达收物仓库时再度通过门禁，阅读器读取到射频标签中的信息后传输给仓储中心系统，系统即显示待入库物资的相关信息并写入数据库，自动完成物资入库，并上报给物资配送中心，以告知物资配送中心此次物资配送任务已经完成。

物资在途期间，物资配送中心根据发/收物仓储中心上报的数据可知在途物资的名称、品种和数量等信息，达到在途物资的可见性，如果再结合地理信息系统（geographic information system，GIS）技术还可以实现在途物资的动态可见。

（2）用于寻找特定物资

特定物资寻找系统主要由射频标签和手持式无线询问机组成，其中记录着物资信息的射频标签附在物资运输车辆或包装箱上，手持式无线询问机能发出脉冲电波激活射频标签，并能在 100m 距离范围内阅读标签上的信息内容。一个货物场上通常停着若干车辆，当需要尽快找到某种特定物资时，手持式无线询问机可根据该物资的名称和编码提出询问，所有装有该物资的射频标签即做出应答，利用手持式无线询问机激活射频标签上的鸣叫器。操作人员即可循声找到车辆或者包装箱，若声音在查找范围之外，则可根据询问机上的测距仪显示的距离去逐步接近，直至找到所需物资。

（二）RFID 技术在仓库管理中的应用

目前，仓库管理主要是基于相应规范的手工作业及计算机半自动化管理实现的，其弊病显而易见，即需要投入大量人力进行规范物品的放置、定期整理盘点以及出/入库登记等工作，这使得仓库管理问题十分烦琐，浪费了大量时间。因此，把 RFID 技术应用于仓库管理比较理想，这也是 RFID 技术一个新的应用领域。

RFID 物流仓储管理系统可以实现仓储货物进出自动化管理，由安装在货物或托盘上的 RFID 电子标签、安装在仓库大门上的远距离 RFID 系统、管理中心网络管理设备及其管理软件组成。当携带 RFID 电子标签的车辆、货物或托盘通过仓库设定的射频感应区域时，系统通过 RFID 电子标签实现自动化的存货、取货及仓库中的快速盘点等操作。RFID 物流仓储管理系统应用框架如图 1-60 所示。

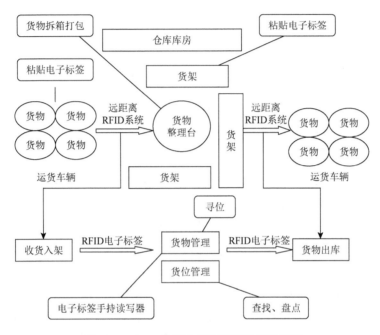

图 1-60　RFID 物流仓储管理系统应用框架

RFID 物流仓储管理系统一般由业务管理软件、RFID 标签发行系统和 RFID 标签识别采集系统组成，这几个系统互相联系，共同完成物品管理的各个流程。后台数据库管理系统是整个系统的核心，RFID 识别采集是实现管理功能的基础和手段。

业务管理软件由中心数据服务器和管理终端组成，是系统的数据中心，负责与手持终端通信，将手持终端上传的数据转换并插入后台业务仓储管理系统的数据库中，对标签管理信息、发行标签和采集的标签信息集中进行储存及处理。

RFID 标签发行系统由电子标签专用打印机和标签制作管理软件组成，负责完成库位标签、物品标签、箱标签的信息写入和标签表面信息的打印工作。电子标签专用打印机采用内嵌非接触读写器的工业级热转印打印机，能够在标签芯片写入信息的同时在标签表面打印预先设定的内容信息。标签制作管理软件的核心是标签制作函数动态链接库，它嵌在后台系统内，为后台业务仓储管理系统提供操作打印机制作标签的开发接口函数。动态库还提供了一个独立的标签制作软件，可以手工输入标签数据，便于临时制作标签。

RFID 标签识别采集系统可通过手持终端或固定位置终端采集标签信息，完成标签数据的存储，并通过 RFID 中间件与管理中心进行数据的交换。

RFID 物流仓储系统的工作流程如图 1-61 所示。

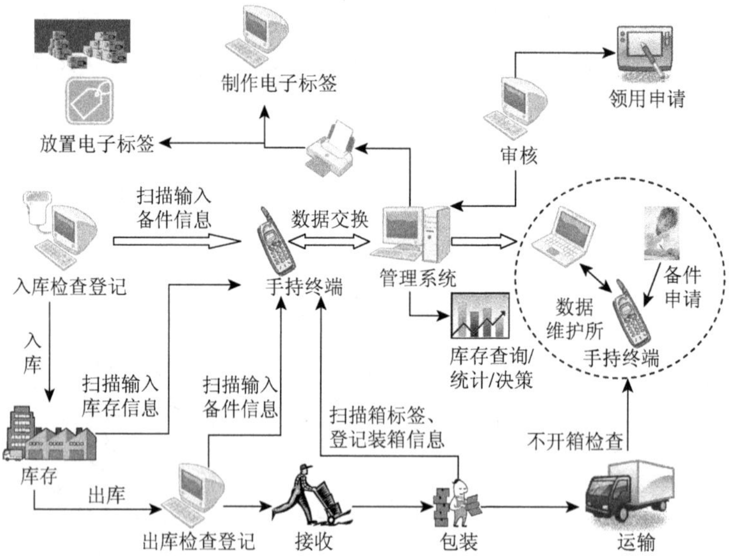

图 1-61　RFID 物流仓储系统的工作流程

依据入库单及标签制作申请单录入的货物信息生成每个物品的电子标签,在标签表面上打印标签序号及产品名称、型号规格,在芯片内记录产品的详细信息。

入库时,仓库管理员根据订货清单清点检查每一件货品,检查合格后交给仓库保管员送入库房。仓库保管员持手持终端扫描货架库位标签和入库物品上的标签并输入物品数量进行入库登记,数据记入手持终端内的入库操作数据表中,然后将物品放置到指定库位上。如果需要将物品装入包装箱内存放,还需要扫描箱标签以更新手持终端内的箱明细表。全部物品入库完毕后,将手持终端交给管理员,由管理员将入库数据导入后台管理数据库内,完成入库操作。经过这一流程后,仓库中每一种物品的位置、数量、规格型号等都可以在仓储管理软件中一目了然地查找出来,实现了仓储状态的可视化。

出库时,仓库管理员根据领料申请查询仓储状态,然后做出预出库单;保管员根据预出库单将指定库位的物品取出,使用手持终端扫描库位标签和物品标签,登记出库信息,数据记入手持终端出库数据表;全部出库物品取出后,将出库信息上传到主机,与预出库单作比较,并根据实出数量进行登账。出现调拨情况时,根据调拨情况选择不同的调拨流程。

（三）RFID 技术在物流配送中心中的应用

RFID 技术在供应链管理上得到了非常广泛的应用。供应链是从原材料到最终用户的所有实物移动过程,包括供货商选择、采购、产品计划、材料加工、订单处理、存货管理、包装、运输、仓储与客户服务。成功的供应链管理能无缝整合所有供应活动,将所有合作者整合到供应链中。根据机构功能的不同,这些合作者包括供应商、配送商、运输商、第三方物流公司和信息提供商。RFID 技术在供应链中主要的应用模式是物流的跟踪应用。技术实现模式是将 RFID 标签贴在托盘、包装箱或元器件上,进行元器件规格、序列号等信息的自动存储和传递,此举可以大幅度削减成本和清理供应链中的障碍。目前,世界头号零售商沃尔玛已经宣布要大范围使用 RFID 技术,美国军方也宣布军需物品均要使用 RFID 技术来进行跟踪,国际业界普遍认为,RFID 技术是当今信息技术(information technology,IT)领域的革命性技术,其在物流领域的应用有着非常良好的前景。本书主要探讨将 RFID 技术应用在物流配送中心的具体应用模式,以及由此带来的高效率和经济效益。

1. 传统物流配送中心存在的问题

消费者需要高水平的服务和具有竞争力的价格,因此需要设置物流配送中心进行集中配送,这样可以更有效地组织物流活动,控制物流费用;集中存储物资,保持合理的库存;提高服务质量,扩大销售;防止出现不合理运输。为了完成这些目标,传统的物流配送中心面临以下几个方面的问题。

1)存货统计缺乏准确性。由于某些条码不可读或者一些人为错误,存货统计经常不是十分精确,从而影响到物流配送中心做出正确决定。

2)订单填写不规范。很多订单没有正确填写,因此很难保证物流配送中心每次都可以将正确数量的所需货物发送到正确的地点。

3)货物损耗。在运输过程中的货物损耗始终是困扰物流配送中心的问题,损耗原因有货物存放错了位置、货物被偷盗、包装或者发运时出错误。一项美国的调查表明,零售业的货物损耗可以达销售量的 1.71%。

4)清点货物。传统方法在清理货物时效率很低,而为了及时了解货物的库存状况又需要随时清点,为此需花费大量的人力、物力。

5)劳动力成本。劳动力成本已经成为一个比较严重的问题,统计表明,在整个供应链成本中,劳动力成本所占比重已经上升到 30% 左右。

2. RFID 技术在物流配送中心的具体应用

1)入库和检验。当贴有射频标签的货物运抵配送中心时,入口处的阅读器将自动识读标签,根据得到的信息,管理系统会自动更新存货清单,同时,根据订单的需要,将相应货品发往正确的地点。这一过程将传统的货物验收入库程序大大简化,省去了烦琐的检验、记录、清点等大量需要人力的工作。

2)整理和补充货物。装有移动阅读器的运送车自动对货物进行整理,根据计算机管理中心的指示自动将货物运送到正确的位置,同时将计算机管理中心的存货清单更新,记录下最新的货品位置。存货补充系统将在存货不足指定数量时自动向计算机管理中心发出申请,根据计算机管理中心的命令,在适当的时间补充相应数量的货物。在整理货物和补充存货时,如果发现有货物堆放到了错误位置,阅读器将随时向计算机管理中心报警,根据指示,运送车将把这些货物重新堆放到指定的正确位置。

3）订单填写。通过 RFID 系统，存货和管理中心紧密联系在一起，而在管理中心的订单填写工作将发货、出库、验货、更新存货目录整合成一个整体，最大限度地减少了错误的发生概率，也大大节省了人力。

4）货物出库运输。应用 RFID 技术后，货物运输将实现高度自动化。当货品在物流配送中心出库，经过仓库出口处阅读器的有效范围时，阅读器自动读取货品标签上的信息，不需要扫描，可以直接将出库的货物运输到零售商手中，而且由于前述的自动操作，整个运输过程速度大为提高，同时所有货物都避免了条码不可读和存放到错误位置等情况的出现，准确率大大提高。

3. 应用 RFID 技术给物流配送中心带来的效益

在物流配送中心应用 RFID 技术后，带来的效益体现在以下几个方面。

1）节省人力成本。传统的物流配送中心由于要对货品进行扫描和定位工作，需要花费大量的人力，相应的统计、核对也是费时费力，而应用了 RFID 技术后，几乎所有的扫描和核对都自动进行，仅此一项，即可节省人力成本达 30%～40%。

2）提高存货目录精确性。由于可以知道每个货物的精确位置，数据的管理具有及时性和准确性，将录入存货信息时人为出错的可能性彻底消除，存货信息精确性大大提高，同时更加及时可靠。

3）提高订单填写效率。由于入库、整理、补充的可靠性提高，时间及时，订单填写过程中避免了很多无效或者不合理订单的出现，缩短了整个订购的周期，提高了在整个供货配给中填写订单的效率。

4）降低货物损耗。调查显示，货物的损耗主要由内部职员盗窃、运输过程中的丢失、管理和核对的错误带来的遗失等引起。其中，运输过程中的丢失在货物配给中是非常普遍的现象，而由于 RFID 技术可以详细管理每个货物，运输丢失带来的货物损耗几乎可以完全避免。此外，自动化的 RFID 技术也使得管理、审计错误引起的货物损耗降到最低，所以除了对内部职员盗窃行为作用不大，采用 RFID 技术后极大地降低了配送过程中的货物损耗。

实验一：13.56MHz RFID 标签读取

【实验目的】
1）了解不同协议类型标签的读取以及它们的区别。
2）掌握使用硬件平台读取高频标签的方法。

【实验条件】
1）一台带有 USB 接口的计算机。
2）计算机软件环境为 Windows 7 或 Windows XP。
3）物流信息技术与信息管理实验软件平台（LogisTechBase.exe）。
4）物流信息技术与信息管理实验硬件平台。

【实验步骤】

1）正确安装好高频 RFID 天线。

2）打开实验箱电源开关，打开高频 RFID 模块，并确保没有其他模块打开。

3）打开高频 RFID 系统实验的标签读取实验，如图 1-62 所示。

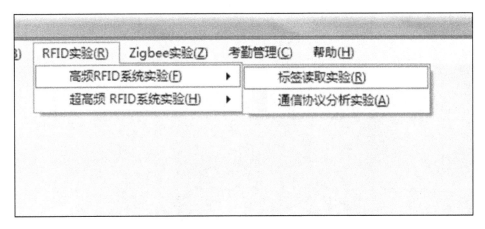

图 1-62　打开标签读取实验示意图

4）打开高频 RFID 系统实验的标签读取实验界面，如图 1-63 所示，分别"打开串口"和"开始读取"。

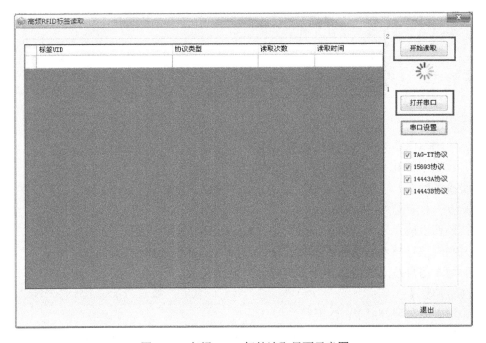

图 1-63　高频 RFID 标签读取界面示意图

5）将高频 RFID 卡放置在天线周围（注意距离在 1～2cm），软件将出现读取后的界面，如图 1-64 所示，图中圆圈处分别代表了该卡卡号、协议类型和读取次数。

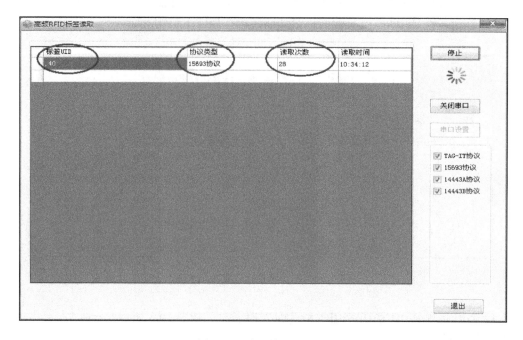

图 1-64　读取结果示意图

6）实验结束后单击"停止"和"关闭串口"按钮。

实验二：13.56MHz RFID 通信分析

【实验目的】
1）了解不同高频 RFID 协议类型原理。
2）掌握高频 RFID 底层通信协议操作。
【实验条件】
1）一台带有 USB 接口的计算机。
2）计算机软件环境为 Windows7 或 Windows XP。
3）物流信息技术与信息管理实验软件平台（LogisTechBase.exe）。
4）物流信息技术与信息管理实验硬件平台。
【实验步骤】
1）正确安装好高频 RFID 天线。
2）打开实验箱电源开关，打开高频 RFID 模块，并确保没有其他模块打开。
3）打开高频 RFID 实验的通信分析实验，如图 1-65 所示。

图 1-65　通信协议分析实验示意图

4）单击"打开串口"按钮，此时可在"预定义指令"文本框中选择所要发送的指令，如图 1-66 所示。

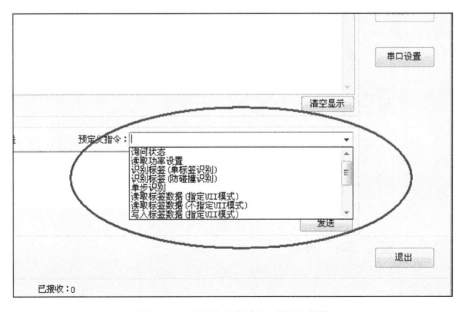

图 1-66　"预定义指令"列表示意图

5）也可在图 1-67 所示区域，手动输入指令。

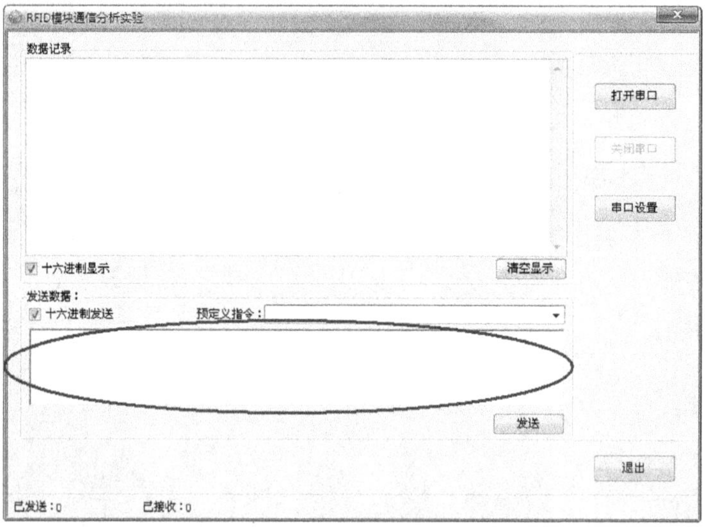

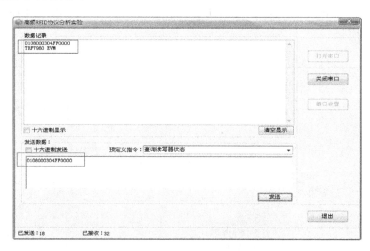

图 1-67　手动输入指令区域示意图

6）手动输入查询读写器状态指令，单击"发送"按钮后，可在"数据记录"栏中查看返回值，如图 1-68 所示。

图 1-68　状态查询示意图

实验三：EPC 编码分析

【实验目的】

1）理解 EPC 编码体系。

2）通过本实验，进一步体会 EPC 编码体系对 EAN 编码的优势。

【实验条件】

1）PC（串口功能正常）。

2）编码软件。

【实验步骤】

1. 编码设计

1）分类。6901010101098 转换为 EPC 码，原本是一个 EAN-13 条码，因此其转换的 EPC 目标码为 SGTIN-96。同时可以知道 SGTIN-96 的标头为 00110000。

2）拆分。690 为国家代码（中国），厂商代码为 1010，因此转换为对应的 SGTIN-96 的厂商识别码就是 6901010。而 EPC 中选择厂商识别码 24 位，因此分区值为 5，二进制为 101，而 SGTIN-96 中的滤值假定为 011（包装箱）。而贸易项目代码 6901010101098 中的 10109，即 SGTIN-96 中的贸易项目代码二进制为 0000 0010 0111 0111 1101（20 位）。最后给出 SGTIN-96 中的序列号 123456789，转换为二进制为 00 0000 0000 0111 0101 1011 1100 1101 0001 0101（38 位）。

3）组合。经过转换的组合就是二进制的 SGTIN-96 码了。因此，6901010101098 加上序列号 123456789 转换为 SGTIN-96 的二进制编码为 0011 0000 0111 0101 1010 0101 0011 0100 0100 1000 0000 1001 1101 1111 0100 0000 0000 0111 0101 1011 1100 1101 0001 0101（96 位）。转换为 16 进制数值为 3075A5344809DF40075BCD13。

2. 编码转换

读者也可以用本书配套的软件直接转换，界面如图 1-69 所示。

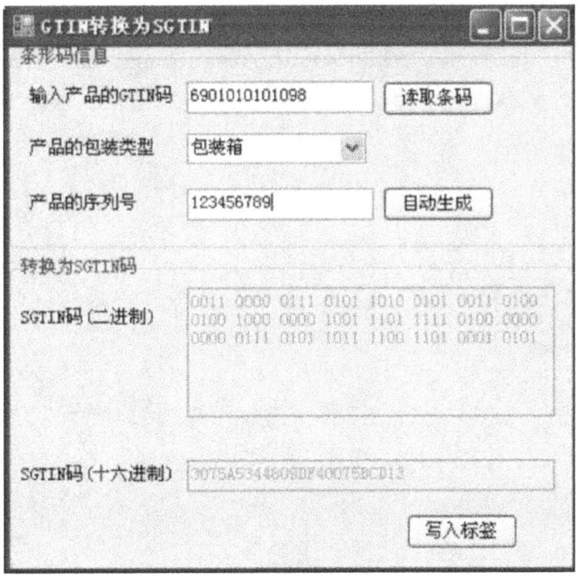

图 1-69　编码转换界面示意图

实验四：UHF RFID 读写器通信协议分析

【实验目的】

1）通过本实验，掌握超高频（ultra high frequency，UHF）RFID 读写器的使用方法。

2）掌握读写器的连接和断开过程。

3）掌握 UHF RFID 读写器的识别。

4）掌握 UHF RFID 读写器的功率设置。

【实验条件】

1）PC（串口功能正常）。

2）超高频读写器模块。

3）相关软件。

4）物流信息技术与信息管理实验软件平台（LogisTechBase.exe）。

【实验步骤】

1. UHF RFID 读写器连接与断开实验

1）安装 UHF RFID 识别天线。

2）连接实验箱和上位机之间的串口线。

3）开启实验箱电源，将串口开关置于 UHF RFID 模块上。

4）开启 UHF RFID 电源。

5）开启物流信息技术与信息管理实验软件平台（LogisTechBase.exe）中的 UHF RFID 实验，位置如图 1-70 所示，打开后界面如图 1-71 所示。

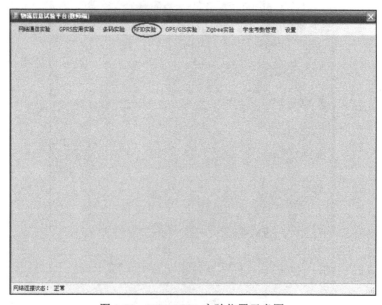

图 1-70　UHF RFID 实验位置示意图

图 1-71 打开界面示意图

6）查看端口号。首先右击"我的电脑"选择"设备管理器"，并找到"端口"选项，如图 1-72 所示。

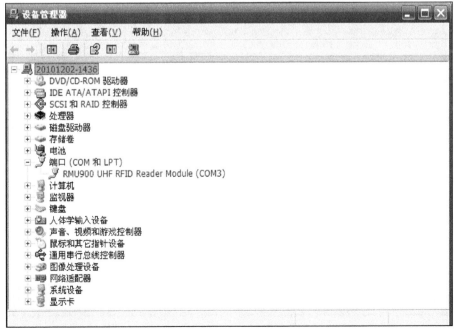

图 1-72 查看端口号示意图

图 1-73 中串口为 COM3，查看本机端口号，并在软件中选择相应端口。

图 1-73　端口号示意图

7）单击"连接"按钮，成功后听见 UHF RFID 模块有"滴"声，如图 1-74 所示。

图 1-74　连接读写器示意图

8）连接成功后按钮变成"断开连接"，再次单击"断开连接"按钮，如图 1-75 所示。

图 1-75　断开连接示意图

2. UHF RFID 识别实验

1）单击"识别标签"按钮，如图 1-76 所示。

图 1-76　识别标签示意图

2）将 UHF 标签靠近天线，听见"滴"声后读出结果，如图 1-77 所示。

图 1-77　识别结果示意图

图 1-77 中已成功读取制定地址的数据块。

3. UHF RFID 功率设置实验

单击"输出功率"旁边的下拉列表，设置功率，完成后单击"设置功率"按钮，如图 1-78 所示。

图 1-78　设置功率示意图

　　设置功率为 10，单击"识别标签"选项，并将标签由远到近靠近天线，感受识别距离。单击"停止"按钮，并设置功率为 20，将标签由远到近靠近天线，感受识别距离。

实验五：UHF RFID 单命令操作

【实验目的】
1）理解 UHF RFID 储存体系结构。
2）进一步体会 UHF RFID 读写原理。
【实验条件】
1）PC（串口功能正常）。
2）物流信息技术与信息管理实验软件平台（LogisTechBase.exe）。
3）物流信息技术与信息管理实验硬件平台。
注：读写等使用的数据均为十六进制。
【实验步骤】

1. 指定地址读

1）该命令实现读写器对指定地址数据的读取，首先选中"单步命令"选项，如图 1-79 所示。

图 1-79　"单步命令"选项示意图

2）读取标签，保证基本操作中设置正确，本实验中读取保留内存中的 0～15 位访问口令。"数据块"选项中选择"00：Reserved"，在"地址"栏输入 03，"长度"栏输入 1，不选择"安全模式"复选框。选择识别的标签，本例如图 1-80 所示。

图 1-80　识别状态示意图

3）将标签放在天线处并单击"读取数据"按钮，如图 1-81 所示。

图 1-81　单击"读取数据"按钮示意图

4）识别结果如图 1-82 所示。

图 1-82　识别结果示意图

2. 指定地址写

1）指定地址写的目的是对 UHF RFID 指定内存地址中的数据进行修改。

继续"指定地址读"中对保留内存中的 0～15 位访问口令进行写操作，输入数据位置如图 1-83 所示。

图 1-83　数据输入位置示意图

2）在箭头指出的圆框中输入四位的十六进制数，如 11CC，单击"写入数据"按钮，如图 1-84 所示。

图 1-84　"写入数据"按钮位置示意图

3）再次单击"读取数据"按钮，看该数据段数据是否改变。

3. 擦除标签

擦除标签命令是指对 UHF RFID 的指定地址进行擦除数据并恢复为 0000 的操作。

单击列表中的一个标签，选择上述地址，并单击"擦除数据"按钮，该地址数据恢复为 0000，擦除标签如图 1-85 所示。

图 1-85　擦除标签示意图

4. 锁定标签

单击列表中的一个标签，单击"锁定选项"按钮，设置锁定内容，这里选择的是对 TID 空间的数据进行永久锁定，操作如图 1-86 和图 1-87 所示。

图 1-86　操作锁定标签示意图

图 1-87　锁定标签示意图

5. 销毁标签

1）在列表中指定一个标签，单击"销毁"按钮，并提供销毁密码即可，如图 1-88 所示。

图 1-88　销毁标签示意图

2）销毁后该 UHF RFID 标签将永远无法使用。

实验六：上位机与 UHF RFID 读写器通信设计

【实验目的】

1）了解使用通信协议控制读写器。

2）进一步理解程序编写原理。

【实验条件】

1）PC（串口功能正常）。

2）物流信息技术与信息管理实验软件平台（LogisTechBase.exe）。

3）物流信息技术与信息管理实验硬件平台。

【实验步骤】

1）安装 UHF RFID 识别天线。

2）连接实验箱和上位机之间的串口线。

3）开启实验箱电源，将串口开关置于 UHF RFID 模块上。

4）开启 UHF RFID 电源。

5）连接读写器。

①打开物流信息技术与信息管理实验软件平台中菜单项"RFID 实验"，如图 1-70 所示。

②根据以前实验中的方法选择串口名称为COM3，并设置波特率为57 600，如图1-89
所示。

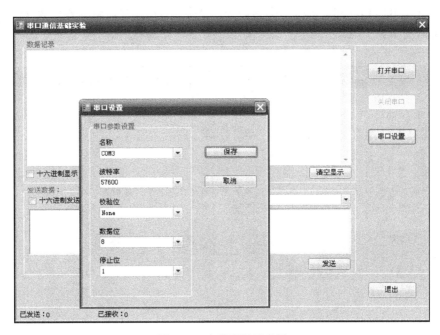

图1-89　实验配置示意图

③单击"打开串口"按钮，选择"十六进制发送"和"十六进制显示"复选框。输入
命令 aa 02 00 55（该命令为询问读写器状态），输入与反馈结果如图1-90所示。

图1-90　输入与反馈结果示意图

④成功返回 AA 03 00 00 55（表明读写器状态正常），表明连接成功。

6）多标签识别。使用多标签识别命令，控制 RFID 模块对多标签进行防碰撞识别。

①发送 aa 03 11 03 55（识别多标签命令，命令是 11），然后将标签放置在天线附近。识别结果如图 1-91 所示。

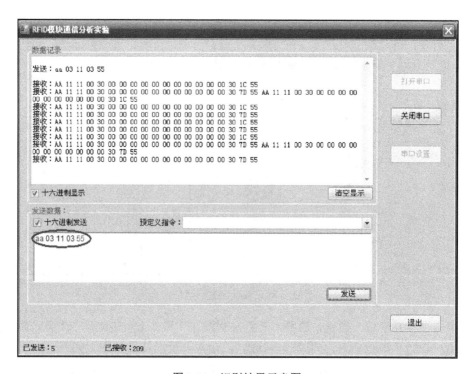

图 1-91　识别结果示意图

②图 1-91 中反复读取了两个标签分别为 10 次和 2 次，如圆框中的数据所示，标签响应相应数据包格式如表 1-24 所示。

表 1-24　相应数据包格式

数据段	SOF	LEN	CMD	STATUS	UII	*CRC	EOF
长度	1	1	1	1		2	1

注：AA 开头、长度为 11、命令为 11、状态为 00、UII 为 30 00…7D、结尾为 55

7）读取功率。用设置功率命令设置输出功率。对标签进行操作前需要用该命令设置输出功率，如图 1-92 所示。

注：使用命令 aa 02 01 55，返回 AA 04 01 00 8A 55，其含义为：开头 AA、长度为 04、命令为 01、状态为 00、power（功率值）8A、结尾为 55。

8）销毁标签。

①销毁标签数据格式如表 1-25 所示。

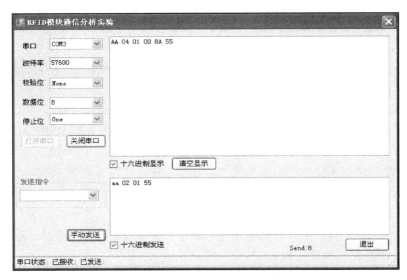

图 1-92 输出功率设置示意图

表 1-25 销毁标签数据格式

数据段	SOF	LEN	CMD	KILLPWD	UII	*CRC	EOF
长度	1	1	1	4		2	1

②读取要销毁的标签,按照标签识别步骤进行,例如,读取 UII 30 00···7D,编辑命令 AA 14 17 00 00 00 00 30 00···8D 55,如图 1-93 所示。

图 1-93 销毁标签命令示意图

③将标签放置在天线附近，单击"发送"按钮，销毁标签。

实验七：基于高频 RFID 的物流车辆停车场管理系统设计实验

【实验目的】

1）了解高频 RFID 在物流车辆停车场管理中的应用，拓展高频 RFID 的应用领域。

2）熟练掌握使用硬件平台读取高频标签的方法。

3）培养学生协作和交流的意识与能力，让学生进一步掌握高频 RFID 使用技巧，为学生开发应用高频 RFID 技术奠定基础。

【实验条件】

1）物流信息技术与信息管理实验硬件与软件平台（LogisTechBase.exe）。

2）PC（USB 接口功能正常）。

3）计算机软件环境为 Windows 7 或 Windows XP。

4）收集的带标签的物品。

5）高频 RFID 实验中的 RFID 标签。

【实验步骤】

1）打开综合实验软件的物流车辆停车场管理系统，实验在主界面上的位置如图 1-94 所示。

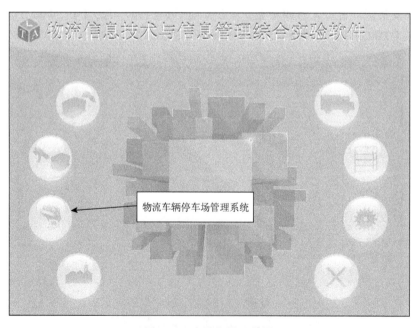

图 1-94　实验位置示意图

2）实验箱需正确安装好高频 RFID 天线，打开实验箱电源开关，打开高频 RFID 模块，并确保没有其他模块打开。实验箱模拟停车场的出入口。

3）发卡后则模拟车辆进入停车场，系统注册停车信息，更新停车位，如图 1-95 所示。

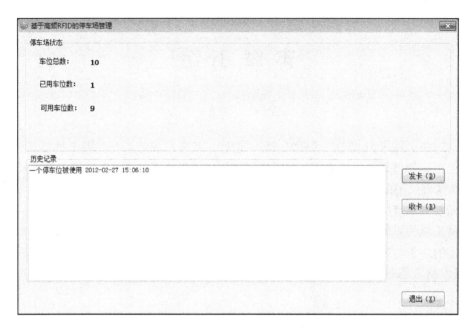

图 1-95　停车场管理发卡示意图

4）收卡。收卡后则模拟车辆离开停车场，收回停车卡，更新停车位，如图 1-96 所示。

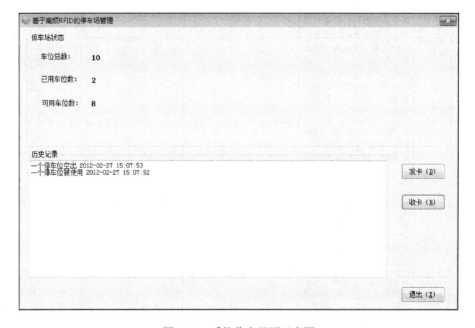

图 1-96　系统收卡界面示意图

本 章 小 结

本章对条码技术和 RFID 技术知识环节进行了相应的训练，分为两个技能训练环节：一是对停车场管理系统中的 RFID 应用进行介绍，使学生了解 RFID 在停车场管理中的应用，熟练掌握使用硬件平台读取 RFID 标签的方法以及 UHF RFID 读写器的使用方法；二是对仓储管理系统的 RFID 应用进行介绍，使学生了解 RFID 在仓储管理系统中的应用，熟悉仓储系统的管理流程，熟练掌握利用 UHF RFID 识别设备进行标签识别，培养学生协作和交流的意识与能力，让学生进一步掌握 UHF RFID 的使用技巧，为学生开发应用 UHF RFID 技术奠定基础。

➤教学实践

任务	任务分解	教学要求			教学设计		
		认识层次	讲授程度	特别要求	教学方法	教学手段	教学资源
任务一：一维条码编码与协议分析及一维条码识别	1. 老师先下发任务：一维条码编码与协议分析及一维条码识别；2. 老师指导学生了解掌握相应任务，对什么是一维条码理论知识进行讲解；3. 学生一边操作，一边学习理论知识，进行相应的实验内容的方法掌握，并且进行实际操作演练	理解	重点讲授	会分析	讲授法、案例教学法、教学软件操作	多媒体教学、实验箱	计算机、模拟实验室
任务二：EAN·UCC 标准体系编码与二维条码分析	1. 老师先下发任务：EAN·UCC 标准体系编码与二维条码分析；2. 老师指导学生了解掌握相应任务，对什么是 EAN·UCC 标准体系编码与二维条码分析理论知识进行讲解；3. 学生一边操作，一边学习理论知识，进行相应的实验内容的方法掌握，并且进行实际操作演练	理解	重点讲授	会分析	讲授法、案例教学法、教学软件操作	多媒体教学、实验箱	计算机、模拟实验室
任务三：基于条码技术的仓储管理系统实验	1. 老师先下发任务：基于条码技术的仓储管理系统实验；2. 学生一边操作，一边学习理论知识，进行相应的实验内容的方法掌握，并且进行实际操作演练	理解	重点讲授	会操作	讲授法、案例教学法、教学软件操作	多媒体教学、实验箱	计算机、模拟实验室

续表

任务	任务分解	教学要求			教学设计		
		认识层次	讲授程度	特别要求	教学方法	教学手段	教学资源
任务四：13.56MHz RFID 标签读取及其通信分析	1. 老师先下发任务：13.56 MHz RFID 标签读取及其通信分析；2. 老师指导学生了解掌握相应任务，对 RFID 理论知识进行讲解；3. 学生一边操作，一边学习理论知识，进行相应的实验内容的方法掌握，并且进行实际操作演练	理解	一般讲授	会分析	讲授法、案例教学法、教学软件操作	多媒体教学、实验箱	计算机、模拟实验室
任务五：EPC 编码分析	1. 老师先下发任务：EPC 编码分析；2. 老师指导学生了解掌握相应任务，对 EPC 编码分析理论知识进行讲解；3. 学生一边操作，一边学习理论知识，进行相应的实验内容的方法掌握，并且进行实际操作演练	理解	一般讲授	会分析	讲授法、案例教学法、教学软件操作	多媒体教学、实验箱	计算机、模拟实验室
任务六：UHF RFID 读写器通信协议分析、单命令操作及其与上位机的通信	1. 老师先下发任务：UHF RFID 读写器通信协议分析、单命令操作及其与上位机的通信；2. 老师指导学生了解掌握相应任务，对 UHF RFID 理论知识进行讲解；3. 学生一边操作，一边学习理论知识，进行相应的实验内容的方法掌握，并且进行实际操作演练	理解	一般讲授	会分析	讲授法、案例教学法、教学软件操作	多媒体教学、实验箱	计算机、模拟实验室
任务七：基于高频 RFID 的物流车辆停车场管理系统综合设计	1. 老师先下发任务：基于高频 RFID 的物流车辆管理系统综合设计；2. 学生一边操作，一边学习理论知识，进行相应的实验内容的方法掌握，并且进行实际操作演练	理解	一般讲授	会分析	讲授法、案例教学法、教学软件操作	多媒体教学、实验箱	计算机、模拟实验室

➤教学评价

				评价方式			
评价类别	评价项目	评价标准	评价依据	学生自评	同学互评	教师评价	权重
				0.1	0.1	0.8	
过程评价	学习能力	学习态度、学习兴趣、学习习惯、沟通表达能力、团队合作精神	学生考勤、课后作业完成情况、课堂表现、收集和使用资料情况、合作学习情况				0.2

名称：采集物流信息技术与应用实践

续表

名称：采集物流信息技术与应用实践

评价类别	评价项目	评价标准	评价依据	评价方式			权重
				学生自评	同学互评	教师评价	
				0.1	0.1	0.8	
过程评价	专业能力	理解条码技术的理论知识；理解条码协议；掌握利用条码识别设备进行条码识别；制作符合EAN·UCC标准的条码标签；掌握二维条码编码及解码原理；了解不同高频RFID协议类型原理及操作；理解EPC编码体系	条码识别与制作；条码编码；使用硬件平台读取高频标签的方法；使用通信协议控制读写器；UHF RFID读写				0.3
	其他方面	探究、创新能力	积极参与研究性学习，有独到的见解，能提出多种解决问题的方法				0.1
结果评价	理论考核						0.2
	实操考核						0.2

➤复习思考题

1. 选择题

（1）商品条码属于（　　）。

　　A 一维条码　　　　B 二维条码　　　　C 复合码　　　　　D 矩阵码

（2）EAN·UCC系统中，为物流单元提供唯一标识代码的是（　　）。

　　A 全球贸易项目代码　　　　　　B 全球位置码

　　C 系列货运包装箱代码　　　　　D 应用标识符代码

（3）EPC系统包括全球产品电子代码编码系统、射频识别系统和（　　）。

　　A 电子数据交换系统　　　　　　B 信息网络系统

　　C 决策支持系统　　　　　　　　D 调度跟踪系统

（4）下列关于RFID技术特点的表述错误的是（　　）。

　　A 不可非接触识别　　　　　　　B 抗恶劣环境

　　C 可识别高速运动物体　　　　　D 保密性强

（5）射频标签根据工作方式可分三种类型：主动式、被动式和（　　）。

　　A 一次性编程只读式　　　　　　B 只读式

　　C 可重复性编程只读式　　　　　D 半被动式

（6）RFID技术的信息载体是（　　）。

　　A 射频模块　　　B 射频标签　　　C 读写模块　　　D 天线

2. 名词解释

（1）射频识读器。

（2）RFID 技术。

（3）条码技术。

3. 简答题

（1）请简述条码的工作原理。

（2）请简述二维条码与一维条码的区别。

（3）与条码相比，RFID 技术有哪些优缺点？

（4）简述 RFID 技术的系统组成和技术特点。

（5）简述 RFID 中间件产品及市场特点和热点。

（6）简述 RFID 技术在物流中的应用。

（7）请谈谈对 RFID 标准化发展趋势的认识。

第二章

动态跟踪物流信息技术与应用实践

本章实施体系如下。

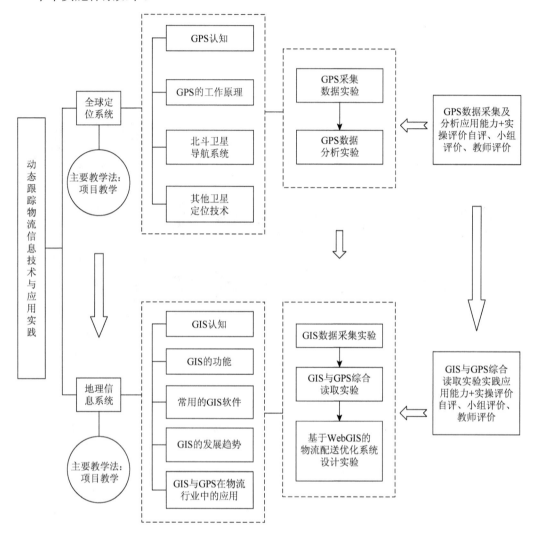

➤案例引导

　　2011 年 2 月，京东商城接入了一套 GIS 之后，用户可以在京东商城页面上看到自己订单的实时移动轨迹。这套 GIS 来自于京东商城首席执行官（chief executive officer，CEO）的创意。他在一次阅读客服简报时发现，有 32%的用户咨询电话是货物配送以后打来的。用户打电话来，大多数询问订单配送了没有、目前到哪了、什么时候能到等。他认为，实际上，客服人员根本无法知道每一张订单到达的具体位置，也不可能准确地告诉用户到达的时间。因此，用户这样的咨询电话往往是无效的，与其让用户打电话来问，还不如让他们自己实时地看。这样就减少了用户的麻烦，提升了用户体验。

　　京东商城配送员已经全部配备了 PDA（personal digital assistant，掌上电脑）设备。广大用户可以在地图上实时看到自己的包裹在道路上移动等投递情况，并可查看到全部的轨迹回放。该系统功能还在继续优化中，未来可以准确（误差在 10 分钟内）在地图上标明到用户包裹的到货时间等信息。

京东商城在电子商务企业中第一个使用 GIS，这使用户感到很新奇。京东商城副总裁介绍，这个 GIS 是物联网的典型应用，是一种可视化物流的实现。传统的线下店中，用户可以看到、摸到商品，眼见为实的体验是电子商务无法代替的。而这种可视化物流可以消除用户线上线下的心理差距。用户可以实时感知到自己的订单，是一种提升了的用户体验。

请思考：京东商城在物流信息技术方面取得成绩的原因是什么？

第一节　全球定位系统

GPS 是全球定位系统的简称。美国从 20 世纪 70 年代开始研制 GPS，耗资近 200 亿美元，于 1994 年全面建成，利用导航卫星进行测时和测距。GPS 具有在海、陆、空进行全方位实时三维导航与定位的能力，它是继阿波罗登月计划、航天飞机后的美国第三大航天工程。

美国 1994 年宣布在 10 年内向全世界免费提供 GPS 的使用权，使世界各国争相利用这一系统。1996 年，美国政府正式宣布将 GPS 开放为军民两用系统，但仍实行可用性选择（selective availability，SA）政策，降低定位精度，使民用用户的应用受到限制。直到 2000 年 5 月 1 日，美国总统宣布将 SA 置为零，在很大程度上促进了民用 GPS 应用的发展和普及。如今，GPS 已经成为当今世界上最实用，也是应用最广泛的全球精密导航、指挥和调度系统。

一、GPS 认知

（一）GPS 的定义

在 GPS 出现之前，远程导航与定位主要使用的是无线导航系统和卫星定位系统。其中，无线导航系统应用较为广泛，该系统主要有三种：①罗兰-C，工作频率在 100kHz，由三个地面导航台组成，导航工作区域 2000km，一般精度 200～300m。②Omega（奥米伽），工作频率在十几千赫。由八个地面导航台组成，可覆盖全球，精度几英里（1mi = 1.609 344km）。③多普勒系统，该系统利用多普勒频移原理，通过测量其频移得到运动物参数（地速和偏流角），推算出飞行器位置，属自备式航位推算系统，误差随航程增加而累加。但无线导航系统存在着一定的缺点，如覆盖的工作区域小、电波传播受大气影响、定位精度不高等。卫星定位系统指的是美国的子午仪（Transit）系统，该系统于 1958

年研制，1964年正式投入使用。由于该系统卫星数目较少（5～6颗），运行高度较低（平均1000km），从地面站观测到卫星的时间间隔较长（平均1.5小时），它无法提供连续的实时三维导航，而且精度较低。

通过以上分析，GPS可定义为：利用空间卫星星座（通信卫星）、地面控制部分及GPS接收机对地面目标的状况进行精确测定并提供全方位导航和定位的系统。

（二）GPS的功能

美国在GPS设计时提供两种服务：一种为精密定位服务（precise positioning service，PPS），利用精码（军码）定位，提供给军方和得到特许的用户使用，定位精度可达10m；另一种为标准定位服务（standard positioning service，SPS），利用粗码（民码）定位，提供给民间及商业用户使用。目前GPS民码单点定位精度可以达到25m，测速精度达0.1m/s，授时精度达200ns。

作为军民两用的系统，GPS应用范围极广。在军事上，GPS已成为自动化指挥系统、先进武器系统的一项基本保障技术，应用于各种兵种。在民用上，GPS的应用领域包括陆地运输、海洋运输、民用航空、通信、测绘、建筑、采矿、农业、电力系统、医疗应用、科研、家电、娱乐等。具体说来，GPS的功能主要有以下几个方面。

（1）自动导航

GPS的主要功能就是自主导航，可用于武器导航、车辆导航、船舶导航、飞机导航、星际导航、个人导航。GPS利用接收终端向用户提供位置、时间信息，也可结合电子地图进行移动平台航迹显示、行驶线路规划和行驶时间估算，对军事而言，可提高部队的机动作战和快速反应能力，在民用上可以提高民用运输工具的运载效率，节约社会成本。

（2）指挥监控

GPS的导航定位与数字短报文通信基本功能可以有机结合，利用系统特殊的定位体制，将移动目标的位置信息和其他相关信息传送至指挥所，完成移动目标的动态可视化显示和指挥指令的发送，实现移动目标的指挥监控。

（3）跟踪车辆、船舶

为了随时掌握车辆和船舶的动态，需根据地面计算机终端实时显示车辆、船舶的实际位置，了解货运情况，实施有效的监控和快速运转。

（4）信息传递和查询

管理中心利用GPS可对车辆、船舶提供相关的气象、交通、指挥等信息，还可将行进中车辆、船舶的动态信息传递给管理中心，实现信息的双向交流。

（5）及时报警

通过使用GPS，及时掌握运输装备的异常情况，接收求救信息和报警信息，并迅速传递到地面管理中心，从而实行紧急救援。

（6）其他

GPS还广泛应用在天文台、通信系统基站、电视台的精确定时，道路、桥梁、隧道的施工中的工程测量，以及野外勘探及城区规划中的勘探测绘等。

（三）GPS 的特点

GPS 系统的特点有：定位精度高，定位快速、高效，功能多样、应用广泛，可测算三维坐标，操作简单，全天候、不受天气影响等。

（1）定位精度高

GPS 定位精度高，应用实践已经证明，GPS 相对定位精度在 50km 以内可达 10^{-6}，$100\sim500$km 可达 10^{-7}，1000km 可达 10^{-9}。在 $300\sim1500$m 工程精密定位中，1 小时以上观测的解其平面位置误差小于 1mm，与 ME-5000 电磁波测距仪测定的边长比较，其边长较差最大为 0.5mm，较差中误差为 0.3mm。

（2）定位快速、高效

随着 GPS 软件的不断更新，实时定位所需时间越来越短。目前，20km 以内相对静态定位，仅需 $15\sim20$ 分钟；快速静态相对定位测量时，当每个流动站与基准站相距在 15km 以内时，流动站观测只需 $1\sim2$ 分钟，然后可随时定位，每站观测只需几秒。目前 GPS 接收机的一次定位和测速工作在 1 秒甚至更短的时间内便可完成。

（3）功能多样、应用广泛

GPS 不仅具有定位导航的功能，还具有跟踪、监控、测绘等功能。作为军民两用的系统，尤其是在民用领域应用广泛。GPS 还可用于测速、测时，测速的精度可达 0.1m/s，测时的精度可达几十毫微秒。

（4）可测算三维坐标

通常所用的大地测量方式是将平面与高程采用不同方法分别施测。GPS 可同时精确测定测站点的三维坐标。目前 GPS 水准可满足四等水准测量的精度。

（5）操作简单

随着 GPS 接收机的不断改进，自动化程度越来越高，简化了操作步骤，使用起来更方便；接收机的体积越来越小，重量越来越轻，在很大程度上减轻了使用者的劳动强度和工作压力，使工作变得更加轻松。

（6）全天候、不受天气影响

由于 GPS 卫星数目较多且分布合理，在地球上任何地点均可连续同时观测到至少 4 颗卫星，从而保障了全球、全天候连续实时导航与定位的需要。目前 GPS 观测可在一天 24 小时内的任何时间进行，不受阴天、黑夜、起雾、刮风、下雨、下雪等气候的影响。

（四）GPS 的构成

GPS 由三大部分构成：空间部分——GPS 卫星星座；地面控制部分——地面监控系统；用户设备部分——GPS 接收机，如图 2-1 所示。其中，空间部分由卫星星座构成，地面控制部分由地面卫星控制中心进行管理；用户设备部分则由军用和民用研发厂商开发、销售、服务。空间部分和地面控制部分目前均由美国国防部掌握。GPS 典型应用系统构成如图 2-2 所示。

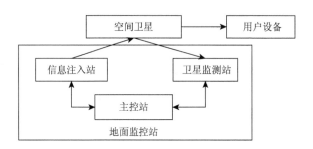

图 2-1　GPS 的构成

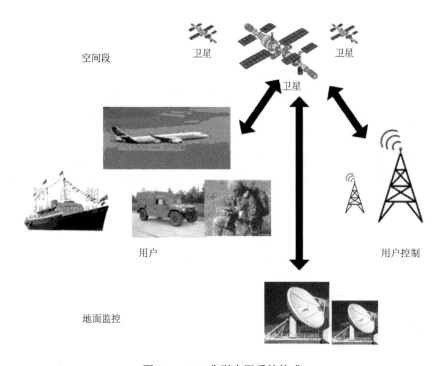

图 2-2　GPS 典型应用系统构成

（1）GPS 卫星星座

GPS 卫星空间布局图如图 2-3 所示。GPS 空间部分目前共有 30 颗、4 种型号的导航卫星，其中 6 颗为技术试验卫星。24 颗导航卫星位于距地表 20 200km 的上空，分布在 6 个轨道平面内，每个近似圆形的轨道平面内各有 4 颗卫星均匀分布，可以保证在全球任何地点、任何时间至少有 4 颗卫星同时出现在用户视野中，即每台 GPS 接收机无论在任何时刻，在地球上任何位置都可以同时接收到最少 4 颗 GPS 卫星发送的空间轨道信息。GPS 接收机通过对接收到的每颗卫星的定位信息进行解算，便可确定该 GPS 接收机的位置，从而提供高精度的三维（经度、纬度、高度）定位导航及信息，具有在时间上连续的全球导航能力。

图 2-3　GPS 卫星空间布局图

如图 2-4 所示，GPS 导航卫星是由洛克菲尔国际公司空间部研制的，卫星重 774kg，使用寿命为 7 年。卫星采用蜂窝结构，主体呈柱形，直径为 1.5m。卫星两侧装有两块双叶对日定向太阳能电池帆板，全长 5.33m，接受日光面积为 7.2m^2。对日定向系统控制两翼电池帆板旋转，使帆板面始终对准太阳，为卫星不断提供电力，并给三组 15AH 镉镍电池充电，以保证卫星在地球阴影部分能正常工作。在星体底部装有 12 个单元的多波束定向天线，能发射张角大约为 30° 的两个 L 波段（19cm 波和 24cm 波）的信号。在星体的两端面上装有全向遥测遥控天线，用于与地面监控网的通信。此外，卫星还装有姿态控制系统和轨道控制系统，以便使卫星保持在适当的高度和角度，准确对准卫星的可见地面。

图 2-4　GPS 导航卫星

GPS 卫星产生两组电码：一组称为 C/A 码（coarse/acquisition code，粗码，又称捕获码）；另一组称为 P 码（precise code，精码），P 码因频率较高，不易受干扰，定位精度高，一般民间无法解读，所以受美国军方管制，并设有密码，主要为美国军方服务，每七天重复一次（频率 10.3MHz），卫星发射功率约 35W，因此到达地面的信号强度可达 $-125\sim -105$dBm。C/A 码采取人为措施而刻意降低精度后，主要开放给民间使用，C/A 代码每 1ms 重复一次（频率 1.023MHz，L2 上不用）。

（2）GPS 地面监控系统

GPS 地面监控系统如图 2-5 所示，是整个系统的中枢，由美国国防部联合程序办公室（Joint Program Office，JPO）管理。GPS 卫星是一个动态已知点，每个卫星的位置是依据卫星发射的星历——描述卫星运动及其轨道的参数算得的。每颗 GPS 卫星所播发的星历，都是由地面监控系统提供的。卫星上的各种设备是否正常工作，以及卫星是否一直沿着预定轨道运行，都要由地面设备进行监测和控制。

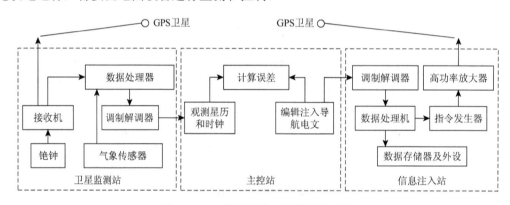

图 2-5　GPS 地面监控系统作业原理图

GPS 地面监控系统的另一个重要作用是保持各颗卫星处于同一时间标准——GPS 时间系统。这就需要地面监控站监测各颗卫星的时间，求出钟差。然后由地面注入站发给卫星，卫星再将导航电文发给用户设备。

GPS 工作卫星的地面监控系统包括 1 个主控站、5 个卫星监测站和 3 个信息注入站。主控站 1 个，设在美国本土科罗拉多州斯平士（Colorado Springs）的联合空间执行中心。主控站拥有大型电子计算机，收集各监测站测得的伪距、卫星时钟和工作状态等综合数据，计算各卫星的星历、时钟改正、卫星状态、大气传播改正等，然后将这些数据按一定的格式编写成导航电文，并传送到注入站。卫星监测站是主控站直接控制下的数据自动采集中心，分别位于夏威夷、亚森欣岛、迪亚哥加西亚、瓜加林岛、科罗拉多州。这些卫星监测站监控 GPS 卫星的运作状态及其在太空中的精确位置，并负责传送卫星瞬时常数（ephemera's constant）、时脉偏差（clock offsets）的修正量，再由卫星将这些修正量提供给 GPS 接收器便于定位。信息注入站现有 3 个，分别设在印度洋、南大西洋和南太平洋。信息注入站的主要设备包括 1 台直径为 3.6m 的天线，1 台 C 波段发射机和 1 台计算机，主要任务是在主控站的控制下将主控站推算和编制的卫星星历、钟差、导航电文和其他控制指令等注入相应卫星的存储系统，并检测正确性。

整个 GPS 地面监控系统除主控站外均无人值守。各站间用现代化的通信网络联系起来，在原子钟和计算机的精确控制下，各项工作实现了高度的自动化和标准化。

（3）GPS 用户设备

GPS 用户设备由接收机硬件和机内软件以及 GPS 数据的后处理软件包组成。GPS 接收机硬件一般包括 GPS 接收机、天线和电源，GPS 接收机的主要功能是捕获到按一定卫星截止高度角所选择的待测卫星，并跟踪这些卫星的运行。当 GPS 接收机捕获到跟踪的卫星信号后，即可测量出接收天线至卫星的伪距离和距离的变化率，解调出卫星轨道参数等数据。根据这些数据，GPS 接收机中的微处理计算机就可按定位解算方法进行定位计算，实时地计算出运动（或静态）载体的位置、速度、高度、运动方向、时间等三维参数。GPS 数据处理软件是指各种后处理软件包，其主要作用是对观测数据进行精加工，以便获得精密定位结果。

GPS 接收机的结构分为天线单元和接收单元两大部分。对于测地型接收机来说，两个单元一般分成两个独立的部件，观测时将天线单元安置在测站上，接收单元置于测站附近的适当位置，用电缆线将两者连接成一个整机。也有的测地型接收机将天线单元和接收单元制作成一个整体，观测时将其安置在测站点上。GPS 接收机一般用蓄电池作为电源。同时采用机内、机外两种直流电源。设置机内电池的目的在于更换机外电池时不中断连续观测。在用机外电池的过程中，机内电池自动充电。关机后，机内电池为随机存取存储器（random-access memory，RAM）供电，以防止丢失数据。近几年，国内引进了许多种类型的 GPS 测地型接收机。各种类型的 GPS 测地型接收机用于精密相对定位时，其双频接收机精度可达 5（mm）+$10^{-6}×d$（km），单频接收机在一定距离内精度可达 10（mm）+2$×10^{-6}×d$（km），用于差分定位时其精度可达亚米级至厘米级。

GPS 卫星接收机应用广泛，目前商用的 GPS 接收机主要有精度较高的差分式 GPS 接收机和精度较低的手持式 GPS 接收机两种，而且现在手机也开始带有 GPS 功能。GPS 卫星接收机根据用途分为车载式（图 2-6）、船载式、机载式、星载式、弹载式；根据型号分为测绘型（图 2-7）、集成型（图 2-8）、全站型、定时型、手持型（图 2-9）；按使用环境可分为中低动态接收机和高动态接收机；按所收信号可分为单频 C/A 码接收机及双频 P 码和 Y 码接收机。

图 2-6　车载式卫星接收机

图 2-7　测绘型卫星接收机

图 2-8　集成型卫星接收机（相机与 GPS）　　　　　图 2-9　手持型卫星接收机

二、GPS 的工作原理

（一）GPS 定位原理

GPS 的定位原理实际上就是测量学的空间测距定位。其特点就是利用平均 20 200km 高空均匀分布在 6 个轨道上的 24 颗卫星，发射测距信号 C/A 码及 L1、L2 载波，用户通过接收机接收这些信号来测量卫星至接收机的距离。由于卫星的瞬时坐标是已知的，利用三维坐标中的距离公式和 3 颗卫星，就可以组成 3 个方程式，解出观测点的位置 (x, y, z)。考虑到卫星的时钟与接收机时钟之间的误差，实际上有 4 个未知数，x、y、z 和钟差，因而需要引入第 4 颗卫星，形成 4 个方程式进行求解，从而得到观测点的经度、纬度和高程（一般地形条件下可见 4～12 颗卫星）。

待测点坐标计算公式为

$$
\left.
\begin{aligned}
[(x_1 - x)^2 + (y_1 - y)^2 + (z_1 - z)^2]^{1/2} + c(x_{t_1} - v_{t_0})^2 = d_1 \\
[(x_2 - x)^2 + (y_2 - y)^2 + (z_2 - z)^2]^{1/2} + c(x_{t_2} - v_{t_0})^2 = d_2 \\
[(x_3 - x)^2 + (y_3 - y)^2 + (z_3 - z)^2]^{1/2} + c(x_{t_3} - v_{t_0})^2 = d_3 \\
[(x_4 - x)^2 + (y_4 - y)^2 + (z_4 - z)^2]^{1/2} + c(x_{t_4} - v_{t_0})^2 = d_4
\end{aligned}
\right\}
\tag{2-1}
$$

式（2-1）的 4 个方程式中待测点坐标 x、y、z 和 v_{t_0} 为未知参数，x，y，z 为待测点的空间直角坐标。x_i, y_i, z_i $(i=1，2，3，4)$ 分别为卫星 1、卫星 2、卫星 3、卫星 4 在 t 时刻的空间直角坐标，可由卫星导航电文求得，v_{t_0} 为接收机的钟差。其中 $d_i = v_{t_i}$ （$i=1$，2，3，4）。d_i $(i=1，2，3，4)$ 分别为卫星 1、卫星 2、卫星 3、卫星 4 到接收机的距离。v_{t_i} $(i=1$，2，3，4）分别为卫星 1、卫星 2、卫星 3、卫星 4 的信号到达接收机所经历的时间（卫星时钟的钟差）。c 为 GPS 信号的传播速度（即光速），最后求解方程，得 (x, y, z, v_{t_0})。GPS 定位分伪距测量和载波相位测量两种。

（二）GPS 误差分析

在利用 GPS 进行定位时，即使信号再精准，GPS 仍会因各种自然或干扰因素产生误差，使所得的结果与实际有所偏差。造成 GPS 卫星信号误差的原因有很多，从卫星之间的距离到自然界中物理因素的干扰，再到接收器的内部误差，都有可能造成 GPS 产生信号误差，具体而言，有以下几个方面。

（1）GPS 卫星的误差

1）卫星轨道误差。在进行 GPS 定位时，计算在某时刻 GPS 卫星位置所需的卫星轨道参数是通过各种类型的星历提供的，但不论采用哪种类型的星历，所计算出的卫星位置都会与其真实位置有所差异，这就是所谓的卫星轨道误差。

2）卫星时钟误差。卫星是非常精密复杂的，可以计算出一些像原子钟那样极微小的信息，但是即使是这样的精准装置，仍会有一些微小的误差产生。虽然会持续监控卫星的定位，但其并不是每一秒都处于被监视的状态之中，这期间一旦有微小的定位误差或卫星星历的误差产生，便会影响到接收机在定位计算时的准确性。

3）SA 政策。美国政府从其国家利益出发，通过降低广播星历精度（ε 技术）、在 GPS 信号中加入高频抖动等方法，人为降低普通用户利用 GPS 进行导航定位时的精度（2000 年取消）。

（2）接收机误差

接收机误差主要有接收机钟差、接收机天线相位中心偏差、接收机软硬件误差、天线相对旋转产生的误差。接收机钟差是指 GPS 接收机所使用的钟的钟面时与 GPS 标准时之间的差异。接收机天线相位中心偏差是 GPS 接收机天线的标称相位中心与其真实的相位中心之间存在差异。另外，在进行 GPS 定位时，定位结果还会受到控制与处理软硬件的影响。

（3）传播路径误差

1）大气层延迟。大气层延迟包括电离层延迟和对流层延迟。地球周围的电离层对电磁波的折射效应，使得 GPS 信号的传播速度发生变化，这种变化称为电离层延迟。对流层延迟的出现是由于地球周围对流层对电磁波的折射效应，这使 GPS 信号的传播速度发生变化，如图 2-10 所示。

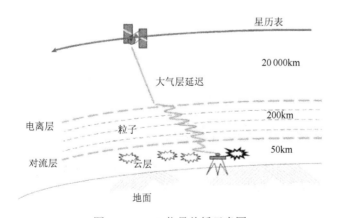

图 2-10　GPS 信号传播示意图

2）多路径效应。由于接收机周围环境的影响，接收机所接收到的卫星信号中还包含反射和折射信号的影响，这就是多路径效应。

3）其他。定位的结果还会受到人为因素的影响，用户在数据处理过程中操作不当也会引起定位结果的误差，如数据处理软件算法不完善，固体潮、海水负荷等。

三、北斗卫星导航系统

（一）概述

北斗卫星导航系统（BeiDou navigation satellite system，BDS）是中国自主发展、独立运行的全球卫星导航系统，致力于向全球用户提供高质量的定位、导航、授时服务，并能向有更高要求的授权用户提供进一步服务，兼具军用与民用目的。中国在 2003 年完成了具有区域导航功能的北斗卫星导航试验系统，之后开始构建服务全球的北斗卫星导航系统，于 2012 年向亚太大部分地区正式提供服务，并计划在 2020 年完成全球系统的构建。

北斗卫星导航系统和美国 GPS、俄罗斯格洛纳斯（global navigation satellite system，GLONASS）系统及欧盟伽利略（Galileo）定位系统一起，是联合国卫星导航委员会已认定的供应商。

北斗卫星导航系统由 4 颗（2 颗工作卫星、2 颗备用卫星）北斗定位卫星、以地面控制中心为主的地面部分、北斗用户终端三部分组成。北斗卫星导航系统可向用户提供全天候、24 小时的即时定位服务，授时精度可达 10ns 的同步精度，北斗卫星导航系统三维定位精度为几十米，授时精度约 100ns。美国的 GPS 三维定位精度 P 码目前已由 16m 提高到 6m，C/A 码目前已由 25～100m 提高到 12m，授时精度目前约为 20ns。4 颗导航定位卫星的发射时间分别为：2000 年 10 月 31 日，2000 年 12 月 21 日，2003 年 5 月 25 日，2007 年 2 月 3 日，第 3、第 4 颗是备用卫星。2008 年北京奥运会期间，在交通、场馆安全的定位监控方面，北斗卫星导航系统和已有的 GPS 卫星定位系统一起，发挥了"双保险"作用。

北斗一号卫星定位系统的英文简称为 BD，在国际电信联盟（International Telecommunication Union，ITU）登记的无线电频段为 L 波段（发射）和 S 波段（接收）。北斗二代卫星定位系统的英文为 Compass（即指南针），在 ITU 登记的无线电频段为 L 波段。

北斗一号卫星定位系统的基本功能包括定位、通信（短消息）和授时。

北斗二代卫星定位系统的功能与 GPS 相同，即定位与授时。

（二）北斗卫星导航系统与 GPS 的区别

1）覆盖范围。北斗卫星导航系统是覆盖我国本土的区域导航系统。覆盖范围为东经 70°～140°，北纬 5°～55°。GPS 是覆盖全球的全天候导航系统。能够确保地球上任何地点、任何时间能同时观测到 6～9 颗卫星（实际上最多能观测到 11 颗卫星）。

2）卫星数量和轨道特性。北斗卫星导航系统在地球赤道平面上设置 2 颗地球同步卫星的赤道角距约为 60°。GPS 是在 6 个轨道平面上设置 24 颗卫星，轨道赤道倾角为 55°，轨道面赤道角距为 60°。GPS 导航卫星轨道为准同步轨道，绕地球一周 11 小时 58 分钟。

3）定位原理。北斗卫星导航系统是主动式双向测距二维导航，由地面中心控制系统解算供用户使用的三维定位数据。GPS 是被动式伪码单向测距三维导航。由用户设备独立解算自己的三维定位数据。为了弥补这种系统易损性，GPS 正在发展星际横向数据链技术，使万一主控站被毁后 GPS 卫星可以独立运行。而北斗一号卫星定位系统从原理上排除了这种可能性，一旦中心控制系统受损，系统就不能继续工作了。

4）实时性。北斗一号卫星定位系统用户的定位申请要送回中心控制系统，中心控制系统解算出用户的三维定位数据之后再发回用户，其间要经过地球静止卫星走一个来回，再加上卫星转发、中心控制系统的处理，时间延迟就更长了，因此对于高速运动体，就加大了定位的误差。此外，北斗一号卫星定位系统也有一些自身的特点，其短信通信功能就是 GPS 所不具备的。

综上所述，北斗卫星导航系统具有卫星数量少、投资少、用户设备简单价廉等特点，以及能实现一定区域的导航定位、通信等用途，可满足当前我国陆、海、空运输导航定位的需求。缺点是不能覆盖两极地区，赤道附近定位精度差，只能二维主动式定位，且需提供用户高程数据，不能满足高动态和保密的军事用户要求，用户数量受一定限制。但最重要的是，北斗一号卫星定位系统是我国独立自主建立的卫星系统。此外，该系统并不排斥国内民用市场对 GPS 的广泛使用。相反，在此基础上还将建立中国的 GPS 广域差分系统。可以使受 SA 干扰的 GPS 民用码接收机的定位精度由百米级修正到数米级，可以更好地促进 GPS 在民间的利用。图 2-11 为北斗卫星的战略应用。

图 2-11　北斗卫星的战略运用

四、其他卫星定位技术

GPS 虽然称为"全球定位系统"，但只是全球导航卫星系统（global navigation satellite system，GNSS）中的一种。目前除了美国的 GPS，还有俄罗斯的格洛纳斯系统，以及欧盟的伽利略系统。目前，我国正在实施北斗三号系统建设。根据系统建设总体规划，在 2018 年，面向"一带一路"沿线及周边国家提供基本服务；2020 年前后，完成 35 颗卫星发射组网，为全球用户提供服务。日本也在建设地区性的卫星定位系统——准天顶卫星系统（quasi zenith satellite system，QZSS）。

1. 格洛纳斯系统

格洛纳斯卫星导航系统（图 2-12）由俄罗斯政府运作。格洛纳斯系统由卫星、地面测控站和用户设备三部分组成。格洛纳斯系统于 20 世纪 70 年代开始研制，1984 年发射首颗卫星入轨。但由于航天经费不足，该系统部分卫星一度老化，最严重曾只剩 6 颗卫星运行。2003 年 12 月，由俄罗斯应用力学科研生产联合公司研制的新一代卫星交付联邦航天局和国防部试用，为 2008 年全面更新格洛纳斯系统作准备。在技术方面，格洛纳斯系统的抗干扰能力比 GPS 要好，但其单点定位精确度不及 GPS。2004 年，印度和俄罗斯签署了《关于和平利用俄全球导航卫星系统的长期合作协议》，正式加入了格洛纳斯系统，计划联合发射 18 颗导航卫星。至 2006 年年末，格洛纳斯系统的卫星数量已达到 17 颗。整个格洛纳斯系统于 2009 年完成 24 颗卫星的部署工作，其卫星导航范围可覆盖整个地球表面和近地空间，实现全球定位导航，定位精度将达到 1.5m 以内。卫星星座：3 个轨道，倾角 64.8°，偏心率 0.01，24 颗卫星，高度 19 100km，运行周期 11 小时 15 分钟。

图 2-12　格洛纳斯卫星导航系统

2. 伽利略系统

　　伽利略系统是由欧盟研制和建立的全球导航卫星系统（图 2-13），该计划于 1999 年 2 月由欧洲委员会公布,欧洲委员会和欧洲太空局共同负责。系统由轨道高度为 23 616km 的 30 颗卫星组成，其中 27 颗工作卫星、3 颗备份卫星。卫星轨道高度约 2.4 万 km，位于 3 个倾角为 56°的轨道平面内。截至 2016 年 12 月，已经发射了 18 颗工作卫星，具备了早期操作能力，并计划在 2019 年具备完全操作能力。全部 30 颗卫星（调整为 24 颗工作卫星、6 颗备份卫星）计划于 2020 年发射完毕。

图 2-13　伽利略系统图

　　建成后的伽利略系统具备至少 3 方面优势：①其覆盖面积将是 GPS 的 2 倍，可为更广泛的人群提供服务；②其地面定位误差不超过 1m，精确度要比 GPS 高 5 倍以上；③其使用多种频段工作，在民用领域比 GPS 更经济、更透明、更开放。伽利略计划一旦实现，不仅可以极大地方便欧洲人的生活，还将为欧洲的工业和商业带来可观的经济效益。更重要的是，欧洲将从此拥有自己的全球卫星定位系统，这不仅有助于打破美国 GPS 的垄断地位，还可以在全球高科技竞争浪潮中夺取有利位置，更可以为建设梦想已久的欧洲独立防务创造条件。

3. 准天顶卫星系统

　　准天顶卫星系统包括多颗轨道周期相同的地球同步轨道卫星,这些卫星分布在多个轨道面上，无论何时，总有一颗卫星能够完整覆盖整个日本。通过开发这个系统，日本期望能加强卫星定位技术，并利用改进的星基定位、导航、授时技术，营造安全的社会环境。

　　准天顶卫星系统第一阶段包括 3 颗倾斜同步轨道卫星和 1 颗地球同步轨道卫星，目前已经完成 4 颗卫星的部署及发射。第一颗技术试验卫星"指路号"（Michibiki）于 2010 年 9 月 11 日发射，剩下 3 颗 QZS-2、QZS-3、QZS-4 分别于 2017 年 6 月 1 日、2017 年 8 月 19 日、2017

年 10 月 10 日发射完成，其中 QZS-3 是地球同步轨道卫星，其余 3 颗是倾斜同步轨道卫星。全面运行所需的 4 颗卫星体系已建成，从 2018 年开始提供误差更小的位置信息。

实验一：GPS 采集数据实验

【实验目的】

1）掌握手机 GPS 定位软件使用方法。

2）掌握将 GPS 数据导入手机的方法。

3）掌握导出 XML 格式的 GPS 数据。

【实验条件】

1）物流信息技术与信息管理实验硬件平台。

2）PC（串口功能正常）。

3）标准 9 芯串口线。

4）物流信息技术与信息管理实验软件平台（LogisTechBase.exe）。

5）标配 GPS 手机。

【实验步骤】

1）开启手机 GPS 客户端（MobileGPS.exe），能够开启如图 2-14 所示的界面。

2）查看如图 2-15 所示的终端端号，在后续实验中，服务器端将显示该终端的编号。

图 2-14　手机 GPS 客户端界面图　　　　图 2-15　GPS 客户端端口设置图

3）设置发送时间间隔、IP 地址和端口号，如图 2-16 所示。

图 2-16　终端设置图

4）单击"开始运行"图标，如图 2-17 所示。

图 2-17　实验开始图

5）开启 GPS 数据接收客户端，如图 2-18 所示。

图 2-18　GPS 数据接收客户端界面示意图

6）查询本机 IP，设置服务 IP 地址，并输入要导入数据的 GPS 终端编号，如图 2-19 所示。

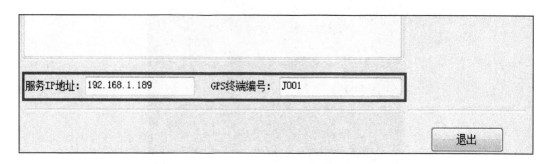

图 2-19　设置界面示意图

7）单击图 2-18 中的"开始接收"按钮，开始接收 GPS 数据，界面如图 2-20 所示。

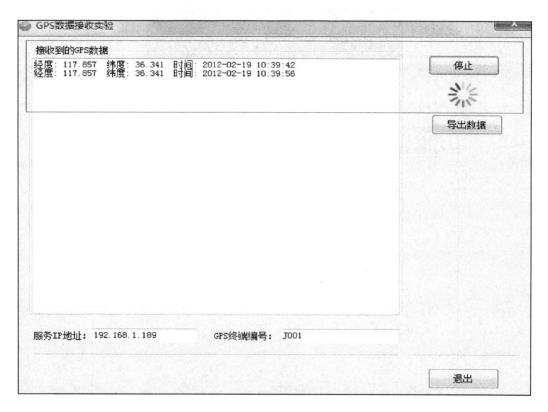

图 2-20　接收数据界面示意图

8）单击"导出数据"按钮，能够导出 XML 格式的数据文件，如图 2-21 所示。

图 2-21　导出 XML 格式文件保存界面示意图

实验二：GPS 数据分析实验

【实验目的】

1）掌握 GPS 定位的原理。

2）掌握 GPS 数据格式的基本知识，掌握 GPS 定位的方法。

【实验条件】

1）GPS 扩展模块（含 GPS 天线）。

2）PC（串口功能正常）。

3）标准 9 芯串口线。

4）物流信息技术与信息管理实验软件平台（LogisTechBase.exe）。

5）物流信息技术与信息管理实验硬件平台。

【实验步骤】

1）将 GPS 模块小心地固定在主机箱中，确保电源接触良好，连接实验箱与上位系统。

2）安装 GPS 天线。

3）插上电源线，打开主机箱右侧的电源开关，再按下模块中的电源开关，对应的发光二极管灯亮，模块开始工作。

4）打开上位机中的物流信息技术与信息管理实验软件平台（LogisTechBase. exe），如图 1-70 所示。

5）在软件中选择"GPS/GIS 实验"菜单下的"GPS 数据分析实验"。打开界面后，首先进行串口设置，把 COM 口设为本地 COM 16（方法同前面的实验），其余保持默认，配置如图 2-22 所示。

图 2-22　GPS 实验配置图

6）设置完串口后回到原界面，单击"开始"按钮等待数据进入，GPS 数据分析实验界面如图 2-23 所示。

图 2-23　GPS 数据分析实验界面图

7）等待几分钟后，GPS 信号进入，结果如图 2-24 所示。

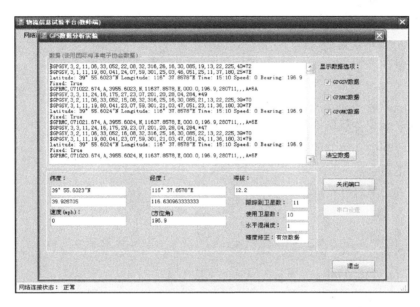

图 2-24　实验结果界面图

8）解析数据信息如图 2-25 所示。

```
latitude: 39° 55.6023"N Longitude: 116° 37.8578"E Time: 15:10 Speed: 0 Bearing: 196.9
Fixed: True
$GPRMC, 071022.674, A, 3955.6023, N, 11637.8578, E, 000.0, 196.9, 280711, , , A*6A
$GPGSV, 3, 3, 11, 24, 16, 175, 27, 23, 07, 201, 20, 28, 04, 284, *49
$GPGSV, 3, 2, 11, 06, 33, 052, 15, 08, 32, 316, 25, 16, 30, 085, 21, 13, 22, 225, 39*70
$GPGSV, 3, 1, 11, 19, 80, 041, 23, 07, 59, 301, 21, 03, 47, 051, 23, 11, 36, 180, 30*7F
latitude: 39° 55.6024"N Longitude: 116° 37.8578"E Time: 15:10 Speed: 0 Bearing: 196.9
Fixed: True
$GPRMC, 071021.674, A, 3955.6024, N, 11637.8578, E, 000.0, 196.9, 280711, , , A*6E
$GPGSV, 3, 3, 11, 24, 16, 175, 29, 23, 07, 201, 20, 28, 04, 284, *47
$GPGSV, 3, 2, 11, 06, 33, 052, 16, 08, 32, 316, 25, 16, 30, 085, 22, 13, 22, 225, 39*70
$GPGSV, 3, 1, 11, 19, 80, 041, 23, 07, 59, 301, 21, 03, 47, 051, 24, 11, 36, 180, 31*79
latitude: 39° 55.6024"N Longitude: 116° 37.8578"E Time: 15:10 Speed: 0 Bearing: 196.9
Fixed: True
```

图 2-25　实验数据图

各部分所对应的含义如下。

$GPRMC 格式含义如下。

标准定位时间（UTC time）格式：07 时 10 分 22.674 秒（格林尼治时间）。

定位状态，A=数据可用。

纬度：39°55.6023″。

纬度区分，北半球（N）。

经度：116°37.8578″。

经度区分，东半球（E）。

相对位移速度 0.0。

相对位移方向，196.9°。

日期，2011 年 7 月 28 日。

磁极变量。

度数。

Checksum（检查位）。

$GPGSV 格式含义如下。

天空中收到信号的卫星总数，3。

定位的卫星总数，3。

天空中的卫星总数，11。

卫星编号 24。

卫星仰角，16°。

卫星方位角，175°。

信噪比（C/N），27dB。

Checksum（检查位）。

第三行和第四行分别为定位使用的另外两颗卫星，使用格式为$GPGSV 格式。

第二节　地理信息系统

一、GIS 认知

（一）GIS 的基本概念

地理信息是指表示地理环境诸要素的数量、质量、分布特征及其相互联系和变化规律的数字、文字、图像与图形等的总称。

从地理实体到地理数据，从地理数据到地理信息的发展，是人类认识地理事务的一次飞跃。

地理信息的主要特征如下。

1）地理信息属于空间信息。这是地理信息区别于其他类型信息的显著标志。地理信息位置的识别是通过经纬网或方里网建立的地理坐标来实现的。

2）地理信息具有多维结构。在二维空间的基础上，实现多专题的第三维结构，而各个专题型、实体型之间的联系是通过属性码实现的，如图 2-26 所示。

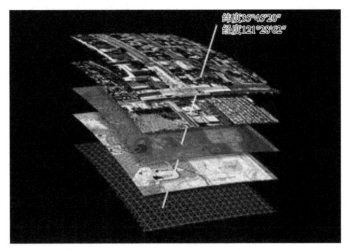

图 2-26　GIS 多维结构演示图

3）地理信息的时序特征十分明显。可以按照时间尺度将地理信息划分为超短期的（如台风、地震）、短期的（如江河洪水、寒潮）、中期的（如土地利用、作物估产）、长期的（如水土流失、城市化）、超长期的（如气候变化、地壳变动）等。

地图是地理环境诸要素按照一定的数学法则,运用符号系统并经过制图综合缩绘于平面上的图形,以传递各种自然、人文现象的数量与质量的空间分布和联系及其随时间的发展变化。

地图是一种符号图形,从地图上可以获得一个区域或整个地球表面的同一时间的空间表象,它是自然世界的一种模型,是制图者对自然世界的认识,是简化和概括的,是普遍使用的第二语言。

地图是地理信息的传统数据源,GIS 的查询与分析结果的表示手段主要是地图。因此,地图学理论和地图分析方法是 GIS 的重要学科基础。

信息系统是具有采集、管理、分析和表达数据能力的系统。信息系统是为实现某些特定功能,由人、机器、数据、程序或方法按一定的相互关系联系起来进行工作的集合体,内部要素之间的相互联系通过信息流实现。信息系统由硬件、软件、数据和用户四个主要部分组成。另外,智能化的信息系统还包括知识。

信息系统根据所处理的信息特征可分为非空间信息系统和空间信息系统。

非空间信息系统强调的是数据的记录和操作,如目前流行的人事档案信息系统、图书情报信息系统、企业管理信息系统等。

空间信息系统是一种十分重要而又与其他类型信息系统有显著区别的信息系统,它所采集、管理、处理和更新的是空间信息。因此,这类信息系统在结构上也比一般信息系统复杂得多,功能上也比其他信息系统强得多。

GIS 是在计算机软硬件支持下,对地理环境诸要素进行采集、存储、管理、分析、显示与应用地理信息的计算机系统。简单地说,GIS 就是综合处理和分析地理空间数据的一种技术系统,也称为土地资源信息系统,在我国有时也称为资源与环境信息系统。目前,国内外已研制了一批 GIS 工具软件，如美国环境系统研究所研制的 ArcInfo 系统、中国地质大学研制的微机地理信息系统工具 MapGIS 等。

（二）GIS 的特点

GIS 具有以下特征。

1）公共的地理定位基础。所有的地理要素，只有按地理坐标或者特定的坐标系统进行严格的空间定位，才能使具有时序性、多维性、区域性特征的空间要素进行复合和分解，将隐含其中的信息进行显示表达，形成空间和时间上连续分布的综合信息基础，支持空间问题的处理与决策。

2）具有采集、管理、分析和输出多种地理空间信息的能力。

3）系统以分析模型驱动，具有极强的空间综合分析和动态预测能力，并能产生高层次的地理信息。

4）以提供地理信息服务为目的，是一个人机交互式的空间决策支持系统。GIS 的外观表现为计算机软硬件系统，其内涵是由计算机程序和地理数据组成的地理空间信息模型，是一个逻辑缩小的、高度信息化的地理系统，从视觉、计量和逻辑上对地理系统进行模拟，信息的流动及信息流动的结果，完全由计算机程序的运行和数据的变换来仿真，也可以快速地模拟自然过程的演变和思维过程，取得地理预测和实验的结果，选择优化方案，避免错误的决策。

（三）GIS 的分类

GIS 按内容可分为应用型地理信息系统和地理信息系统工具两大类。

（1）应用型地理信息系统

应用型地理信息系统具有具体的应用目标、特定的数据、特定的规模和特定的服务对象。通常，应用型地理信息系统是在地理信息系统工具的支持下建立起来的，这样可以节省大量的软件开发费用，缩短系统的建立周期，提高系统的技术水平，使开发人员把精力集中于应用模型的开发，且有利于标准化的实行。

应用型地理信息系统又可以分为专题地理信息系统和区域地理信息系统。

1）专题地理信息系统：是以某一专业、任务或现象为主要内容的 GIS，为特定的专门目的服务，如森林动态监测信息系统、农作物估产信息系统、水土流失信息系统和土地管理信息系统等。

2）区域地理信息系统：主要以区域综合研究和全面信息服务为目标。区域可以是行政区，如国家级、省级、市级和县级等区域信息系统；也可以是自然区域，如黄土高原区、黄淮海平原区和黄河流域等区域信息系统；还可以是经济区域，如京津唐区和沪宁杭区等区域信息系统。

（2）地理信息系统工具

地理信息系统工具是一组包括 GIS 基本功能的软件包。一般包括图形图像数字化、存储管理、查询检索、分析运算和多种输出等 GIS 的基本功能，但是没有具体的应用目标，只是供其他系统调用或用户进行二次开发的操作平台。在应用 GIS 解决实际问题时，有大量软件开发任务，有了工具型 GIS，只要在工具型 GIS 中加入地理空间数据，加上专题模型和界面，就可以开发成为一个应用型 GIS 了。地理信息系统工具软件适合用于建立专题或区域性实用 GIS 的支撑软件，也可作教学软件，如 ArcInfo、MapGIS 和 CityStar 等均属此类。信息系统的分类如图 2-27 所示。

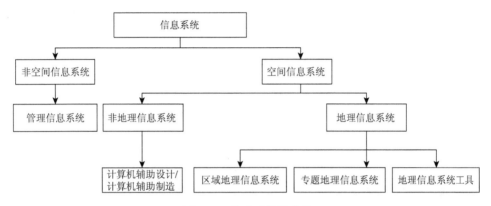

图 2-27　信息系统的分类

GIS 按用途的不同可分为多种，如自然资源查询信息系统、规划与评价信息系统和土地管理信息系统。

除此之外，GIS 还可以按照系统功能、数据结构、用户类型、数据容量等进行分类。

二、GIS 的功能

GIS 本身的综合性，决定了它具有广泛的用途。GIS 在各方面的应用主要是通过系统中的多要素空间数据、各种数学模型以及应用软件来实现的。概括起来讲，GIS 的主要应用功能如下。

1. 统计与量算

利用 GIS 将多种数据源信息汇集在一起，通过系统的统计和叠置分析功能，按多种边界和属性条件，提供区域多种条件组合形式的资源统计和进行原始数据的快速再现。

GIS 是一种空间信息系统，空间信息的查询和分析是 GIS 的基本功能。不仅能提供静态的查询和检索，还可以进行动态的分析。通过 GIS 的有关应用程序，可以分别在一维、二维、三维空间里实现对各种研究对象的长度、面积和体积的快速量算，为用户提供各种有用的数据。

2. 规划与管理

规划与管理是 GIS 应用的一个重要方面。GIS 通过对跨地域的资源数据进行处理、分析，并将空间和信息结合起来，揭示其中隐含的模式，发现其内在的规律和发展趋势，使用户在短时间内对资源数据有一个直观和全面的了解。区域规划和城市规划中涉及诸多方面及众多因素，如人口、交通、经济、文化、教育、金融、基础设施等多个地理变量和大量数据。GIS 技术能够进行多要素分析，它具有为规划部门快速提供大量信息的能力。

3. 预测与监测

在 GIS 中，预测主要采用统计方法，通过分析历史资料和建立数学模型，对事务进行定量分析，并对事务的未来做出判断和预测，如洪水预报模型。

监测是借助遥感遥测数据的搜集，利用 GIS 对环境污染、森林火灾、洪水灾情等进行监视推测，为环境治理和救灾抢险决策提供及时准确的信息。

4. 辅助决策

GIS 在其多要素空间数据库的支持下，通过构建一系列决策模型，并对这些决策模型进行比较分析，为各部门决策提供科学的依据，辅助政府部门决策的制定。GIS 技术已经用于辅助完成一些任务，如为计划调查提供信息，为解决领土争端提供信息服务，以最小化视觉干扰为原则设置路标等。所有的这些数据都可以用地图的形式简洁而清晰地显示出来，或者出现在相关的报告中，使决策的制定者不必再浪费精力在分析和理解数据上。GIS 快速的结果获取功能，使多种方案和设想可以得到高效的评估。

5. 制图功能

制图功能是 GIS 最重要的一种功能，对多数用户来说，也是用得最多的一种功能。GIS 的综合制图功能包括专题地图制作，在地图上显示出地理要素，并赋予数值范围，同时可以放大和缩小，以表现不同的细节层次。GIS 不仅可以为用户输出全要素图，而且可以根据用户需要分层输出各种专题地图，以显示不同要素和活动的位置，或有关属性内容，如矿产分布图、城市交通图、旅游图等。这种含有属性信息的专题地图主要有多边形图、线状图、点状图等三种基本形式，也可由这几种基本图形综合组成各种形式和内容的专题图。

总之，GIS 的基本功能一方面是统一支配相关的海量信息，加快信息的处理速度，节约时间，提高效率，快速响应社会需求，直接创造社会财富；另一方面是赢得预测、预报的时间，减少损失，间接获得经济效益。随着社会的进步、科技的发展，GIS 的应用将越来越广泛，必将产生巨大的经济效益和社会效益。

三、常用的 GIS 软件

本节介绍比较常用的一些 GIS 软件，具体包括三家美国 GIS 开发商 ESRI、Intergraph 和 MapInfo 的软件产品，以及四个国产软件 MapGIS、GeoStar、CityStar 和 SuperMap GIS。

这些软件提供了相似的功能集合，不同之处在于其具体的实现方式（如用户界面、操作流程）和操作效率（如速度、数据量）。这种相似性也正说明了 GIS 技术的成熟。

（一）国外 GIS 软件

1. ESRI 产品系列

ESRI 公司（Environmental Systems Research Institute Inc.）于 1969 年成立于美国加利福尼亚州的雷德兰兹市，公司主要从事 GIS 工具软件的开发和 GIS 数据生产。

ESRI 的产品中，最主要的是运行于 UNIX/Windows NT 平台上的 ArcInfo，它由两部分组成：Workstation ArcInfo 和 Desktop ArcInfo。

1）Workstation ArcInfo 基于拓扑数据模型，实现了图库（map library）的管理，并且具有栅格数据的分析功能，支持栅格矢量一体化查询和叠加显示。此外，Workstation ArcInfo 还提供了二次开发语言 AML（ARC macro language）以及开放开发环境（open development environment，ODE），以便于用户定制自己的 GIS 应用。

Workstation ArcInfo 提供了最基本的 GIS 功能，包括数据录入和编辑、投影变换、制图输出、查询及分析功能（缓冲区分析、叠加复合分析等）。

除了上述基本功能，Workstation ArcInfo 还通过一些扩展模块实现特定的专门功能。

TIN：基于不规则三角网的地表模型生成、显示和分析模块，可以根据等高线、高程点、地形线生成数字高程模型（digital elevation model，DEM），并进行通视、剖面、填挖方计算等。

GRID：栅格分析处理模块，可以对栅格数据进行输入、编辑、显示、分析、输出，其分析模型包括基于栅格的市场分析、走廊分析、扩散模型等。

NETWORK：网络分析模块，具有最短路径选择、资源分配、辖区规划、网络流量等功能，可以应用于交通、市政、电力等领域的管理和规划。

ARCSCAN：扫描矢量化模块。

ARCSTORM：基于客户机/服务器机制建立的数据库管理模块，可以管理大量的图库数据。

COGO：侧重于处理一些空间要素的几何关系，用于数字测量和工程制图。

ArcPress：图形输出模块，可以将制图数据转换成为 PostScript 格式，并可分色制版。

ArcSDE：SDE 指空间数据引擎（spatial database engine），它是一个连续的空间数据模型，通过它可以将空间数据加入关系数据库管理系统中，并基于客户机/服务器机制提供对数据进行操作的访问接口，支持多用户、事务处理和版本管理。用户可以将 ArcSDE 作为服务器，定制开发具体的应用系统。

ArcInfo 的图库管理：为了能够管理分布在不同图幅的多个专题要素，在 ArcInfo 的图库中，把地图数据纵向分为"图层"（layer），而水平方向分为"图块"（tile）。描述同一区域的不同专题图块构成一个"地图"（map），基于这种方式的管理，可以根据内容或区域范围任意调入相关的数据，并且便于实现数据共享和并发访问控制。

2）Desktop ArcInfo 包括三个应用：Arc Map、Arc Catalog 和 Arc Toolbox。Arc Map 实现了地图数据的显示、查询和分析；Arc Catalog 用于基于元数据的定位、浏览和管理空间数据；Arc Toolbox 是由常用数据分析处理功能组成的工具箱。

3）ArcView 是 ESRI 的桌面 GIS，它以工程为中心，实现了对地图数据、结构化的属性数据、统计图、地图图面配置、开发语言等多种文档的管理。除了提供脚本语言 Avenue 使用户可以定制系统，ArcView 还以"插件"的形式提供了一些扩展模块，包括如下几项。

Spatial Analyst：栅格数据的建模分析。

Network Analyst：网络分析。

ArcPress：制图输出。

3D Analyst：利用数字高程模型实现三维透视图的生成。

Image Analyst：影像分析处理。

Tracking Analyst：通过直接接收、回放实时数据，实现对 GPS 的支持。

4）MapObjects 是一组供应用开发人员使用的 GIS 功能 OCX（OLE Control eXtension）[①]控件，用户可以采用其他的支持 OCX 的开发平台，如 Visual Basic、Delphi 等，集成 MapObjects，建立具体的应用系统。

5）ArcFM 为支持公共设施规划、管理和服务的模块。

6）Internet Map Server（IMS）实现了 Internet 上地理数据发布功能。

2. Intergraph 产品系列

Intergraph 公司成立于 1969 年，总部位于美国阿拉巴马州的汉斯维尔市，公司致力于计算机辅助设计、制造以及专业制图领域的硬件软件和服务支持。

Intergraph 提供的 GIS 产品包括专业 GIS（MGE）、桌面 GIS（GeoMedia Professional）以及因特网 GIS（GeoMedia WebMap）。

1）MGE 构成了 Intergraph 专业 GIS 软件产品族，它包括多个产品模块，提供了从扫描图像矢量化（I/GEOVEC）、拓扑空间分析（MGE Analyst）到地图整饰输出（MGE Map Finisher）的基本 GIS 功能，此外还包括其他一些扩展模块，实现了图像处理分析、网络分析（MGE Network Analyst）、格网分析（MGE Grid Analyst）、地形模型分析（MGE Terrain Analyst）、基于真三维的地下体分析（MGE Voxel Analyst）等一系列增强功能。

2）GeoMedia Professional 设计成为与标准关系数据库一起工作，用于空间数据采集和管理的 GIS 产品，它将空间图形数据和属性数据都存放于标准关系数据库（Microsoft Access）中，在一定程度上提高了系统的稳定性和开放性，并且提高了数据采集、编辑、分析的效率。它支持多种数据源，包括其他 GIS 软件厂商的数据文件以及多种关系数据库；实现了矢量栅格的集成操作；提供了多种空间分析功能；此外，GeoMedia Professional 还包含其他一些模块，以应用于不同的具体领域。

GeoMedia Network：可以应用于交通网络以及逻辑网络的管理、分析、规划，具体包括最短路径查询、线路规划等功能。

GeoMedia Smart Sketch：具有较强的图形编辑能力，是一个计算机辅助设计软件。

---

① OLE 为 object linking embedding 的简称。

GeoMedia Relation Moduler：用于建立设备间的网络关系，可以应用于自来水、煤气等市政管网的管理以及设备跟踪。

GeoMedia Object：GeoMedia 是基于控件的系统，它包含多个 OCX 控件，基于这些控件，用户可以开发具体的应用系统。

GeoMedia MFworks：基于栅格数据的分析模块，包含多种控件操作函数。

GeoMedia Oracle GDO Server：可以将地理数据写入 Oracle 数据库并读出。

3）GeoMedia WebMap 是 Intergraph 提供的基于 Internet 的空间信息发布工具。它提供了多源数据的直接访问和发布功能，并且支持多种浏览器。GeoMedia WebMap 除了能够在因特网上发布数据，还提供了空间分析服务，如缓冲区分析、路径分析、地理编码等，用户可以在客户端通过浏览器提出请求，并输入具体参数，服务器进行计算并将结果返回给用户。

3. MapInfo 产品系列

MapInfo 是美国 MapInfo 公司的桌面 GIS 软件，是一种数据可视化、信息地图化的桌面解决方案。它依据地图及其应用的概念、采用办公自动化的操作、集成多种数据库数据、融合计算机地图方法、使用地理数据库技术、加入 GIS 分析功能，形成了极具实用价值的、可以为各行各业所用的大众化小型软件系统。MapInfo 含义是"Mapping+Information（地图+信息）"，即地图对象+属性数据。

1）MapInfo Professional 是 MapInfo 公司主要的软件产品，它支持多种本地或者远程数据库，较好地实现了数据可视化，生成各种专题地图。此外还能够进行一些空间查询和空间分析运算，如缓冲区等，并通过动态图层支持 GPS 数据。

2）MapBasic 为在 MapInfo 平台上开发用户定制程序的编程语言，它使用与 Basic 语言一致的函数和语句，便于用户掌握。通过 MapBasic 进行二次开发，能够扩展 MapInfo 功能，并与其他应用系统集成。

3）MapInfo ProServer 是应用于网络环境下的地图应用服务器，它使得 MapInfo Professional 运行于服务器端，并能够响应用户的操作请求；而客户端可以使用任何标准的 Web 浏览器。由于在服务器上可以运行多个 MapInfo Professional 实例，以满足用户的服务请求，节省了投资。

4）MapInfo MapX 是 MapInfo 提供的 OCX 控件。

5）MapInfo MapXtrem 是基于 Internet/Extranet 的地图应用服务器，可以用于帮助配置企业的 Internet。

6）SpatialWare 是在对象-关系数据库环境下基于结构化查询语言（structured query language，SQL）进行空间查询和分析的空间信息管理系统，在 SpatialWare 中，支持简单的空间对象，从而支持空间查询，并能产生新的几何对象。在实际应用中，一般使用 SpatialWare 作为数据服务器，而 MapInfo Professional 作为客户端，可以提高系统开发效率。

7）Vertical Mapper 提供了基于网格的数据分析工具。

（二）国产 GIS 软件

1. MapGIS

MapGIS 是中地数码集团的产品名称，是中国具有完全自主知识版权的 GIS，是全球唯一的搭建式 GIS 数据中心集成开发平台，实现了遥感处理与 GIS 的完全融合，支持空中、地上、地表、地下全空间真三维一体化的 GIS 开发平台，其功能模块包括如下几种。

1）数据输入模块：提供了各种空间数据输入手段，包括数字化仪输入、扫描矢量化输入以及 GPS 输入。

2）数据处理模块：可以对点、线、多边形等多种矢量数据进行处理，包括修改编辑、错误检查、投影变换等功能。

3）数据输出：可以将编排好的图形显示到屏幕或者输出到指定设备上，也可以生成 PostScript 或 EPS 文件。

4）数据转换：提供了 MapGIS 与其他系统之间数据转换的功能。

5）数据库管理：实现了对空间和属性数据库的管理与维护。

6）空间分析：提供了包括数字地面模型（digital terrain model，DTM）分析、空间叠加分析、网络分析等在内的一系列空间分析功能。

7）图像处理：图像配准镶嵌以及处理分析模块。

8）电子沙盘系统：实时生成地形三维曲面。

9）数字高程模型：可以根据离散高程点或等高线插值生成网格化的数字高程模型，并进行相应的分析，如剖面分析、遮蔽角计算等。

2. GeoStar

GeoStar 是大型国产自主知识产权的 GIS 基础软件平台，是吉奥之星系列软件的核心，在吉奥之星系列软件中负责矢量、影像、数字高程模型等空间数据的建库、管理、应用和维护。其功能模块包括如下几种。

1）GeoStar：是整个系统的基本模块，提供的功能包括空间数据管理、数据采集、图形编辑、空间查询分析、专题制图和符号设计、元数据管理等，从而支持从数据录入到制图输出的整个 GIS 工作流程。

2）GeoGrid：数字地形模型和数字正射影像的处理、分析模块。

3）GeoTIN：利用离散高程点建立不规则三角网（triangulated irregular network，TIN），进而插值得到数字高程模型，并进行相关分析运算和三维曲面生成。

4）GeoImager：可以进行遥感图像的处理和影像制图。

5）GeoImageDB：可以建立多尺度的遥感影像数据库系统。

6）GeoSurf：利用 Java 实现的 Internet 空间信息发布系统。

7）GeoScan：图像扫描矢量化模块，支持符号识别。

3. CityStar

CityStar GIS 软件由北京大学开发研制，是一个面向桌面应用的 GIS 平台，其具体模块包括如下几种。

1）CityStar 编辑模块：矢量数据的录入、编辑。

2）CityStar 查询分析模块：矢量栅格综合的空间数据管理、查询、分析模块，提供了多种空间模型运算。

3）CityStar 制图模块：提供了地图的整饰输出以及符号制作功能，同时可以制作影像地图。

4）CityStar 扫描矢量化模块：提供了线状图形扫描、细化、跟踪矢量化的一系列操作，适用于地形图等高线的录入。

5）CityStar 可视开发模块：包括 OCX 控件，使用户可以进行二次开发。该模块提供了一个平台，包装控件的功能，便于用户使用，同时实现了多源数据的管理和查询，使用户可以方便地构造应用。

6）CityStar 遥感图像处理模块：提供了从遥感图像纠正到增强、变换、分类以提取专题信息整个流程的功能。

7）CityStar 数字地形模块：等值线、离散点插值生成数字高程模型，并基于数字高程模型进行各种分析。

8）CityStar 三维模块：基于数字高程模型的三维曲面生成和查询分析。

9）CityStar GPS 模块：GPS 数据的接收、显示和分析。

4. SuperMap GIS

SuperMap GIS 是北京超图地理信息技术有限公司依托中国科学院的科技优势，立足技术创新，研制的新一代大型 GIS 平台，满足各行业不同类型的用户需要。SuperMap Objects Java/.NET 6R 的最新版本——6R SP3 主要在跨平台性能、二三维一体化方面实现了新的突破。目前，6R SP3 涵盖了 Windows、Linux 和 AIX 三大平台的组件产品，不仅可以满足 Windows 平台的开发，而且为进行跨平台开发提供了更多的支持和选择。

基于开放的地理信息服务（geographic information services）新理念和 SuperMap GIS 开放的技术体系，北京超图地理信息技术有限公司定位于研发 GIS 基础软件平台，包括组件式 GIS 开发平台、网络式 GIS 开发平台、嵌入式 GIS 开发平台，为各行业的应用开发单位提供二次开发平台和数据处理工具，支持各行业应用开发单位开发 GIS 应用软件产品和应用系统。

SuperMap GIS 始终从用户和开发者的角度出发，坚持 GIS 以服务为主的精神，为业界提供了一个开放的软件环境，使用户和开发者可以任意搭建自己的 GIS 应用。基于 SuperMap GIS，用户不仅可以方便地建立自己的应用系统，还可以在此基础上开发出拥有自主版权的专业软件产品，从而拥有更广阔的增值空间。

SuperMap GIS 由多个软件组成，形成适合各种应用需求的完整的产品系列。SuperMap GIS 提供了包括空间数据管理、数据采集、数据处理、大型应用系统开发、地理空间信息发布和移动/嵌入式应用开发在内的全方位的产品，涵盖了 GIS 应用工程建设的全过程。

四、GIS 的发展趋势

（一）GIS 数据的共享和开放

在中国，数据问题是限制 GIS 发展的突出问题。GIS 的研究对象和基础是数据，离开数据，GIS 也就失去了价值。尽管我国 GIS 取得了辉煌的成就，但从应用来看，GIS 的发展规模和普及程度都与发达国家存在着明显的差距。尤其是在民用和经济领域，GIS 的应用更为落后。目前，我国 GIS 的应用范围很窄，大多集中在一些政府部门和科研机构所承担的大型项目中，社会普及率很低，对整个社会生产力发展的促进作用还不明显。这种情况与我国在 GIS 研究领域所取得的国际地位极不相称。

造成上述现象的原因有很多，但主要原因是 GIS 数据的保密性。自 20 世纪 80 年代以来，不同层次的政府部门投入了大量资源和技术建立了丰富的 GIS 数据。但是，出于国防和国家安全考虑，地图的生产、出版、数字化等各个环节都有严格的限制。数据获取困难是 GIS 技术发展的严重障碍和瓶颈，使我国的国际领先科研成果得不到发挥，更不能为人民生活和经济发展带来好处。现在卫星遥感图像的分辨率日益提高，很多商业公司在全球发行的卫星遥感图像（如 IKONOS 和 Quick Bird）的精度为 0.6～1m，而一般的 GPS 的精度也提升至 10m，对制作 1：5000 比例尺数字地图已经绰绰有余。事实上，发达国家采用比较开放的数据政策也是出于这样的考虑。随着各种测绘技术和 GPS 技术的不断发展，限制地理信息数据的公开使用已经意义不大，这样只会限制科技为群众服务，限制 GIS 科技对社会经济效益的贡献。不同的应用领域所需的数据精度也不一定需要很高，例如，旅游和交通导航系统，1：5000 比例尺和详细度比较低的数据公开即能满足很多用户的要求，可以为整个社会的运行效率带来巨大的益处。提升数据的共享和开放，可以让 GIS 更广泛地应用于各个领域，更可以提高经济活动的效率，提高竞争力。另外，还可以减少 GIS 数据的成本，降低行业进入门槛，扩大 GIS 技术的应用，让数量众多的中小型企业从中受益，开发出更多实用高效的 GIS 技术。随着大量 GIS 数据的共享和开放，GIS 将在各个领域中发挥强大的功能，更好地为人民生活和经济发展服务。

（二）GIS 软件开发的产业化及市场化

近几十年来，我国 GIS 技术得到了长足的发展，GIS 基础软件技术支持得到了全面加强。目前，我国已形成了一批具有自主知识产权的 GIS 软件品牌，如 MapGIS、SuperMap GIS、GeoStar 等，并在较多领域内得到应用。但总体上看，中国 GIS 市场尚处于初始发展阶段，规模偏小，空间分布不均衡，产业化及市场化程度还不够。GIS 软件应用与开发主要集中在高校及科研机构,也有不少政府部门自己成立新的部门,承担自己系统的设计、开发和维护。在市场环境中,与 ArcGIS 或 MapInfo 这样的产业化公司相比,这些机构和单位有较强的开发能力,但在市场拓展及售后服务方面则相形见绌,而市场及服务对于软件产品的成功是非常重要的。为进一步发展中国 GIS 软件产业,我们在产业化及市场化方面还有很多工作要做。

(三) 交通 GIS 的发展

在我国,交通 GIS 是 GIS 的主要发展领域。GIS 在商业及民用领域最广泛的应用就是汽车导航和网上地图服务。交通信息与地理空间信息息息相关,因此,交通领域必然是 GIS 的重点应用领域之一。随着汽车拥有量的不断增加和物流业在中国的不断发展,对交通信息和车辆导航的需求也逐渐增大。交通 GIS 凭借其强大的交通信息服务和管理功能必将促进交通规划、建设、管理以及智能交通的发展,同时可以带来巨大的经济效益及社会效益。据统计,日本在使用智能交通系统以前,仅 1991 年由交通事故(或与交通有关的意外)造成的死伤人数就达 100 万人,因交通拥堵而损失了 53 亿小时,造成约 12 万亿日元的直接经济损失;采用智能导航系统后,交通堵塞和交通事故大为减少。现在日本智能交通系统(intelligent transportation system,ITS)的目标是将道路交通事故减少为现有的 50%。使用智能导航系统也能有效地提高交通运输能力和效率,节省时间,减少环境污染。

交通地理信息系统(geographic information system for transportation,GIS-T)是 GIS 技术在交通领域的延伸,它不仅提供城市道路信息,也提供有关出行的其他信息(如商业、文化等)的查询,同时,数字化电子地图还可为交通信息系统提供准确的定位和识别功能。作为用于移动交通流检测系统的 GIS-T 需要有可以满足交通流采集、处理和发布的特殊功能,最重要的是其具有基本矢量数据的运算能力和多功能的界面显示能力。

(四) WebGIS 的发展

随着 Internet 的迅猛发展和广泛使用,人们对 GIS 的需求也日益增长,Internet 已成为 GIS 新的操作平台,它与 GIS 结合而形成的 WebGIS 是 GIS 软件发展的必然趋势。WebGIS 是一种利用 Internet 技术,采用超文本传输协议(hyper text transfer protocol,HTTP),在 Internet 环境下实现对地理信息的分布式获取、分布式存储、分布式分析、分布式查询、显示和输出的 GIS。目前,WebGIS 发展极为迅速,已深入各个应用领域,图 2-28 为 Google 地图应用界面。

与传统的基于桌面或局域网的 GIS 相比,WebGIS 主要有以下特点。

1) 系统成本降低。普通 GIS 在每个用户端都需要配备昂贵的专业 GIS 软件,而用户使用的经常只是一些最基本的功能,这实际上造成了极大的浪费。WebGIS 是利用个性化的终端进行信息发布,在客户端通常只需使用 Web 浏览器,其软件成本与全套专业 GIS 相比明显要节省得多,同时维护费也明显降低。

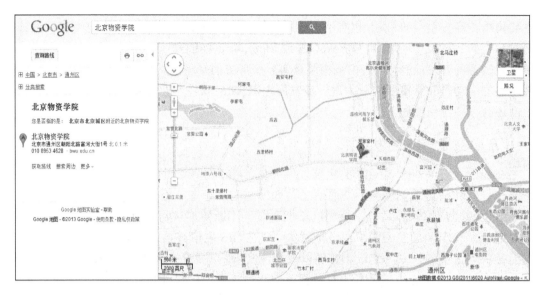

图 2-28　Google 地图应用界面

2）与其他 Web 应用可无缝集成。开放的、非专用的 Internet 技术标准为 WebGIS 进一步扩展提供了极大的空间，并为 WebGIS 与其他信息服务进行无缝集成提供了最好的平台，从而使 WebGIS 的功能更丰富。

3）平台的独立性。不论客户端的软硬件如何，只要能用 Web 浏览器，就可以访问 WebGIS 数据，特别是随着 SunONE 和微软公司的.NET 计划的发展，"一次编写，到处运行"的 WebGIS 是完全可以实现的，从而使 WebGIS 的跨平台性向更深层次发展。

4）高效的平衡计算负载。传统的 GIS 大都使用文件服务器结构的处理方式，其处理能力完全依赖于客户端，效率较低。WebGIS 能充分利用网络资源，将基础性、全局性的处理交由服务器执行，而数据量较小的简单操作则由客户端直接完成。这种计算模式能灵活高效地寻求计算负荷和网络流量负载在服务器端及客户端的合理分配方案。

5）更广泛的访问范围。全球范围内任意一个 Web 站点的 GIS 用户都能获得 WebGIS 服务器提供的服务，并且 WebGIS 实现了客户可同时访问多个位于不同服务器上的最新数据，从而真正地实现了 GIS 的大众化。而 Internet/Intranet 所特有的优势极大地方便了 GIS 的数据管理，使分布式的多数据源的数据管理和合成更易于实现。

随着地理信息技术和网络技术的发展，Internet 与 GIS 结合而成的 WebGIS 以其独到的优势在诸多领域得到越来越广泛的应用，因而分析总结 WebGIS 新的发展趋势具有重要意义。

1）分布式数据处理功能。在传统的集中式空间数据库中，从数据采集到纳入数据库，受时间和空间的限制，给数据的更新和信息的实时发布带来障碍，往往提供给用户的信息已失去了现实性，不能作为有效的判断和决策依据。而地理信息描述的地理事务本身是分布的，如果把地理信息布局在分布式的地理数据库中，可以实时更新，分布式 WebGIS 将改变这一传统模式，使数据的获取与更新可以通过网络进行。

在分布式网络 GIS 中，服务器端是一个局域网内的工作组，由多个计算机协同提供服务；服务器不再访问一个集中数据库，而是访问分布式的数据库，但是数据和服务在服务器端的分布状况对 Internet 客户是透明的，用户不需要了解数据的分布状况。这样的系统具有很好的扩展性，能够提供更强大的功能和地理信息服务。

2）开放的地理数据交换体系。在网络环境下如何对地理数据采用规范化的编码使得分布在网络下的所有用户可以无缝地获取、访问、浏览地理数据还存在着很大的问题。地理标记语言（geography markup language，GML）是可扩展标识语言（extensible markup language，XML）的子集，是由 Open GIS 联盟制定的基于 XML 的对地理信息（包括地理特征的几何属性）进行传输和存储的编码规范。GML 是一个简单的基于文本的地理特征编码标准。GML 是基于开放地理空间信息联盟（Open Geospatial Consortium，OGC）创建的公共地理模型（OGC 抽象规范），已经被大多数的 GIS 开发商所接受并得到进一步的开发。由于 GML 是基于 XML 的，这使得 GML 数据的集成更加容易。GML 是严格按照被广泛采用的 XML 标准制定的，这就确保了 GML 数据可以广泛地被商业或者免费工具所浏览、编辑、转换。预计，随着越来越多的组织机构和软件开发商使用 GML 作为空间数据表达、传输、存储的规范，空间数据编码的统一以及数据交互操作和共享将最终成为现实。基于 GML 的地理信息表达是解决地理数据互操作的途径。

3）一体化的空间数据管理与分析。从数据管理的角度来看，空间数据有下列特点。

①数据量大，结构复杂，关系多样化。

②查询过程比较复杂。

③难以定义多维空间对象的空间次序。

因此，选择理想的数据库管理平台成为 WebGIS 发展的瓶颈之一。利用面向对象的分布式多空间数据库技术是目前能够有效解决这一问题的较好途径。

4）空间分析功能。在网上对地理数据的操作和分析是 WebGIS 今后发展的重要方向之一。地理数据的分析功能，即空间分析，是 GIS 得以广泛应用的重要原因之一。通过 GIS 提供的空间分析功能，用户可以从已知的地理数据中得出隐含的重要结论，这对于许多应用领域是至关重要的。但目前网络 GIS 的空间分析功能比较弱，部分产品可以提供缓冲区分析和最短路径分析等功能，但仍然无法满足需要。GIS 的空间分析分为两大类：矢量数据空间分析和栅格数据空间分析。WebGIS 在网上空间分析部分还有一段路要走。

5）网络三维可视化。在 WebGIS 中，结合三维可视化技术，完全再现地理环境的真实情况，把所有管理对象都置于一个真实的三维世界里，真正做到了管理意义上的"所见即所得"。网络三维 GIS 的应用领域越来越广泛。目前的 WebGIS 大多只提供一些较为简单的三维显示和操作功能，这与真三维表示和分析还有很大差距。限制网络三维发展的主要因素在于显示速度，将来宽带网和数据压缩技术的发展会推动它的发展。真正的三维 GIS 必须支持真三维的矢量和栅格数据模型及以此为基础的三维空间数据库，解决三维空间操作和分析问题。

（五）三维 GIS 的发展

通常的 GIS 技术提供给人们的是一个二维视图，称为 2DGIS。2DGIS 始于 20 世纪 60 年代，现已应用到各行各业，产生了巨大的经济效应。世界本来就是处于三维空间中的，而发展日渐成熟的 2DGIS 是将现实世界简化为平面上二维投影进行操作的，本质上是基于抽象符号的系统，不能给人以自然界的本质感受。这主要是由当时计算机处理能力有限造成的。随着计算机图形图像学、计算机可视化技术以及相关学科的发展，生成、显示和操纵完全描述目标三维几何特征及属性特征的数据成为可能，人们开始对 3DGIS 理论和实际应用方面进行有益的探索与实践。随着应用的深入，人们越来越多地要求从真三维空间来处理问题。

3DGIS 将三维空间坐标（x，y，z）作为独立参数来进行空间实体对象的几何建模，其数学表达式为 $F=f(x, y, z)$。3DGIS 不仅能表达空间对象间的平面关系和垂向关系，而且能对其进行三维空间分析和操作，向用户立体展现地理空间现象，给人以更真实的感受。

3DGIS 在整合人类信息方面更进一步，其于 2005 年 2 月推出了 Google Maps。不久后推出了采用三维卫星图像的地图服务 Google Earth，进一步丰富了位置服务产品线。

三维地理信息优势如下。3DGIS 不仅突破了空间信息在二维平面中单调展示的束缚，为信息判读和空间分析提供了更好的途径，也为各行业提供了更直观的辅助决策支持。因此，空间信息的社会化应用服务迫切需要 3DGIS 的支持，3DGIS 已日益成为 GIS 发展的重要方向之一。更丰富、逼真的平台，使人们将抽象难懂的空间信息可视化和直观化，人们结合自己相关的经验就可以理解，从而做出准确而快速的判断，图 2-29 为曼哈顿在 Google Earth 的 3D 画面。

图 2-29　曼哈顿在 Google Earth 的 3D 画面

五、GIS 与 GPS 在物流行业中的应用

GIS 与 GPS 在物流企业应用的优势主要体现在以下几个方面。

1）GIS/GPS 的应用，必将提升物流企业的信息化程度，使企业日常运作数字化，企业拥有的物流设备或者客户的任何一笔货物都能用精确的数字来描述，不仅提高了企业运作效率，同时提升了企业形象，能够争取更多的客户。

2）GIS/GPS 和无线通信的结合，使得流动在不同地方的运输设备变得透明而且可以控制。结合物流企业的决策模型库的支持，根据物流企业的实际仓储情况，并且由 GPS 获取的实时道路信息，可以计算出最佳物流路径，给运输设备导航，减少运行时间，降低运行费用。利用 GIS/GPS 技术可以对车辆进行实时定位、跟踪、报警、通信等，能够满足掌握车辆基本信息、对车辆进行远程管理的需要，有效避免车辆的空载现象，同时客户能通过互联网技术，了解自己货物在运输过程中的细节情况。例如，在草原牧场收集牛奶的车辆在途中发生故障，传统物流企业往往不能及时找到故障车辆而使整车的原奶坏掉，损失惨重。而 GIS 与 GPS 能够方便地解决这个问题。另外，人的因素也处处存在，GIS 与 GPS 能够有效地监控驾驶员的行为。

3）通过对物流运作的协调，促进协同商务发展，让物流企业向第四方物流角色转换。由于物流企业能够实时地获取每辆车的具体位置、载货信息，物流企业能用系统的观念运作企业的业务，降低空载率。这一职能的转变使物流企业为某条供应链服务，能够发挥第四方物流的作用。物流企业通过无线通信、GIS/GPS 能够精确地获取运输车辆的信息，再通过 Internet 让企业内部和客户访问，从而把整个企业的操作、业务变得透明，为协同商务打下基础。但是，将 GIS、GPS、WAP 与互联网（Web）技术集成一体，应用于物流和供应链管理信息技术领域，国内还没有完全成熟。不过，相信随着人们的重视和技术的进步，GIS、GPS、WAP 和 Web 技术将结合在一起，共同描绘透明物流企业，减少物流黑洞，增强国内物流企业竞争力，不久将在开放的物流市场上站稳脚跟。

（一）GIS 在物流行业中的应用

1. 实时监控

经过全球移动通信系统（global system for mobile communication，GSM）网络的数字通道，将信号输送到车辆监控中心，监控中心通过差分技术换算位置信息，然后通过 GIS 将位置信号用地图语言显示出来，货主、物流企业可以随时了解车辆的运行状况、任务执行和安排情况，使不同地方的流动运输设备变得透明而且可控。另外还可能通过远程操作、断电锁车、超速报警对车辆行驶进行实时限速监管、偏移路线预警、疲劳驾驶预警、危险路段提示、紧急情况报警、求助信息发送等，安全管理保障驾驶员、货物、车辆及客户财产安全。

2. 指挥调度

客户经常会因突发性的变故而在车队出发后要求改变原定计划：有时公司在集中回程期间临时得到了新的货源信息；有时几个不同的物流项目要交叉调车。在上述情况下，监控中心借助于 GIS 就可以根据车辆信息、位置、道路交通状况向车辆发出实时调度指令，用系统的观念运作企业业务，达到充分调度货物及车辆的目的，降低空载率，提高车辆运作效率。若 GIS 为某条供应链服务，则能够发挥第三方物流的作用，把整个供应链上的业务操作变得透明，为企业供应链管理打下基础。

3. 规划车辆路径

目前主流的 GIS 应用开发平台大多集成了路径分析模块，运输企业可以根据送货车辆的装载量、客户分布、配送订单、送货线路交通状况等因素设定计算条件，利用该模块的功能，结合真实环境中所采集到的空间数据，分析客、货流量的变化情况，对公司的运输线路进行优化处理，可以便利地实现以费用最少或路径最短等目标为出发点的运输路径规划。

4. 定位跟踪

结合 GPS 技术实现实时快速的定位，对于现代物流的高效率管理来说是非常关键的。在主控中心的电子地图上选定跟踪车辆，将其运行位置在地图画面上保存，精确定位车辆的具体位置、行驶方向、瞬间时速，形成直观的运行轨迹。利用该功能可对车辆和货物进行实时定位、跟踪，满足掌握车辆基本信息、对车辆进行远程管理的需要。另外，轨迹回放功能也是 GIS 和 GPS 相结合的产物，可以作为车辆跟踪功能的一个重要补充。

5. 信息查询

货物发出以后，受控车辆所有的移动信息均被存储在控制中心计算机中——有序存档、方便查询；客户可以通过网络实时查询车辆运输途中的运行情况和所处的位置，了解货物在途中是否安全，是否能快速有效地到达。接货方只需要根据发货方提供的相关资料和权限，就可通过网络实时查看车辆和货物的相关信息，掌握货物在途中的情况以及大概的到达时间。以此来提前安排货物的接收、存放以及销售等环节，使货物的销售链可提前完成。

（二）GPS 在物流行业中的应用

1. 导航功能

三维导航既是 GPS 的首要功能，也是它的最基本功能，其他功能都要在导航功能的基础上才能完全发挥作用。飞机、船舶、地面车辆以及步行者都可利用 GPS 导航接收器进行导航。汽车导航系统是在 GPS 的基础上发展起来的一门新技术。它由 GPS 导航、自律导航、微处理器、车速传感器、陀螺传感器、只读光盘（compact diss read-only memory，CD-ROM）驱动器、液晶显示器（liquid crystal display，LCD）组成。

GPS 导航由 GPS 接收机接收 GPS 卫星信号（3 颗以上），得到该点的经纬度坐标、速度、时间等信息。为提高汽车导航定位的精度，通常采用差分 GPS 技术。当汽车行驶到地下隧道、高层楼群、高速公路等遮掩物处而捕捉不到 GPS 卫星信号时，系统可自动导入自律导航系统，此时由车速传感器检测出汽车的行进速度，通过微处理单元的数据处理，从速度和时间中直接算出前进的距离，陀螺传感器直接检测出前进的方向，陀螺仪还能自动存储各种数据，即使在更换轮胎暂时停车时，系统也可以重新设定。

由 GPS 卫星导航和自律导航所测到的汽车位置坐标、前进的方向都与实际行驶的路线轨迹存在一定误差，为修正两者间的误差，使其与地图上的路线统一，需采用地图匹配技术——加一个地图匹配电路，对汽车行驶的路线与电子地图上道路的误差进行实时相关匹配，并进行自动修正，此时，地图匹配电路通过微处理单元的整理程序进行快速处理，得到汽车在电子地图上的正确位置，以指示出正确行驶路线。CD-ROM 驱动器用于存储道路数据等信息，LCD 用于显示导航的相关信息。

2. 车辆跟踪功能

GPS 与 GIS 技术、GSM 及计算机车辆管理信息系统相结合，可以实现车辆跟踪功能。

利用 GPS 和 GIS 技术可以实时显示出车辆的实际位置，并任意放大、缩小、还原、换图；可以随目标移动，使目标始终保持在屏幕上；还可实现多窗口、多车辆、多屏幕同时跟踪，利用该功能可对重要车辆和货物进行跟踪运输。

目前，已开发出把 GPS/GIS/GSM 技术结合起来对车辆进行实时定位、跟踪、报警、通信等的技术，能够满足掌握车辆基本信息、对车辆进行远程管理的需要，有效避免车辆的空载现象，同时客户能通过互联网技术，了解自己的货物在运输过程中的细节情况。

3. 货物配送路线规划功能

货物配送路线规划是 GPS 的一项重要辅助功能，包括如下两项。

1）自动线路规划。由驾驶员确定起点和终点，由计算机软件按照要求自动设计最佳行驶路线，包括最快的路线、最简单的路线、通过高速公路路段次数最少的路线等。

2）人工线路设计。由驾驶员根据自己的目的地设计起点、终点和途经点等，自动建立线路库。线路规划完毕后，显示器能够在电子地图上显示设计线路，并同时显示汽车运行路径和运行方法。

4. 信息查询功能

GPS 为客户提供主要物标，如旅游景点、宾馆、医院等数据库，用户能够在电子地图上根据需要进行查询。查询资料可以文字、语言及图像的形式显示，并在电子地图上显示其位置。同时，监测中心可以利用监测控制台对区域内任意目标的所在位置进行查询，车辆信息将以数字形式在控制中心的电子地图上显示出来。

5. 话务指挥功能

指挥中心可以监测区域内车辆的运行状况，对被监控车辆进行合理调度。指挥中心也可随时与被跟踪目标通话，实行管理。

6. 紧急援助功能

通过 GPS 和监控管理系统可以对遇有险情或发生事故的车辆进行紧急援助。监测控制台的电子地图可显示求助信息和报警目标，规划出最优援助方案，并以报警声、光提醒值班人员进行应急处理。

（三）基于位置的服务

1. 基于位置的服务介绍

随着移动设备和定位技术的快速发展，GIS 和无线通信相结合，促进了移动 GIS 的发展，同时进一步促进和带动了基于位置的服务（location-based service，LBS）的发展。

LBS 就是指在移动环境下，利用 GIS 技术、空间定位技术和网络通信技术，为移动对象提供基于空间地理位置的信息服务。例如，用户在随身携带的移动终端上，通过 LBS 功能，查询公交信息、导航信息、周围的旅馆信息、旅游景点信息、餐馆信息等。目前，在导航以及其他很多应用领域中，LBS 都得到了广泛的应用。

对于一个智能 LBS 系统或者它的应用来说，要将 GIS 和位置信息服务结合起来，就是要利用空间定位技术和 GIS 技术，将获取的位置信息以及其他空间和属性信息搜集起来，然后自动地从这些信息中提取出用户感兴趣的信息，并将这些信息以用户想要的形式展示给他们。

实现 LBS 业务涉及多个实体，包括定位操作平台、定位业务中间件、GIS、面向最终用户提供 LBS、提供电子地图数据、终端等。

定位操作平台主要负责通过各种定位技术来获得终端的经纬度信息。目前可供移动网络使用的定位技术多种多样，下面将以 CDMA（code division multiple access，码分多址）系统上实现的定位技术为例，介绍各种定位技术的实现方式。

2. LBS 中的定位技术

1）基于网络的定位技术。定位操作平台可以通过 CDMA 网络获取到终端的信息（导频强度信息）进行定位。其他一些基于网络的技术能够提供更高的定位精度，如测量移动台的环路时延、信号到达角度等，但这些技术都需要在基站上增加相应的测量设备，代价较高。

2）辅助 GPS 技术。在辅助 GPS 技术中，网络可以根据移动台当前所在的小区，确定所在小区上空的 GPS 卫星，将这些信息提供给移动台。移动台根据这些信息，缩小搜索范围、缩短搜索时间，更快地完成可用卫星的搜索过程。搜索完成之后，移动台将用于计算移动台位置的信息传送给网络，由网络计算移动台的位置。

3）混合定位技术。CDMA 系统中使用的混合定位技术主要使用了基于移动台的技术。在很多情况下，移动台不能够捕获足够多的 GPS 卫星。这时候，移动台可以利用基站的信号补充卫星的不足。这样在降低一定精度的条件下，提高了可用性，实现了室内定位。

4）基于移动台的 GPS 定位。为了减少连续定位情况下的定位间隔时间，提出了基于移动台的 GPS 定位，与辅助 GPS 不同的是，在基于移动台的定位方式下，位置的计算全部由终端自己完成，终端始终处于 GPS 跟踪状态，减少了与网络的交互时间。

3. LBS 中的 GIS 功能

LBS 中关键的核心是位置与地理信息，两者相辅相成，缺一不可。一个经纬度位置对于正常的使用来说，并不代表任何意义，必须将其置于一个地理信息中，才能代表某个地点、标志、方位等，才能被人们所理解。因此除了通过定位操作平台获取终端的位置，还必须通过 GIS 将经纬度转换成用户真正关心的地理信息，如地图、路径搜索结果等。

对于无线运营商而言，如何发展面向最终用户提供 LBS 是任何增值服务发展的关键，因此仅仅有一个定位操作平台是远远不够的，它必须将位置信息服务中的核心部件（地理信息服务平台）建设起来，使进入位置信息服务行业的门槛明显降低，从而促进位置信息服务的发展。

在移动网络中使用 GIS，可以向外提供的主要服务如下。

1）地图绘制（mapping）。地图绘制是 GIS 提供的最基本的功能。GIS 根据客户端的请求（地图范围、图层和绘制样式等），返回地图数据。目录服务（directory）主要是指兴趣点（point of interest，POI）的查找，包括距离最近查找、一定范围内查找和根据属性（如名称、电话号码等）查找。查找的内容可以包括商场、酒店、加油站等。

2）路径搜索（route）。路径搜索主要提供两点之间的各种方式（自驾车、公交车、步行）的行驶路线。路径搜索服务是 LBS 业务中非常重要的一种服务，也是体现移动网络优势和特点的业务，是实现导航服务的基础。

3）地理编码（geocode）。把一个街道地址或邮编编码成一个地理位置。

4）逆地理编码（reverse geocode）。把一个地理位置反编码成一个街道地址或邮编。

5）测算（cogo）。进行几何要素的测算。目前该服务支持的操作包括计算两点之间的直线距离；判定点是否在某个指定的区域内。测算服务可以通过一次请求完成多个测算操作。

6）导航（navigation）。导航服务可以分成静态导航和动态导航。静态导航是指用户在出发前获取出发地和目的地的最佳路径信息，出发后不再有提示信息给用户；动态导航则是在用户行驶过程中根据当前用户所在位置动态地提示其前进的方向,这种服务对系统的处理能力、定位的准确度、定位的时延和地图的准确度等要求较高。LBS 业务在我国的应用如下：LBS 业务是移动网络的一个特色业务，尤其是今后 3G 系统的使用，为 LBS 的应用提供了网络带宽的保障。由于 LBS 业务在我国刚刚开始发展，影响其发展的因素也非常多，如手持终端的 LBS 应用、个人汽车的 LBS 应用、行业应用等。

（四）物流运输车辆导航定位系统

车辆导航定位系统的概念首先在 20 世纪 70 年代末期提出，最早实用的车辆导航定位系统则出现在 1985 年。美国的 Etak 公司首先提出了一种采用航迹推算（dead-reckoning，DR）/地图匹配（map matching，MM）组合的车辆导航系统——Navigator。该系统利用车轮传感器（里程仪）和磁罗盘构成航迹推算（又称为航位推算）系统（dead-reckoning system，DRS），确定和跟踪车辆的位置，并显示在数字地图上。欧洲的德国、英国、荷兰等也出现了类似的系统，这些系统称为第一代车辆导航定位系统。这一时期的系统特点是将航迹推算系统与地图匹配相结合。航迹推算系统由于误差积累，定位精度低，尽管利用地图匹配进行校正，但整个系统的精度不高。

20 世纪 80 年代末期，随着 GPS 逐渐完善和成熟，GPS 技术很快应用到车辆导航定位中。GPS 具有全天候、全球覆盖和高精度的优良性能，可以广泛用于陆、海、空、天各类军民用载体的导航定位、精密测量和授时服务。但其主要缺点是在城市中定位信号会由于隧道、桥梁、树木、高大建筑群等障碍物的遮挡而中断。因此单独使用 GPS 作为车辆导航定位的手段仍存在可靠性不高的问题。从 90 年代开始，各国开展了 GPS 组合导航定位技术的研究，普遍采用的是航迹推算/GPS 组合车辆导航定位方案。与第一代车辆导航系统相比，利用 GPS 组合导航定位技术的第二代车辆导航定位系统在定位精度和可靠性方面都有了很大的提高。

近年来，车辆导航定位系统除了基本的定位导航功能，还朝着多媒体、智能化、网络化方向发展。

一个现代车辆导航定位系统的基本模块如图 2-30 所示，各模块的功能如下。

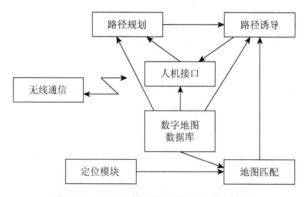

图 2-30　车辆导航定位系统的基本模块

1）定位模块融合不同传感器的输出，利用自主定位技术和无线电信号定位技术自动确定车辆的位置。典型的自主定位技术是航迹推算定位，而典型的无线电信号定位技术是使用 GPS 接收机定位。定位模块利用各种信息融合方法融合不同传感器的输出。

2）数字地图数据库模块包含预先定义好存储格式的数字地图信息，这样的存储格式有助于计算机处理与地图有关的信息，如辨别场所、公路等级、交通规则和旅行信息等。

3）地图匹配是把测量到的或从定位模块获取到的位置（轨迹）与数字地图数据库所提供的地图的位置（路径）进行匹配来确定车辆在地图上位置的一种方法。如果数据库相当准确，那么这一技术能改进定位模块的精确度。对于市区来说，数字地图的精度应该保持在 15m 之内。

4）路径规划是根据地图数据库模块所提供的地图，帮助驾驶员在行驶前或行驶中规划路线的过程。通常采用的技术是找到最小旅行代价路线。

5）路径诱导是指挥驾驶员沿着由路径规划计算出的路线行驶的过程。这一过程需要借助数字地图数据库和准确的车辆位置。

6）人机接口模块允许用户与定位和导航计算机及装置进行人机交互。地图显示、路径规划、路径诱导和其他活动的各种不同要求通过人机接口传送到计算机中，然后通过这个接口模块反馈给用户。

7）无线通信模块通过一个或多个不同的通信网络，使车辆和它的使用者或者交通管理系统能够接收实时交通信息或报告，从而促使车载系统或整个公路网络工作得更加安全有效。

实验一：GIS 数据采集实验

【实验目的】
1）了解 GIS 的原理和方法。
2）掌握 GIS 地图的数据采集操作方法。

【实验条件】
1）PC（串口功能正常、联网正常）。
2）物流信息技术与信息管理实验软件平台（LogisTechBase.exe）。
3）物流信息技术与信息管理实验硬件平台。

【实验步骤】
1）打开实验箱电源、接通模块电源。
2）打开上位机软件中"地图操作实验"，如图 2-31 所示。

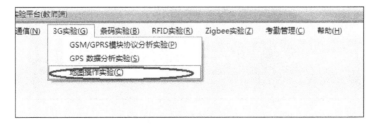

图 2-31　"地图操作实验"位置图

3）单击"地图操作实验"选项，出现如图 2-32 所示的界面。

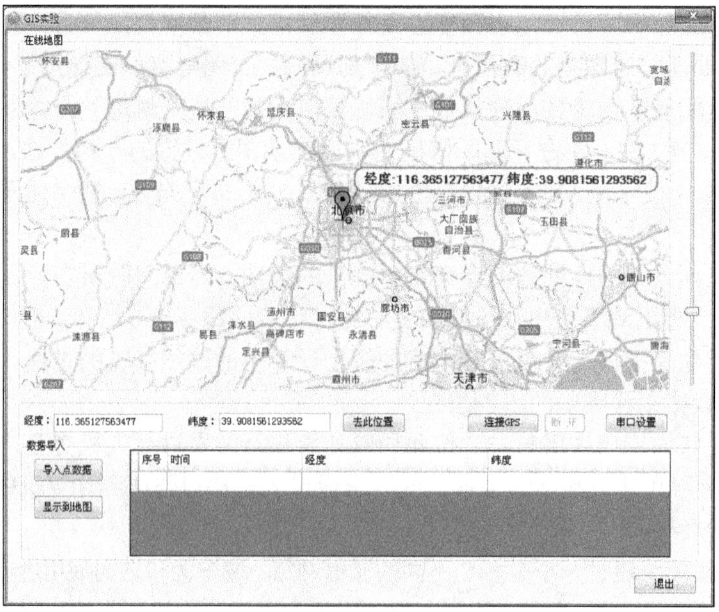

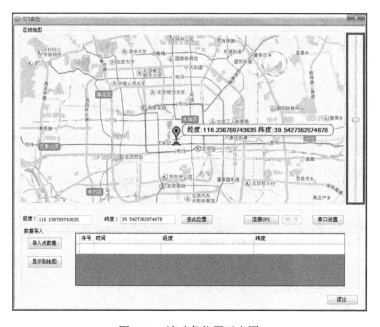

图 2-32　实验界面示意图

4）屏幕右侧的调节拉伸条可以控制地图的放大和缩小，如图 2-33 所示。

图 2-33　滚动条位置示意图

5）在图 2-34 中箭头所指的框中，能够进行地图拖动、放大、缩小的操作。在该区域按下鼠标左键能够移动地图，使用鼠标中心滚轴，也能实现地图的放大或缩小。

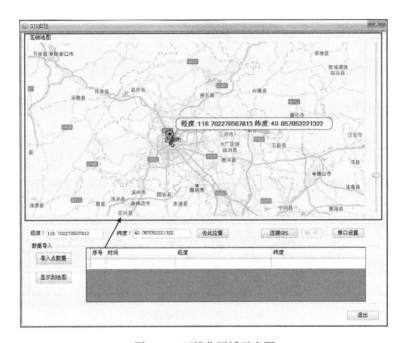

图 2-34　可操作区域示意图

实验二：GIS 与 GPS 综合读取实验

【实验目的】

1）认识 GPS 与 GIS 结合使用。

2）掌握 GIS 的地图中导入 GPS 数据的方法。

【实验条件】

1）PC（串口功能正常、联网正常）。

2）物流信息技术与信息管理实验软件平台（LogisTechBase.exe）。

3）物流信息技术与信息管理实验硬件平台。

【实验步骤】

1）首先连接 GPS 天线，并将天线终端放置在靠近窗户的位置。

2）打开实验箱电源、接通模块电源。

3）打开上位机软件中"地图操作实验"，如图 2-31 所示。

4）单击"地图操作实验"选项，出现如图 2-32 所示的界面。

5）在图 2-35 中：①号位置，能够手动输入经纬度，单击"去此位置"按钮，能够在电子地图上显示出来；②号位置，能够连接 GPS 模块和设置串口；③号位置，能够导入GPS 离线数据并导入地图中。

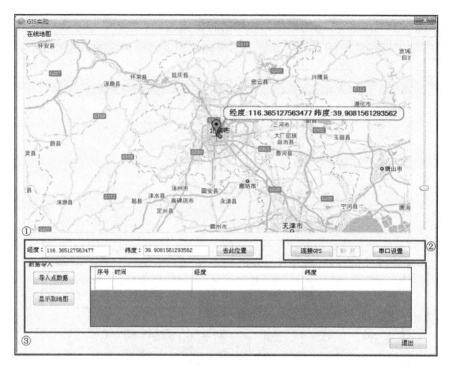

图 2-35　三个位置示意图

6）图 2-36 为连接 GPS 模块后，在 GIS 上显示该点。

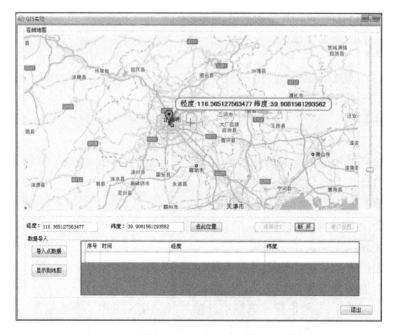

图 2-36　点显示示意图

7）图 2-37 选中数据后，能够导入 XML 格式的相关地图数据。

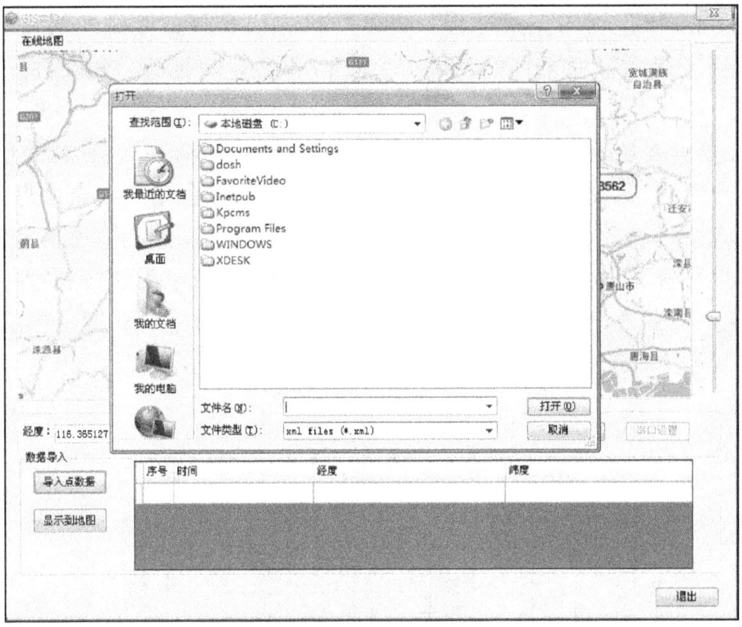

图 2-37 数据导入界面图

实验三：基于 WebGIS 的物流配送优化系统设计实验

【实验目的】
1）掌握基于 Web 技术的 GIS 使用方法。
2）掌握导出 XML 格式的 GPS 数据。
3）掌握 WebGIS 实时定位方法。
4）掌握 GIS 的地图中导入 GPS 数据的方法。
5）掌握监控车辆管理的方法。
6）掌握设计货源信息的发布和浏览。
7）掌握车源信息的发布和浏览。
8）掌握仓储信息的发布和浏览。
9）掌握物流配送线路的查询和浏览。

【实验条件】
1）PC（能够连接到 Internet）。
2）标准配置的 GPS 手机。
3）熟悉并掌握 XMLHttpRequest、JavaScript 和 XML 等开发技术。
4）熟悉并掌握 SQL Server 2010、ASP.NET 4.0 开发。
5）计算机软件环境为 Windows 7 或 Windows XP。

【实验步骤】

本实验的主要目的在于在开源的 WebGIS 平台上，进行物流配送系统的设计和实现，应用 WebGIS 优化物流配送过程。通过对物流信息管理系统的特点和需求进行分析，本系统将物流信息管理平台的功能分为前台和后台两部分，分别进行设计和实现。步骤如下。

1）前台主要实现功能为浏览信息（包括货单信息、仓储信息、货源信息、货物配送、客户管理、用户管理）、发布信息（个人用户发布信息、企业用户发布信息）、查询功能、注册功能（个人用户注册、企业用户注册）。后台主要实现功能为物流信息管理（货单信息管理、货源信息管理、客户信息管理、仓储信息管理、货物配送信息管理）、用户管理（个人用户管理、企业用户管理）。物流信息管理平台的前台系统功能结构图如图 2-38 所示；物流信息管理平台的后台系统功能结构图如图 2-39 所示。

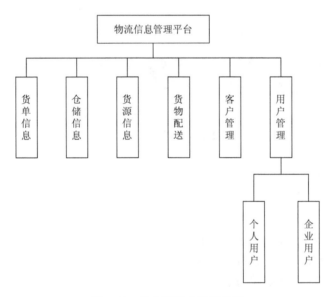

图 2-38　前台系统功能结构图

2）货单是记录货物所有信息的清单，货单中记录了货物的基本信息以及在物流配送过程中的所有信息，是业务流程处理过程中的重要依据，货单管理流程框图如图 2-40 所示。

3）仓储管理活动较复杂，涉及很多的业务，本实验以货物入库为例来进行阐述，如图 2-41 所示。

4）运输管理以汽车的运输管理调度为例，具体的配送过程如图 2-42 所示。

5）参考并设计系统的总体框架，如图 2-43 所示。

6）本系统结合 WebGIS 对物流信息系统进行设计，除了实现传统的物流信息系统的功能，本系统最大的创新点在于利用 WebGIS 技术对物流配送功能进行了优化。按后台功能可以把本系统抽象为三个大模块：用户中心、信息中心、决策中心，图 2-44 是整个系统功能模块框图。

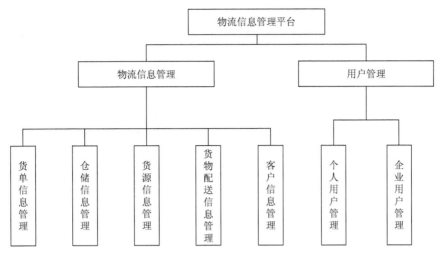

图 2-39　后台系统功能结构图

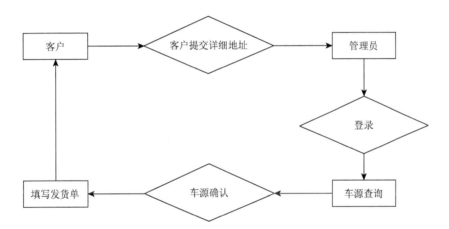

图 2-40　货单管理流程框图

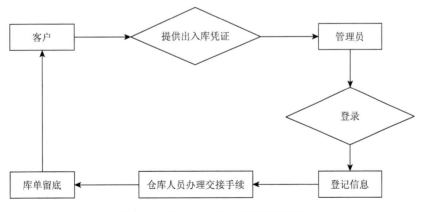

图 2-41　货物入库货单管理流程框图

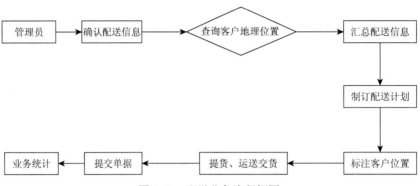

图 2-42　配送业务流程框图

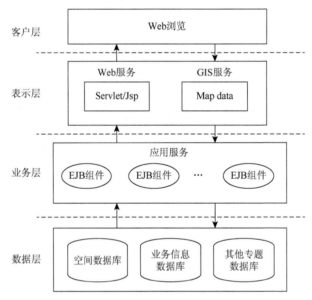

图 2-43　系统的总体框架

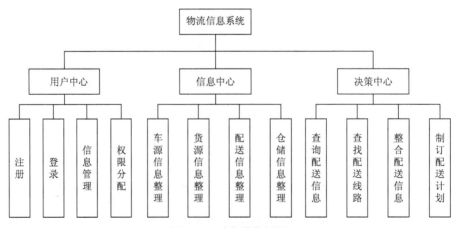

图 2-44　功能模块框图

7）设计管理员信息表。管理员信息表用来存储管理员信息，具体的表结构如表 2-1 所示。

表 2-1　管理员信息表（tb_admin）

字段名	字段类型	长度	键值	描述
id	int	10	主键	数据库编号
admin	varchar	50		管理员用户名
admin_pswd	varchar	50		管理员密码

8）设计发货单信息表。发货单信息表用来存储发货单信息，具体的表结构如表 2-2 所示。

表 2-2　发货单信息表（tb_operationgoods）

字段名	字段类型	长度	键值	描述
id	int	11	主键	数据库编号
car_id	int	11		车辆信息表的自动编号
admin_pswd	int	11		客户信息表的自动编号
goods_id	varchar	255		发货单编号
goods_name	varchar	255		收货人姓名
goods_tel	varchar	255		收货人联系电话
goods_addr	varchar	255		收货人地址
goods_sure	int	11		回执发货单确认标识

9）设计车源信息表。车源信息表用来存储车源信息，具体的表结构如表 2-3 所示。

表 2-3　车源信息表（tb_car）

字段名	字段类型	长度	键值	描述
id	int	10	主键	数据库编号
usr_name	varchar	50		车主姓名
usr_number	varchar	50		车主身份证号
car_number	varchar	50		车牌号码
tel	varchar	50		车主电话
address	varchar	50		车主地址
car_status	varchar	50		车辆状态
car_content	varchar	50		车辆描述

10）设计货源信息表。货源信息表主要存储货源的详细信息，具体的表结构如表 2-4 所示。

表 2-4　货源信息表（tb_goods）

字段名	字段类型	长度	键值	描述
id	int	10	主键	数据库编号
goods_id	int	10		货物编号
usr_name	varchar	50		联系人
usr_tel	varchar	50		联系人电话
time	varchar	50		发布日期
goods_status	varchar	50		审核状态
date	varchar	50		有效期
information_usr	varchar	50		发布人

11）设计企业用户表。企业用户表主要存储企业用户的详细信息，具体的表结构如表 2-5 所示。

表 2-5　企业用户表（tb_business）

字段名	字段类型	长度	键值	描述
id	int	10	主键	数据库编号
business_name	varchar	50		企业名称
business_information	varchar	255		企业信息
business_kind	varchar	50		企业性质
usr_name	varchar	50		登录名
usr_psw	varchar	50		密码
usre	varchar	50		联系人
usre_tel	varchar	50		联系电话
email	varchar	50		电子邮箱

12）设计个人用户表。个人用户表主要存储个人用户的详细信息，具体的表结构如表 2-6 所示。

表 2-6　个人用户表（tb_personal）

字段名	字段类型	长度	键值	描述
id	int	10	主键	数据库编号
usr_name	varchar	50		登录名
usr_psw	varchar	50		密码
usre	varchar	50		联系人

续表

字段名	字段类型	长度	键值	描述
usre_tel	varchar	50		联系电话
email	varchar	50		电子邮箱

13）设计搜索功能表。搜索功能表主要存储各表名和字段名，具体的表结构如表 2-7 所示。

表 2-7　搜索功能表（tb_search）

字段名	字段类型	长度	键值	描述
id	int	10	主键	数据库编号
search_type	varchar	50		搜索类别
type	varchar	50		表名
search_key	varchar	50		关键字
keyword	varchar	50		字段名

本 章 小 结

本章介绍了 GPS 与 GIS 技术技能，主要包括 GPS 数据分析、GPS 数据采集、GIS 地图操作、GPS 数据导入 GIS 实验以及基于 WebGIS/GPS 的运输定位与管理实验等五个技能，通过本章的学习，学生能够熟悉和掌握 GPS 与 GIS 技术的基础知识及理论，学生能够初步具备利用 GPS 与 GIS 技术在物流管理中进行运输定位与管理的能力，学生能认识到 GPS 与 GIS 技术在物流企业提高物流运作效率、减少不必要浪费等方面的重要性。

➤教学实践

任务	任务分解	教学要求			教学设计		
		认识层次	讲授程度	特别要求	教学方法	教学手段	教学资源
任务一：GPS 采集数据	1. 老师先下发任务：GPS 数据采集；2. 老师指导学生了解掌握什么是 GPS，并且对 GPS 原理进行讲解；3. 学生一边操作，一边学习理论知识，进行相应的实验内容的方法掌握，并且进行实际操作演练	理解	重点讲授	会操作	讲授法、案例教学法、教学软件操作	多媒体教学、实验箱	计算机、模拟实验室

续表

任务	任务分解	教学要求			教学设计		
		认识层次	讲授程度	特别要求	教学方法	教学手段	教学资源
任务二：GPS 数据导入 GIS	1. 老师先下发任务：GPS 数据导入 GIS；2. 老师指导学生了解掌握什么是 GIS，并且对 GIS 原理进行讲解；3. 学生一边操作，一边学习理论知识，进行相应的实验内容的方法掌握，并且进行实际操作演练	掌握	重点讲授	会操作	讲授法、案例教学法、教学软件操作	多媒体教学、实验箱	计算机、模拟实验室
任务三：GIS 的地图操作	1. 老师先下发任务：GIS 的地图操作；2. 学生一边回顾理论知识，一边进行实际操作演练	掌握	一般讲授	会操作	讲授法、案例教学法、教学软件操作	多媒体教学、实验箱	计算机、模拟实验室
任务四：基于 WebGIS/GPS 的运输定位与管理系统	1. 老师先下发任务：基于 WebGIS/GPS 的运输定位与管理系统；2. 老师指导学生对系统进行需求分析及相应的系统设计	掌握	重点讲授	会分析	讲授法、案例教学法、教学软件操作	多媒体教学、实验箱	计算机、模拟实验室

➤教学评价

名称：动态跟踪物流信息技术与应用实践

评价类别	评价项目	评价标准	评价依据	评价方式			权重
				学生自评	同学互评	教师评价	
				0.1	0.1	0.8	
过程评价	学习能力	学习态度、学习兴趣、学习习惯、沟通表达能力、团队合作精神	学生考勤、课后作业完成情况、课堂表现、收集和使用资料情况、合作学习情况				0.2
	专业能力	手机 GPS 定位软件使用方法；掌握将 GPS 数据导入手机的方法；掌握导出 XML 格式的 GPS 数据；掌握 GPS 定位的原理；掌握 GPS 数据格式的基本知识；掌握 GPS 定位的方法；认识 GPS 与 GIS 结合使用；掌握 GIS 的地图中导入 GPS 数据的方法	手机 GPS 定位软件使用方法；GIS 的地图中导入 GPS 数据的方法；GPS 定位的方法				0.3
	其他方面	探究、创新能力	积极参与研究性学习，有独到的见解，能提出多种解决问题的方法				0.1
结果评价	理论考核						0.2
	实操考核						0.2

➤复习思考题

1. 选择题

（1）GPS 地面监控部门主要负责（　　　）。

  A 卫星星历的计算和卫星的运行   B 卫星星历的计算和卫星的监控

  C 卫星的监控和卫星的运行   D 卫星的管理和卫星的测试

（2）GPS 绝对定位又称为（ ）。

  A 距离定位   B 差分定位   C 坐标定位   D 单点定位

2. 名词解释

（1）全球定位系统（GPS）。

（2）地理信息系统（GIS）。

3. 简答题

（1）GIS 能解决物流企业的什么问题？

（2）请简述 GPS 卫星的主要作用。

（3）请简述 GIS 与 GPS 的关系。

第三章

物流信息交换技术
与应用实践

本章实施体系如下。

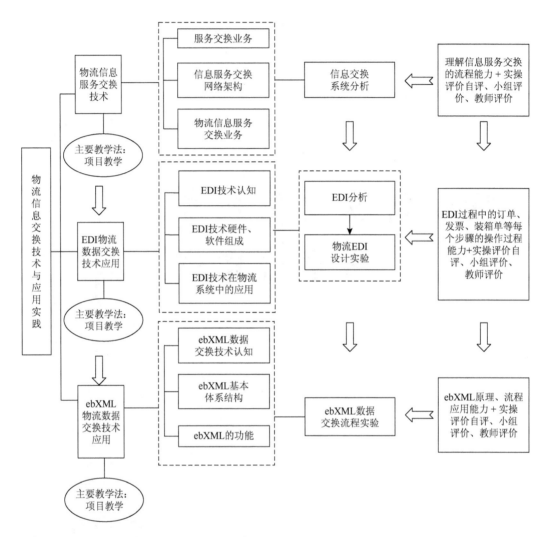

➤ 案例引导

中国远洋运输（集团）总公司（下称中远集团）是国内最早实施 EDI 的企业之一，它的前身是成立于 1961 年 4 月 27 日的中国远洋运输公司。中远集团真正实验运作 EDI 系统是从 1988 年开始的,中远系统的代理公司在 PC 上借用日本 Shipnet 的单证通信格式,通过长途电话,从日本或中国香港的 TYMNET 网络节点入网,单向地向国外中远代理公司传输货运舱单数据。

20 世纪 90 年代初,中远集团与国际著名的 GEIS 公司合作开始了 EDI 中心的建设,由 GEIS 公司为中远集团提供报文传输服务。1995 年,中远集团正式立项,1996~1997 年完成了中远集团 EDI 中心和 EDI 网络的建设,该 EDI 网络基本覆盖了国内 50 多家大小中货和外代网点,实现了对海关和港口的 EDI 报文交换,并通过北京 EDI 中心实现了与

GEIS 公司 EDI 中心的互联，连通了中远集团海外各区域公司。1997 年 1 月，中远集团正式开通公司网站，1998 年 9 月，中远集团在网站上率先推出网上船期公告和订舱业务。目前，中远集团已经通过 EDI 实现了对舱单、船图、箱管等数据的 EDI 传送。在标准化工作方面，中远集团重点开发了基于 EDI 技术 FACT 标准的，符合中国国情的，适用于行业内部的"货物跟踪信息 EDI 报文标准""船期表 EDI 报文标准""货运单证 EDI 报文标准（3.1 版）"等。为了适应国内港口对 EDI 的需求，中远集团和东南大学、南京航空航天大学合作开发了"货运单证交换服务系统"，它是按照 ISO/OSI（International Standardization Organization/Open System Interconnection，国际标准化组织/开放式系统互联）标准开发的软件包，通信网络是电话网和分组交换网。

　　由于业务的需要，中远集团很早就开始了 EDI 的应用，它也是国内开展 EDI 业务较早的企业，中远集团 EDI 的实施取得了很大的成功，为中远集团节约了大量的成本，很大程度上提高了中远集团的工作效率，使得中远集团在激烈的国际竞争中始终处在前列。

　　中远集团之所以能够在 EDI 实施方面取得如此大的胜利，主要原因如下。第一，中远集团 EDI 系统的实施是根据企业发展以及业务的需要进行的，满足企业业务发展的需求，能够直接改善企业的业务流程，提高工作效率，节约企业成本。第二，中远集团具有雄厚的资金支持，任何系统的建设都是需要投入的，尤其是像中远集团这样的大系统更是如此。中远集团在 EDI 方面无疑是走在了前列。在 21 世纪，中远集团要想走在时代的前列，就要大力发展电子商务，从全球客户的需求变化出发，以全球一体化的营销体系为业务平台，以物流、信息流和业务流程重组为管理平台，以客户满意为文化理念平台，构建基于 Internet 的、智能的、服务方式柔性的、运输方式综合多样的并与环境协调发展的网上运输和综合物流系统。

　　请思考：中远集团在 EDI 实施方面取得胜利的原因是什么？

第一节　物流信息服务交换技术

一、服务交换业务

1. 服务交换业务认知

　　物流链上各个环节存在各类信息系统，但是由于信息系统标准不一致，信息系统互相之间不能有效衔接，只能通过定制开发来获取各个环节的物流信息服务，这导致用户需要通过不同的接口才能访问各个系统，而各个系统难以进行有效的数据共享，并且缺乏服务整合,难以实现物流链全程跟踪,造成了成本高、效率低的局面。因此,非常需要一体化的物流信息服务,实现全过程信息共享,提高物流链各业务环节的协作效率。

信息服务交换能够达到上述目的,其基本思想如下:在一个分布式的开放环境中,通过信息服务的索引与指向,建立异构服务提供方与服务需求之间的连接,为服务需求提供可用的服务资源信息,将异构的信息服务标准化,通过服务索引与路由功能,为用户提供一站式信息服务。

各个服务提供者将所提供的服务在服务交换服务器上注册,由服务交换服务器统一负责受理物流服务提供者的注册,并统一受理服务需求者的请求。服务交换服务器在收到需求请求后,将在系统内部进行搜索,得到与该请求相关的物流服务提供方清单,并将服务请求转发给相关的物流服务提供方。物流服务提供方收到服务请求后,进行处理,将服务数据直接发给服务需求方,或者发给服务交换服务器,服务交换服务器进行处理后,再发送给服务需求方。

2. 服务交换的基本业务流程

（1）服务发布

管理中心公布服务分类,发布每个服务函数。

（2）服务注册

服务提供方按照服务分类的要求将其相关服务在管理中心注册。

（3）服务调用

1）服务需求方按照特定服务函数的格式向服务交换服务器提交请求信息。

2）服务交换服务器收到请求消息后,进行服务索引,将请求信息发给相关服务提供方。

3）服务提供方进行处理后,将服务信息返回给服务交换服务器。

4）服务交换服务器对信息进行处理整合后,将信息反馈给服务需求方。

5）若是订阅服务,则订阅数据由服务提供方直接推送给用户。

二、信息服务交换网络架构

1. 传统信息服务方式

（1）直接获取方式

服务需求方直接访问服务供应商获取服务。这种方式的缺点是服务需求方需要针对每个服务提供方制定开发访问接口,进行点对点的访问。

（2）服务整合运营商方式

物流信息服务整合运营商数据,存入大型数据库,并进行数据整合与处理,向用户提供一站式服务。这种方式的缺点如下:数据集成的工作难度大,数据同步不及时,数据来源的范围窄,并且平台的承载能力有限,容易超负荷。

2. 服务交换网络架构

（1）胖网络方式

在服务交换模式下，各个信息服务提供方（如电子口岸、港口）首先将所提供的服务（如动态船期查询服务、信用查询服务、通关状态查询服务、车辆跟踪服务等）在物流信息服务交换网络（以下简称 L-INDEX）上注册，由 L-INDEX 统一负责受理物流信息服务提供方注册，并统一受理服务需求方的请求。L-INDEX 收到请求后，在系统内部进行搜索，得到与该请求相关的物流服务提供清单，并将服务请求转发给相关的物流服务提供方，服务提供方处理后，将服务数据返回 L-INDEX，由 L-INDEX 将服务数据中转给物流服务需求方。

这种网络架构的特点如下：L-INDEX 不仅负责信息服务地址的搜索，还作为中介实现数据传递。因此，对 L-INDEX 的数据传递和处理速度、可靠性、安全性要求比较高。此网络架构还可以进行变化，L-INDEX 在将服务请求转发给相关的物流服务提供方后，由它们直接向物流服务需求方提供各自的服务。在这种方式下，服务交换网络除负责信息地址的搜索外，还负责将用户的请求转发给相关服务提供方，但不负责相应信息的传递，从而大大减少了数据的传递和处理量。

（2）瘦网络方式

L-INDEX 收到请求后，在系统内部进行搜索，得到与该请求相关的物流服务提供方的服务器地址信息，并将服务器地址信息返回给服务需求方，服务需求方根据返回的服务地址信息，向相应的服务提供方提交请求，服务提供方收到请求后进行处理，向物流服务需求方返回服务数据。

在瘦网络方式下，L-INDEX 仅负责向用户提供服务地址信息，不参与具体的服务查询，因而数据的传递和处理量很少，网络的可靠性、安全性要求也不是很高。EPC 的网络架构即采用了这种模式。

对于上述几种服务索引方式，在实际的应用中究竟选择哪一种，需要根据实际的需求、所采用的信息技术的特点，以及标准规范的难易程度来确定。

三、物流信息服务交换业务

1. 物流信息服务交换

在物流领域，参与企业众多，每个企业均可能是物流信息服务的需求方，或者是物流信息服务的提供方。信息服务提供方往往是分布式、异构的，并且功能千差万别，如港口、货代、船公司、卡车公司、生产企业、贸易企业、电子口岸、信用中心、跟踪中心与车货交易中心等，均能提供各种类型的物流信息服务。服务交换技术在物流信息化领域的价值体现在以下几个方面。

1）数据在服务提供方本地，只在需要时提供给服务需求方，而不需要集中建立海量数据中心。

2）用户及服务提供方不需要开发大量异构的接口，只需要一个标准接口。

3）提供一体化的物流信息服务，实现物流全过程跟踪与供应链可视化。

4）拓展了物流服务需求方获取服务资源的范围，同时扩大了物流服务提供方的客户范围与规模。

物流信息服务交换过程如图 3-1 所示。

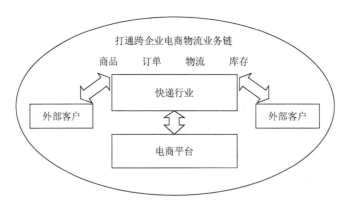

图 3-1　物流信息服务交换过程

2. 物流信息服务交换业务流程示例

（1）通关信息查询服务

我国通关系统可以提供"一关三检"口岸执法状态信息的查询服务，如电子申报、电子审单、人工审单、现场接单、单证放行、货物结关 6 个通关状态信息服务，以及危货装载信息查询服务等，海关或是部门按照平台的标准，将通关信息查询服务发布到 L-INDEX 上，统一为用户提供通关信息查询服务。

以某个从事多式联运的货代企业通过 L-INDEX 获取货物的通关状态为例，说明服务发布和调用场景的基本流程。

1）L-INDEX 发布服务目录列表和服务交换接口。

2）China E-Port（中国电子口岸）根据自身系统能够提供的服务种类在 L-INDEX 上注册服务提供方信息及服务种类。

3）货代企业根据 L-INDEX 发布的服务目录列表和服务交换接口对自身软件进行接口改造。

4）货代企业向 L-INDEX 发出查询货物通关信息、查询服务提供方信息的申请。

5）L-INDEX 接收到该货代企业的查询请求后，在服务目录列表中查询该服务提供方的信息（包括连接方式、安全认证方式），如为 China E-Port，然后将 China E-Port 的注册信息返回给货代企业。

6）货代企业按照返回的 China E-Port 的注册信息向 China E-Port 发出货物通关信息查询服务申请。

7）China E-Port 根据查询请求进行查找，并将查询结果反馈给货代企业。

（2）集装箱跟踪服务

跨国的集装箱运输跨越多个环节，涉及多个角色，包括发货人、货代、船代、码头、拖车公司、船公司、海关、国家质量监督检验检疫总局、国家税务总局、国家外汇管理局、保险公司、运输公司、仓储公司等，这些角色的信息系统可以提供业务范围内的物流单证的跟踪服务，如托运单、运输作业单、装箱单、订舱单、提单的状态跟踪服务。另外，还有一些专业的系统，如 RFID 系统、GPS 等实现对车辆和集装箱位置的动态跟踪服务。港口、物流园区、船公司、集装箱场站等集装箱信息服务提供方将各自提供的信息服务，按照标准化改造后，在 L-INDEX 上注册。服务需求方可以调用这些服务，通过对这些服务的整合就可以实现对集装箱运输全过程的跟踪。其工作过程如下。

1）LOGINK、SP-IDC、日本游船、东京港分别将所提供的信息服务在 L-INDEX 上进行注册。

2）日本货代向 COLINS 提交集装箱状态查询请求。

3）COLINS 向 L-INDEX 提交集装箱状态查询请求。

4）L-INDEX 在服务目录列表中查询，得到提供该项物流信息服务的提供商，如 LOGINK、SP-IDC、日本游船、东京港。

5）COLINS 将该查询请求分别转发给相应的物流信息服务提供方。

6）LOGINK、SP-IDC、日本游船、东京港等根据查询请求分别进行查询，并将查询结果发给 COLINS。

7）COLINS 将返回的结果与自身的信息一起进行整合、处理，然后反馈给日本货代企业。

实验一：信息交换系统分析

【实验目的】

1）通过本实验，让学生了解信息服务交换的流程。

2）了解物流信息服务交换软件开发过程。

【实验条件】

1）PC（串口功能正常、联网正常）。

2）物流信息技术与信息管理实验软件平台（LogisTechBase.exe）。

3）物流信息技术与信息管理实验硬件平台。

【实验步骤】

外部信息交换系统一般是在企业建设核心业务系统后，随着业务开展产生了数据交换需求而提出和开发的。就信息交换系统本身的开发和运行步骤来说，过程如下。

1. 需求分析

需求分析的重点放在需要进行交换的数据上，即从一个企业流入另一个企业的数据，企业内部的业务和信息流程不是分析的重点。多级数据交换中心结构图如图 3-2 所示，主要包括以下几个方面。

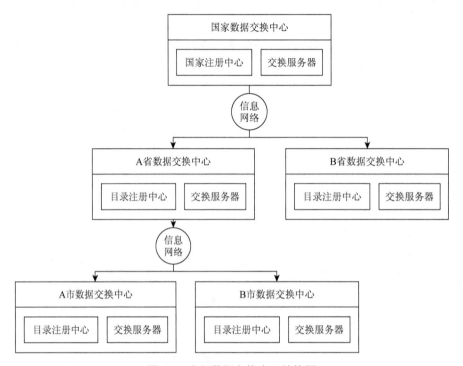

图 3-2　多级数据交换中心结构图

1）需要传输的数据种类、数量和频率要求。

2）各种数据在系统之间的路由、打包要求。

3）数据以什么样的格式表示。

4）数据的安全传输要求，包括数据的安全性、可靠性、不可否认性等。

2. 业务流程和信息建模

利用需求分析的结果，参考统一建模语言（unified modeling language，UML）建模方法，采用适合中小企业建模的业务流程规范模式（business process specification schema，BPSS），根据系统数据传输网络图（图 3-3），最终形成如下几项。

1）业务流程规范（business process specification，BPS）。

2）合作草案档案（collaboration protocol profile，CPP）和贸易伙伴协议（collaboration protocol agreement，CPA）文件。

3）传输数据的格式定义——Schema 或 DTD（document type definition，文档类型定义）文件。

4）数据的格式转换需求。

5）数据传输需求，包括数据传输的频率、路由、安全要求等，用来和 CPA 文件一起作为信息交换系统的配置文件。

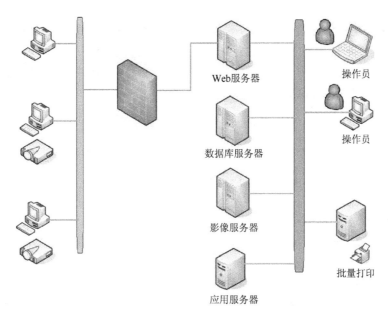

图 3-3 系统数据传输网络图

3. 信息交换系统的实现

利用已有的中间件二次开发或直接开发，采用软件工程的方法、过程和工具，实现外部信息交换系统。系统应能满足所有业务伙伴信息交换的需要，当与新的业务伙伴交换数据，建设新的业务系统或产生新的数据交换需求时，无须另外定义和开发传输系统组件，只要双方利用信息交换系统进行简单的配置即可。

同时，数据交换中心需要对外部提供数据的接收、暂存和转发功能，如图 3-4 所示。

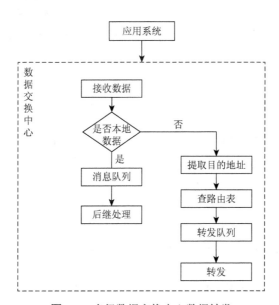

图 3-4 多级数据交换中心数据转发

在接收到各种应用系统通过 Web 服务传送来的数据时，数据交换中心将首先判断"是否本地数据"，若是则将其列入消息队列并保存，然后做后继处理；反之则将该数据的目的地址从传送过来的数据信息的数据段中提取出来，经查询网络路由表来获取该数据信息正确的转发地址，列入转发队列后进行转发。

第二节　EDI 技术应用

一、EDI 技术认知

EDI 是英文"electronic data interchange"的缩写，中文可译为"电子数据交换"，或称"电子数据贸易""无证贸易""无纸贸易"等。它是一种在公司之间传输订单、发票等作业文件的电子化手段。

EDI 通过计算机通信网络将贸易、运输、保险、银行和海关等行业信息，用一种国际公认的标准格式，实现各有关部门或公司与企业之间的数据交换和处理，并完成以贸易为中心的全部过程。EDI 技术是一种计算机应用技术，商业伙伴根据事先达成的协议，对经济信息按照一定的标准进行格式化处理，并把这些格式化的数据，通过计算机通信网络在它们的计算机系统之间进行交换和自动处理。

美国标准化委员会对 EDI 技术的解释是：EDI 技术指的是在相互独立的组织机构之间所进行的标准格式、非模糊的、具有商业或战略意义的信息的传输。联合国 EDI FACT 培训指南认为：EDI 技术指的是在最少的人工干预下，在贸易的计算机应用系统之间标准格式数据的交换。

从上述解释中，可以归纳出如下几点。

1）EDI 技术是计算机系统之间所进行的电子信息传输。

2）EDI 技术是标准格式和结构化电子数据的交换。

3）EDI 技术是由发送者和接收者达成一致的标准与结构。

4）EDI 技术由计算机自动读取而无须人工干预。

5）EDI 技术是为了满足商业用途。

EDI 与其他通信手段，如传真、用户电报和电子信箱等有着很大的区别，主要表现在以下几个方面。

1）EDI 传输的是格式化的标准文件，并具有格式校验功能，而传真、用户电报和电子信箱等传送的是自由格式的文件。

2）EDI 实现计算机到计算机的自动传输和自动处理，其对象是计算机系统，而传真、用户电报和电子信箱等的用户是人，接收到的报文必须人为干预或人工处理。

3）EDI 对于传送的文件具有追踪、确认、防篡改、防冒领、电子签名等一系列安全保密功能，而传真、用户电报没有这些功能。虽然电子信箱具有一些安全保密功能，但它比 EDI 的层次低。

4）EDI 文本具有法律效力，而传真和电子信箱没有。传真建立在电话上，用户电报建立在电报网上，而 EDI 和电子信箱都建立在分组数据通信网上。

5）EDI 和电子信箱都建立在计算机通信网开发式系统互联模型的第七层上，但 EDI 比电子信箱在技术实现层面要求更高；而传真目前多为实时通信，EDI 和电子信箱都是非实时的，具有存储转发功能。

EDI 技术应用计算机代替人工处理交易信息，明显提高了数据的处理速度和准确性。然而，为使商业运作各方的计算机能够处理这些交易信息，各方的信息必须按照事先规定的统一标准进行格式化，只有这样才能被各方的计算机识别和处理。因此，可以将 EDI 技术的概念概括为：EDI 技术是参加商业运作的双方或多方按照协议，对具有一定结构的标准商业信息，通过数据通信网络在参与方计算机之间所进行的传输和自动处理。

EDI 技术是一种新型的计算机网络技术。ISO 将 EDI 技术描述为：将商业或行政事务处理按照一个公认的标准，形成结构化的事务处理报文数据的格式，从计算机到计算机的电子传输方式。

从技术角度看，EDI 以计算机技术和数据网络通信技术为基础，支持按标准编制的结构数据在计算机应用进程之间的交换和计算机应用进程的自动处理。因此，EDI 技术系统由 EDI 技术标准、EDI 技术软件、EDI 技术通信网络三要素组成。EDI 技术处理的结构数据一般称为电子单证或单证，用来描述电子单证格式的标准称为 EDI 技术格式标准或 EDI 技术标准。

目前广泛使用的 EDI 技术标准是被 ISO 批准的 EDI 技术 FACT 标准。任何一份纸面单证均可格式化成 EDI 技术报文。报文由数据段组成段，等同于单证中的一个栏目，它由相关的数据或复合数据元组成。在实际应用中，为了简化 EDI 技术报文，常将条码标准和技术应用于 EDI 技术 FACT 标准。条码与 EDI 技术有效结合，实现了准确无误、高效的数据采集和交换。

20 世纪 60 年代末，欧洲和美国几乎同时提出了 EDI 的概念。它的产生可以追溯到 60 年代，运输数据协调委员会（Transportation Data Coordinating Committee，TDCC）开始关注运输业中纸面单证的使用所带来的桎梏作用，并于 1975 年，公布了第一套 EDI 技术规则，其中许多规则目前仍在使用，但在当时，计算机硬件、软件和网络都不足以支持这一新型的商务过程。同时，EDI 技术改变了公司与公司之间的交易流程，许多公司不愿意放弃它们已经习惯的做法，因此，最初 EDI 技术未得到多数企业的认可。80 年代初，随着计算机技术的发展，发达国家开始在全球范围建立各自的计算机网络系统，实现了企业内部信息的共享。80 年代中期，随着各种传输协议、标准的完善，贸易关系各方得以借助互联网，实现相互独立的计算机系统之间的信息共享。

20 世纪 70 年代，数字通信技术的发展极大地加快了 EDI 技术的成熟和应用范围的扩大，也带动了跨行业 EDI 技术系统的出现。80 年代，EDI 技术标准的国际化又使 EDI 技术的应用跃入了一个新的里程。时至今日，EDI 技术历经萌芽期、发展期已步入成熟期。英国的 EDI 技术专家明确指出：以现有的信息技术水平，实现 EDI 技术已不是技术问题，而仅仅是一个商业问题。

在国际贸易中，由于买卖双方地处不同的国家和地区，在大多数情况下，不是简单地直接面对面地买卖，而必须以银行进行担保，以各种纸面单证为凭证，方能达到商品与货币交换的目的。这时，纸面单证就代表了货物所有权的转移，因此，从某种意义上讲，"纸面单证就是外汇"。

虽然计算机及其他办公自动化设备的出现，可以在一定范围内减轻人工处理纸面单证的劳动强度，但由于各种型号的计算机不能完全兼容，实际上又增加了对纸张的需求，美国森林及纸张协会曾经做过统计，得出了用纸量超速增长的规律，即年国民生产总值每增加 10 亿美元，用纸量就会增加 8 万吨。

此外，在各类商业贸易单证中有相当一部分数据是重复出现的，需要反复地键入。有人对此也做过统计，计算机的输入平均 70%来自另一台计算机的输出，且重复输入也使出错的概率增加。美国一家大型分销中心统计，有 5%的单证存在错误。同时，重复录入浪费人力、浪费时间、降低效率。因此，纸面贸易文件成了阻碍贸易发展的一个比较突出的因素。

市场竞争也出现了以下新的特征。

1）价格因素在竞争中所占的比例逐渐减小，而服务性因素所占比例逐渐增大。

2）销售商为了减少风险，要求小批量、多品种、供货快，以适应市场行情。

3）在整个贸易链中，绝大多数的企业既是供应商又是销售商，因此提高商业文件传递速度和处理速度成了所有贸易链中成员的共同需求。

4）通信条件和技术的完善、网络的普及又为 EDI 技术的应用提供了坚实的基础。

正是在这样的背景下，以计算机应用、通信网络和数据标准化为基础的 EDI 技术应运而生。EDI 技术一经出现便显示出了强大的生命力，迅速地在世界各主要工业发达国家和地区得到广泛的应用。

正如我国香港 TRADELINK 公司的宣传资料所指出的那样："当 EDI 技术于 20 世纪 60 年代末期在美国首次被采用时，只属于当时经商的途径之一；时至今日，不但美国和欧洲大部分国家，以至越来越多的亚太地区国家，均已认定 EDI 技术是经商的唯一途径。"

因为 EDI 技术具有高速、精确、远程和巨量的技术性能，所以 EDI 技术的兴起标志着一场全新的、全球性的商业革命的开始。

国外专家深刻指出：能否开发和推动 EDI 技术，将决定对外贸易方面的兴衰和存亡。如果跟随世界贸易潮流，积极推行 EDI 技术就会成为巨龙而腾飞，否则就会成为恐龙而绝种。

EDI 技术作为一门新技术，不仅广泛应用在信息技术领域，在企业管理中也日益显示出重要性。EDI 技术对于企业成本的降低、资源的分派、企业内部生产流程的优化、企业市场竞争力的提高有着至关重要的作用。

在美国，目前 EDI 技术以每年 45%的速度增长，并将在未来几年内成为主要的商业手段，许多大的计算机公司、制造企业投入大量资金用于制订实质性的 EDI 技术决策计划，使用 EDI 技术以取代传统的纸面单证处理；在 1991 年的国际贸易中，新加坡已成为实现 EDI 技术全面管理的国家。航运业务本身具有很强的"流程"特点，一项货运的完成是由一系列相互联系的单证或实物的流转组成的，要提高业务管理水平，必须从优化业务流程、提高单证流转质量及效率上入手。

虽然国内 EDI 技术的运用还处于初始阶段，并且主要应用于航运、海关等行业，但取得的成就是比较明显的，例如，上海地区所有的船、码头、船代、理货、货代等公司之间均实现了一定程度上的信息共享，并且正与海关尝试联网。总之，EDI 技术的发展符合国际企业信息化的发展方向。

我国的 EDI 技术事业起步于 20 世纪 80 年代末，当时，计算机技术有了一定程度的发展，国内一些企业的内部信息系统也逐步完善，同时，在国际贸易中，发达的欧美各国常常提出采用 EDI 技术手段实现交易，于是，90 年代初，首先由国家交通运输部牵头，在全国范围内以上海、青岛、天津、宁波为试点，在港航范围内率先实施 EDI 技术，以取代传统的纸面单证传输。但是，我国的航运企业大部分都是传统意义下的国有企业，长期以来，在计划经济体制的束缚下，资产结构不合理、技术陈旧、管理水平落后。自我国加入世界贸易组织，进出口贸易量大幅度增长，世界上其他航运企业通过各种渠道加入中国航运市场，这些航运企业大都有着丰富的业务经验、广泛的业务网络、多方的合作关系、出色的配套服务、合理的投资选择和可观的财力以及成功的管理手段，成为我国航运企业强有力的竞争对手，这使得我国的航运企业不仅需要在技术方面，更需要在管理方面进行有效的研究和革新。

由于 EDI 技术蕴藏着巨大的社会和经济效益，对它的需求正飞速增长。随着 EDI 技术参与者的增加、EDI 技术应用部门的扩大和不同结构 EDI 技术应用系统的开发，为避免形成各种专业的、封闭的 EDI 技术孤岛，最大限度地发挥 EDI 技术的效益，EDI 技术必将走向开放式，为此，国际和国内 EDI 标准化工作组织机构于 1992 年提出了"开放式 EDI 技术的概念模型"。

开放式 EDI 技术指的是"使用公共的、非专用的标准，以跨地域、商域、信息技术系统和数据类型的互操作性为目的，自愿参与方之间的电子数据互换"。开放式 EDI 技术的概念明确了开放式 EDI 技术事务处理的内容、服务和关系的标准文本的集合，用于标识和协调现有的及将来的标准与服务概念模型，以实现全球 EDI 技术互相操作。它的目的在于最大限度地满足各种应用领域的 EDI 技术参与方之间的交换需求，并力求使对专用协议的需求最小化，使互相操作范围最大化。

开放式 EDI 技术的概念模型提供开放式 EDI 技术中的事务协议服务及 EDI 技术支持服务的上下文结构和规则，它分为事务操作观点和功能/服务观点。事务操作观点定义了事务协议服务的开放式 EDI 技术操作语义的上下文结构。功能/服务观点给出了支撑事务操作所需的功能能力和抽象服务的抽象描述以及形式说明。其中，功能能力指命令和寻址能力、句法能力、安全能力、语义数据管理能力、通信能力等；抽象服务是对功能能力的形式描述。

标准集中指所含的按参考模型中标明的需求制定的并满足这些需求的标准。就开放式EDI技术而言，标准分为三大类型。

1）开放式EDI技术专用标准：为满足开放式EDI技术概念模型而专门制定的标准。

2）EDI技术相关标准：为EDI技术制定，但不优先满足该模型需求的标准。

3）非EDI技术专用标准：为信息技术需求制定，但可用于开放式EDI技术的标准。

对于习惯于白纸黑字、立据为证传统方式做生意的人们来说，EDI技术的兴起、纸张文件的消失和电子文件的出现在提高办事效率、加强商业竞争地位的同时，也带来了认证等方面的问题。

当前，如何确保交易的准确、安全和可靠，已经成为开放性EDI技术系统的关键问题。

1）欧洲的EDI技术促进计划将安全保密列为四大重点之一。

2）美国成立了专门的机构来研究EDI技术的安全。

3）澳大利亚等国举办了多次专题会议来讨论EDI技术的安全问题。

ISO也将EDI技术的安全纳入了研究日程，而ITU-T（International Telecommunication Union-Telecommunication Section，国际电信联盟-电信标准局）则提出了X.435建议，主张用X.400的报文处理系统（message handling system，MHS）已有的安全机制支持EDI技术的安全，并在其1988年的版本中详细规定了MHS的安全服务和安全元素。

由于MHS有较完整的标准及产品，下面介绍基于MHS的开放式EDI技术系统的安全与保密问题。

（1）MHS与X.435的安全服务

由ITU-T X.402定义的MHS安全模型是独立于低层实体提供的通信服务的，它包括多种安全服务元素，且在密码算法和服务元素的选择上具有很强的灵活性，为EDI技术安全业务的选择奠定了基础。但MHS的安全功能是为人际文电设计的，并不能完全满足EDI技术通信的需要。

（2）新增安全服务

ITU-T X.435建议针对EDI技术应用的具体要求，新增了9种安全服务：接收证明或不可抵赖；检索证明或不可抵赖；传递证明或不可抵赖；内容证明或不可抵赖；安全MS（message storage，消息存储）审计跟踪；安全MT（message trail，消息跟踪）审计跟踪；MS记录档案；MD（message discrimination，消息鉴别）记录档案；MTA（message transfer agent，消息传送代理）管理和路由信息的安全。

（3）开放式EDI技术系统的安全分析

ITU-T X.435建议，定义了开放式EDI技术系统所受到的主要威胁和攻击。

1）冒充。MTA之间是以交换明文形式的MTA名称彼此证实的，一个未知的MTA可能会通过发送一个已知的MTA而与其他的MTA互联，冒名顶替，偷窃工作资源和信息。

2）篡改数据。篡改数据除破坏数据的完整性外，还包括在递交不可抵赖之后对源点本地存储的文电内容做出篡改，以及在投递不可抵赖后对接收端存储的报文内容做出篡改。

3）偷看、窃取数据。这是指 EDI 技术系统的用户以及外来者未经授权偷看或窥视他人的文电内容以获取商业秘密。

4）报文丢失。EDI 技术系统中的报文丢失主要有三种情况：一是因 UA（user agent，用户代理）、MS 或 MTA 的错误而丢失文电；二是因安全保密措施不当而丢失文电；三是在不同的责任区域之间传递时丢失报文。

5）抵赖或矢口否认。EDI 技术处理的合同、订单等贸易数据，在起草、递交、投递等环节中都可能发生抵赖或否认，尤其是在 MHS 环境中，由于采用自动转发、重新定向等服务方式，危险性就更大了。

6）拒绝服务。局部系统的失误及通信协议的不一致会导致系统中断，从而拒绝服务。局部系统出于自我保护目的而故意中断通信，更会导致拒绝服务。

（4）EDI 技术系统的安全策略

针对 EDI 技术应用所面临的威胁和攻击，EDI 技术系统的安全策略如下。

1）他人无法冒充合法用户利用网络及其资源。

2）他人不能非法窃取或偷看报文的内容。

3）他人无法篡改、替换或扰乱数据。

4）与报文交换有关的各种活动及其发生时间均有准确、完整的记录和审计。

（5）用户所需求的安全业务

为实现上述目标，EDI 技术系统中的用户所需求的安全业务主要有以下几种。

1）鉴别包括源点鉴别和实体鉴别，即要能准确鉴别报文的来源。

2）用户身份识别包括访问控制和证书管理两方面的内容。前者确保只有合法用户才能进入 EDI 技术系统，后者为合法用户签发证书并实行有效管理。

3）防抵赖，即源点不可抵赖、接收不可抵赖和回执不可抵赖。

开放式 EDI 技术概念模型的研究，是国际上 EDI 技术理论研究的最新发展，必将对全球 EDI 技术应用系统的建设起促进和指导的作用。

根据功能，EDI 技术可分为四类：订货信息系统、电子金融汇兑系统、交互式应答系统、带有图形资料自动传输的 EDI 技术。

订货信息系统是最基本的，也是最知名的 EDI 技术系统，又称为贸易数据互换（trade data interchange，TDI）系统，它用电子数据文件来传输订单、发货票和各类通知。

电子金融汇兑（electronic fund transfer，EFT）系统是常用的 EDI 技术系统，即在银行和其他组织之间实行电子费用汇兑。EFT 已使用多年，但它仍在不断改进之中。最大的改进之处是同订货信息系统联系起来，形成一个自动化水平更高的系统。

交互式应答系统也是常见的 EDI 技术系统。它可应用在旅行社或航空公司作为机票预定系统。这种 EDI 技术在应用时要询问到达某一目的地的航班，要求显示航班的时间、票价或其他信息，然后，根据旅客的要求确定所要的航班，打印机票。

最常见的是计算机辅助设计图形的自动传输。例如，设计公司完成一个厂房的平面布置图，将其平面布置图传输给厂房的主人，请主人提出修改意见。一旦该设计被认可，系统将自动输出订单，发出购买建筑材料的报告。在收到这些建筑材料后，自动开出收据。例如，美国一个厨房用品制造公司——Kraf Maid 公司，在 PC 上以 Auto CAD 设计厨房的平面布置图，再用 EDI 技术传输设计图纸、订货、收据等。

传统的买卖业务关系如图 3-5 所示。买方向卖方提出订单。卖方得到订单后，就进行内部的纸张文字票据处理，准备发货。买方在收到货和发票之后，开出发票，寄给卖方。卖方持支票至银行兑现。银行再开出一个票据，确认这笔款项的汇兑。

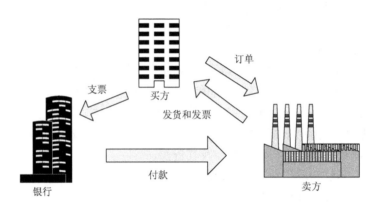

图 3-5　传统的买卖业务关系示意图

一个生产企业的 EDI 技术系统，就是要把上述买卖双方，在贸易处理过程中的所有纸面单证，由 EDI 技术通信网来传送，并由计算机自动完成全部（或大部分）处理过程，从而使整个商贸活动过程在最短时间内准确地完成。具体如下。

1）企业收到一份 EDI 技术订单，系统自动处理该订单，检查订单是否符合要求。

2）通知企业内部管理系统安排生产。

3）向零配件供销商订购零配件等。

4）向有关部门申请进出口许可证。

5）通知银行并给订货方 EDI 技术发票。

6）向保险公司申请保险单等。

图 3-6 表示了国际贸易中的 EDI 技术系统。从图 3-6 中可以很直观地看到一个真正的 EDI 技术系统是将订单、发货、报关、商检和银行结算合成一体，从而极大地加速了贸易的全过程。因此，EDI 技术对企业文化、业务流程和组织机构的影响是巨大的。

EDI 技术一般由以下几个方面组成：硬件设备、增值通信网络及网络软件、报文格式标准、用户的应用系统、数据标准。

硬件设备包括贸易伙伴的计算机和调制解调器以及通信设施等。增值通信网络及网络软件包括现有的通信网，增加 EDI 技术服务功能而实现的计算机网络，即网络增值，通信网目前有以下几种：分组交换数据网络（packet switched data network，PSDV）、公共

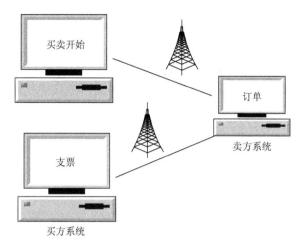

图 3-6　国际贸易中的 EDI 技术系统

电话交换网（public switched telephone network，PSTN）、数字数据网络（digital data network，DDN）、综合业务数字网（integrated service digital network，ISDN）、卫星数据网、数字数据移动通信网。通信网络是实现 EDI 的手段。EDI 技术通信方式有多种，第一种是点对点通信方式，这种方式只有在贸易伙伴数量较少的情况下使用。随着贸易伙伴数量的增多，当多家企业直接进行计算机通信时，会出现计算机厂家不同、通信协议相异以及工作时间不易配合等问题。为了克服这些问题，许多公司逐渐采用第三方网络，即增值网络方法。它类似于邮局，为发送者与接收者维护邮箱并提供存储转送、记忆保管、格式转换、安全管制等功能。

因此，通过增值网络传送 EDI 技术文件，可以大幅度降低相互传送资料的复杂度和困难度并提高 EDI 技术的效率。由于 EDI 是以非人工干预方式将数据及时准确地录入应用系统数据库中，并把应用数据库中的数据自动地传送到贸易伙伴的计算机系统中，必须有统一的报文格式和代码标准。

二、EDI 技术硬件、软件组成

实现 EDI，需要配备相应的 EDI 技术软件和硬件。EDI 技术软件具有将用户数据库系统中的信息译成 EDI 技术的标准格式以供传输交换的能力。

（一）EDI 技术的软件组成部分

翻译软件就是将普通文件翻译成 EDI 技术标准格式，或将接收的 EDI 技术标准格式翻译成平面文件。人们所说的 EDI 技术软件，在大多数情况是指翻译软件，其主要功能是把某个公司的各种商务文件和单证，从公司专有的文件格式转换成某种标准的格式，如转换成 ANSI X.12 格式或 EDI 技术 FACT 格式。同时这个翻译软件也能够把某种标准格式的文件转换成某公司的专用格式。之所以需要翻译软件是因为计算机应用系统只能够处理符合某种格式的数据或文件，各个公司由于自己的业务特点和工作需要，它们在设计自己的计算机应用系统时，不可能采用完全相同的格式。

因此，要实现不同公司之间的 EDI 技术通信，翻译软件是不可缺少的。EDI 技术翻译软件，除了转换文件格式，还必须指导数据的传输，并保证传输的正确和完整。EDI 技术翻译软件应该知道贸易伙伴用的什么标准，并能处理有关的问题等。

例如，一个公司可能使用不同的增值网向许多贸易伙伴发送电子单证，如发票、订购单等，这些电子单证有可能使用不同的标准，或虽使用同一标准却用了不同的版本。要确保每个贸易伙伴在适当的网络上自动地接收到这个公司所发送的标准文件并不容易。

另外，如果发生了传输或翻译上的问题，那么这个系统能够辨别发生了什么问题，并采取适当的行动去纠正。

一般来说，一个翻译软件应包括五个主要文件：贸易伙伴文件、标准单据文件、网络文件、安全保密文件、差错管理文件。它们和主处理程序相互作用来完成翻译、发送和接收电子单证的工作。

1）贸易伙伴文件保存着使用者的所有贸易伙伴的信息，包括这些贸易伙伴的名字、地址、标识、所使用的增值网、在紧急情况下和谁联系、发送和接收的单据等。随着公司业务的不断发展，其贸易伙伴会不断增加，贸易伙伴文件也要不断更新。

2）技术人员用现存的标准格式制作单据（即标准单据文件），并把它们存储起来以备将来之用。例如，把符合 ANSI X.12 标准的采购订单及其结构都罗列出来，还把必备的数据段和可选数据段的定义以及它们的形态结构等列出来。当和贸易伙伴发生联系时，用户可以很容易地利用标准单据里存储的单证模式，构造出一个符合标准的单证。

3）网络文件里包含着公司的贸易伙伴所使用的网络的信息，如网络识别、电话号码、传输协议以及传输速度等。根据贸易伙伴的标识符，就可以由此文件知道应该向哪里传送及怎样传送 EDI 技术报文。

4）安全保密文件的作用就是限制对系统的访问，并规定每个用户的功能能力。

5）差错管理文件包含着有关被退回的报文的信息，如被退回的原因，以及有关对这个报文在发送过程中的踪迹进行检查的信息。它还有日志文件，以便当某些数据或报文在传输过程中被破坏或删除时，可以根据日志文件来恢复或再造这些数据格式。

EDI 技术的软件除了翻译软件，还常常有另外一种形式的软件，那就是"搭桥"软件。搭桥软件的作用就像桥一样将一个组织内部的各种计算机应用程序连接起来。当这个组织接收到 EDI 技术报文后，有关数据就能为这个组织的各个部门的计算机应用系统所用，而不必在组织内部各部门之间进行键盘输入。

例如，当一个企业接收到一份订单后，其数据就能自动用于更新销售文件的内容。同样地，这些数据不需要重新键入，就能用于更新会计部门的文件内容，于是就能自动生成一份发票单证。

有了搭桥软件，企业在发出去的订购单和收到的发票之间，就能不用人工核对，而完全可以由计算机自动核对以消除可能的错误支付。

（二）EDI 技术的工作流程

首先，用户在现有的计算机应用系统上，进行信息的编辑处理；其次，通过 EDI 技术转换软件，将原始单据格式转换为中间文件；再次，通过翻译软件，变成 EDI 技术标准格式文件；最后，在文件外层加上通信交换信封，通过通信软件发送到增值服务网络或直接传给对方用户，对方用户则进行相反的处理过程，最终成为用户应用系统能够接收的文件格式并对其进行收阅处理。

EDI 技术系统能够自动处理各种报文，但是界面友好的人机接口仍是必不可少的。用户接口包括用户界面和查询统计。用户界面是 EDI 技术系统的外包装，它的设计是否美观、使用是否方便，直接关系到 EDI 技术系统产品的外在形象。查询统计帮助管理人员了解本单位的情况，打印或显示各种统计报表，了解市场变化情况，及时调整经营方针策略等。

另外还有转换软件和通信软件，转换软件可以帮助用户将计算机系统文件转换成翻译软件能够理解的平面文件，或是将从翻译软件接收来的平面文件转换成计算机系统中的文件。通信软件可以将 EDI 技术标准格式的文件外层加上通信信封再送到 EDI 技术系统交换中心的邮箱，或由 EDI 技术系统交换中心将接收到的文件取回。

（三）EDI 技术的硬件组成部分

EDI 技术所需的硬件设备有计算机、调制解调器及电话线等。由于用 EDI 技术进行电子数据交换通过通信网络，目前采用电话网络进行通信是很普遍的方法，调制解调器是必备硬件设备。此外，如果在传输时效及资料传输量上有较高要求，可以考虑租用专线。

（四）EDI 技术的硬件系统架构

1）只使用一台主机或中型机。此种方法将所有的 EDI 技术软件放到主机或中型机上，使其执行全部的 EDI 技术功能。

这种方法的优点是它能对大量交易进行迅速处理。因为所有的数据处理活动都在主机或中型机中完成，并不存在处理过程中对数据装载和卸载（uploading and downloading）的问题，也不需要把数据重新键入，这既提高了数据处理速度，又消除了因数据重新键入可能带来的误差。这种方法的缺点是成本高。在主机或中型机上建立 EDI 技术系统由于一般没有现成的软件，需要花费大量的时间来编制，通常需要做许多测试和调试工作。

2）只使用一台 PC。也可以将所有的 EDI 技术软件放到 PC 上，使其执行全部的 EDI 技术功能。这台 PC 和公司的其他机器一般并没有密切的联系，EDI 技术活动只是在这台 PC 里单独地执行。

这种方法的优点是成本低，系统的安装调试容易；缺点是数据需要重复输入，容易出错，其处理速度低，处理数据的容量、能力也比较小，这种方法不容易在公司内部各部门的计算机系统之间搭桥连接，不能大幅度地减少办公室工作量。

3）使用 PC 作为主机的前端处理器。把 PC 作为主机的前端处理器，也可以作为实行 EDI 技术的一种平台。在这种情况下，PC 与主机相连，存储在主机中的数据可以传输到

PC 中（即 downloading，卸载），同样，存储在 PC 中的数据也可以传输到主机中（即 uploading，装载）。在这种安排下，如果要向外发送一份 EDI 技术报文，要先从主机里取出所需的数据，将这些数据传向 PC，在 PC 上将这些数据翻译成符合 EDI 技术标准的格式，并产生电子单证。

这种方法的优点是可以同时具有只使用一台主机和只使用一台 PC 时的优点。例如，把 PC 作为主机的前端处理器，费用要比只使用一台主机实行 EDI 技术少得多，但它与只使用一台 PC 相比，有更大的容量和处理速度。此外，这种方式的 EDI 技术平台容易买到现成的软件，容易安装，并且由于这种方式的处理过程不用手工重新输入，可以减少误差。这种方法的主要缺点是费用比只使用一台 PC 大，而处理速度又比只使用一台主机慢。

4）专用 EDI 技术操作系统。这种系统通常采用一台中型机平台，以及专门化的 EDI 技术软件，这个 EDI 技术软件把 EDI 技术活动和公司的计算机应用系统进行一体化。在许多情况下，这种操作系统用来对组织内部 EDI 技术网络的所有 EDI 技术活动和功能进行总的管理。

例如，某连锁商店系统，有一个总的配货中心，各个商店通过条码的光笔扫描，对各种货物的存货和销售进行计算机管理。当商店里某些货物的存货降到某一事先设定的水平时，计算机就能自动产生一份配货通知送往配货中心，而配货中心的计算机系统又会自动安排这种货物的发送，并与商店进行电子化的管理。

（五）EDI 技术硬件功能模型和工作原理

在 EDI 技术中，EDI 技术参与者所交换的信息客体称为邮包。在交换过程中，如果接收者从发送者所得到的全部信息包括在所交换的邮包中，则认为语义完整，并将该邮包称为完整语义单元。完整语义单元的生产者和消费者统称为 EDI 技术的终端用户。

在 EDI 技术工作中，所交换的报文都是结构化的数据，整个过程都是由 EDI 技术系统完成的。图 3-7 为 EDI 系统结构。

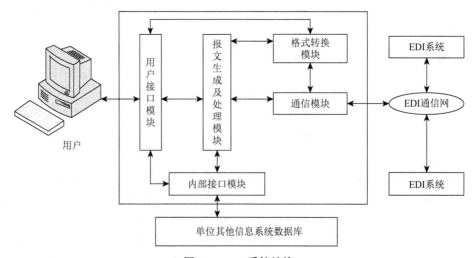

图 3-7　EDI 系统结构

（1）用户接口模块

业务管理人员可用用户接口模块进行输入、查询、统计、中断、打印等，及时地了解市场变化，调整策略。

（2）内部接口模块

内部接口模块是 EDI 技术系统和本单位内部其他信息系统及数据库的接口，一份来自外部的 EDI 技术报文，经过 EDI 技术处理之后，大部分相关内容都需要经内部接口模块送往其他信息系统，或查询其他信息系统才能给对方 EDI 技术报文以确认的答复。

（3）报文生成及处理模块

报文生成及处理模块有两个功能。

1）接收来自用户接口模块和内部接口模块的命令及信息，按照 EDI 技术标准生成订单、发票等各种 EDI 技术报文和单证，经格式转换模块处理之后，由通信模块经 EDI 技术网络发给其他 EDI 技术用户。

2）自动处理由其他 EDI 技术系统发来的报文。在处理过程中要与本单位信息系统相连，获取必要信息并给其他 EDI 技术系统答复，同时将有关信息发送给本单位其他信息系统。例如，因特殊情况不能满足对方的要求，经双方 EDI 技术系统多次交涉后不能妥善解决的，则把这一类事件提交给用户接口模块，由人工干预决策。

（4）格式转换模块

所有的 EDI 技术单证都必须转换成标准交换格式，在格式转换过程中要进行语法检查，对于语法出错的 EDI 技术报文应拒收并通知对方重发。

（5）通信模块

通信模块是 EDI 技术系统与 EDI 技术通信网络的接口，具有执行呼叫、自动重复、合法性和完整性检查、出错报警、自动应答、通信记录、报文拼装和拆卸等功能。

除以上功能模块外，EDI 技术系统还必须具备一些基本功能：命名和寻址功能、安全功能、语义数据管理功能。

EDI 技术的终端用户在共享的名字当中必须是唯一可标识的。命名和寻址功能包括通信和鉴别两个方面。在通信方面，EDI 技术是利用地址而不是名字进行通信的。因而要提供按名字寻址的方法，这种方法应建立在开放系统目录服务 ISO9594（对应 ITU-T X.500）的基础上；在鉴别方面，有若干级必要的鉴别，即通信实体鉴别、发送者与接收者之间的相互鉴别等。

EDI 技术的安全功能应包含在上述所有模块中。它包括以下一些内容。

1）终端用户以及所有 EDI 技术参与方之间的相互验证。

2）数据完整性。

3）EDI 技术参与方之间的电子（数字）签名。

4）否定 EDI 技术操作活动的可能性。

5）密钥管理。

完整语义单元是由多个信息单元（information unit，IU）组成的。其中完整语义单元和信息单元的管理服务功能包括如下几项。

1）信息单元应该是可标识和可区分的。

2）信息单元必须支持可靠的全局参考。

3）应能够存取指明信息单元属性的内容，如语法、结构语义、字符集和编码等。

4）应能够跟踪和对信息单元定位。

5）对终端用户提供方便和始终如一的访问方式。

当今世界通用的 EDI 技术通信网络，是建立在 MHS 数据通信平台上的信箱系统，其通信机制是信箱间信息的存储和转发。具体实现方法是在数据通信网上加挂大容量信息处理计算机，在计算机上建立信箱系统，通信双方须申请各自的信箱，其通信过程就是把文件传到对方的信箱中。文件交换由计算机自动完成，在发送文件时，用户只需进入自己的信箱系统。

EDI 技术的基本标准中的通信标准和信息标准是 EDI 技术最本质的东西。通信标准用于明确技术特性，使计算机硬件能够正确地解释交换。通信标准确定字符设置、传输优先权和速度；信息标准规定传输文件的结构和内容。

标准化的工作是实现 EDI 技术互通和互联的前提与基础。EDI 技术的工作标准包括 EDI 技术处理标准、EDI 技术联系标准、EDI 技术语义语法标准等。

最普遍接受的通信标准是 ASC X.12（America Standards Committee X.12，美国标准委员会 X.12），以及 UN/EDI 技术 FACT 即联合国/商业和运输电子数据交换标准。两者中，ASC X.12 升格为美国标准，而联合国使用的 EDI 技术 FACT 更多地视为全球标准。

每个组织都明确规定了在供给链的伙伴之间交换共享数据的类型。专家指出，最有可能的发展还是 EDI 技术 FACT 标准。

EDI 技术通信标准要解决 EDI 技术通信网络，应该建立在何种通信网络协议之上，以保证各种 EDI 技术用户系统的互联。目前，国际上主要采用 MHS（X.400）作为 EDI 技术通信网络协议，以解决 EDI 技术的支撑环境。

信息标准是通过各种交易设备来执行的。交易设备是一套描述电子文件的代码。交易设备对每个行业均明确地规定了可以进行传输的文件类型，其中有关的文件被用于普通的物流活动，如订货、仓库作业以及运输等。

交易代码用于显示电子通信空间是仓库货运订单（Code 940）还是仓库存货状态报告（Code 941）。除了交易代码，仓库交易还包含仓库编码、品目编号及数量。

EDI 技术处理标准是要研究那些不同地域、不同行业的各种 EDI 技术报文的相互共有的"公共元素报文"的处理标准。它与数据库、管理信息系统（如 MRPII（manufacturing resource planning，制造资源计划））等接口有关。

EDI 技术联系标准解决 EDI 技术用户所属的其他信息管理系统或数据库与 EDI 技术系统之间的接口问题。

EDI 技术语义语法标准（又称为 EDI 技术报文标准）要解决各种报文类型格式、数据元编码、字符集和语法规则以及报表生成应用程序设计的语言等。EDI 技术语义语法标准是 EDI 技术的核心。

EDI 技术是以格式化的，可用计算机自动处理的方式来进行公司间的文件交换。在人工处理订单的过程中，得出所需信息如要什么货、规格、数量、价格、交货期等。这些信息可以用手工书写的方式，也可以用打字的方式；可以先说明所要的规格、型号，再说明价格；也可以先说明价格，再说明所要的规格、型号。订单处理人员在看到这些格式各异的订单时，能看懂其上所传达的信息，但计算机没有这种本领。要使计算机"看懂"订单、订单上的有关信息，就不应该是自然文字形式，而应是数码形式，并且这些数码应该按照事先规定的格式和顺序排列。

事实上，商务上的任何数据和文件的内容，都要按照一定的格式和顺序，才能被计算机识别和处理。这些大家共同制定并遵守的格式和顺序，就是 EDI 技术的数据标准。

EDI 技术的数据标准主要包括以下内容：语法规则、数据结构定义、编辑规则与转换、公共文件规范、通信协议、计算机语言。

EDI 技术的数据标准有四种：企业专用标准、行业标准、国家标准和国际标准。

当一个公司采用计算机进行管理时，就需要使输入计算机的数据或文件具有一定的格式。这种标准专门用于某个公司的情况，并将该公司的数据都纳入这个标准中。

企业各自互不相通的数据标准，在 EDI 技术应用于商务领域的初期是难免的。但随着 EDI 技术应用的发展，各个企业都认识到，如果能够把各个不同的企业专用标准统一成一个标准，就会给大家带来好处。在此共同的认识下，企业克服在建立统一标准上的分歧，从而形成该行业企业共同采用的行业标准。

行业标准的出现和企业专用标准相比，是一个巨大的进步，但它还不是最终解决问题的方法。当一个公司的业务不限于本行业，还需要和其他行业做生意时，行业标准就有局限性了。这个公司可能被迫维持多种标准。于是，正如不同的企业专用标准最终会产生一个统一的行业标准那样，不同的行业标准又会促使企业去开发一种适用于各个行业的国家标准。它具有足够的灵活性，以满足各个行业的需要。

20 世纪 90 年代是各国寻求实现一个世界范围内的 EDI 技术标准的时代。如果能有一种全球范围内的标准，其好处是十分明显的。EDI 用户不用支持多种标准，便能进行国际间的 EDI。

近年来，联合国鉴于 EDI 技术有助于推动国际贸易程序与文件的简化，在有关标准化组织的努力下，EDI 技术 FACT 已被作为事实上的 EDI 国际标准。

现在，ANSI X.12 和 EDI 技术 FACT 两个标准已经合成为一套世界通用的 EDI 技术标准，可以使现行 EDI 技术客户的应用系统能够有效地移植过来。

1978 年，美国信用研究基金会（American Credit Research Foundation，ACRF）与运输数据协调委员会一起组成 ANSI X.12，致力于 EDI 技术的报文和数据交换的标准研究，已经制定了 AIAG（automatic industry action group，汽车工业行动小组）、UCS（Uniform Communication Standards，统一信息标准）（食品杂货类）等应用 EDI 技术标准，且已由几十个行业协会、政府部门参与 ANSI X.12 组织的标准化工作。ANSI X.12 标准已经在北美广泛使用，成为通用成熟产品。

EDI 技术 FACT 是在 UN/ECEGTD（联合国欧洲经济委员会主办的贸易数据交换规则）基础上由北美和欧洲专家联合开发的国际 EDI 技术标准。1986 年经国际贸易程序简化的工作小组批准使用 EDI 技术 FACT 的名字。

EDI 技术 FACT 和 ANSI X.12 标准在语义、语法等许多方面都有很大区别。

另外，ANSI X.12 标准目前只可用英语。而 EDI 技术 FACT 标准则可以用英语、法语、西班牙语、俄语，即拉丁语系或日耳曼语系均可使用该标准的语义、数据字典等。拉丁语系是指可用 26 个字母和 10 个数字表示的语言系统；日耳曼语系可以认为是拉丁语系的一个派系。

当然，世界上大部分人不用拉丁语作为母语，如中国人、日本人等，他们使用象形文字。如何对这些文字进行翻译处理，从全球性的贸易和贸易文件的交流来看，这是一个十分困难而又必须解决的问题。

随着 EDI 技术的迅猛发展，其影响已波及全球。但目前存在的 EDI 技术 FACT 和 ANSI X.12 两大标准在某种程度上制约了 EDI 技术全球互通的发展。例如，当一个美国的公司要与它在欧洲或亚洲的子公司或贸易伙伴联系时，因双方所采用的 EDI 技术标准不同，要进行复杂的技术转换才能达到目的。虽然绝大多数翻译软件的制造厂商都支持这两大标准，但仍会给用户或厂商造成一些不必要的麻烦。

为了在国际贸易中更快、更好地使用 EDI 技术，世界各国特别是欧美等工业发达国家，都在强烈要求统一 EDI 技术国际标准，即"讲一种语言，用一种标准"。

在 EDI 技术 FACT 被 ISO 接受为国际标准后，国际 EDI 技术标准就逐渐向 EDI 技术 FACT 靠拢。ANSI X.12 和 EDI 技术 FACT 一致同意全力发展 EDI 技术 FACT，使之成为全世界范围内都能接受的 EDI 技术标准。1992 年 11 月，美国 ANSI X.12 鉴定委员会又进行了投票决定，1997 年美国将全部采用 EDI 技术 FACT 来代替现有的 ANSI X.12 标准。ANSI 官员说：1997 年之后，现在所有的 ANSI X.12 标准仍将保留，但新上项目将全部采用 EDI 技术 FACT 标准。

三、EDI 技术在物流系统中的应用

（一）EDI 技术在国际贸易中的应用

EDI 技术在国际贸易中的应用始于 20 世纪 80 年代。最初为美国及欧洲一些发达国家的海关报关方所采用，后来才逐步在国际贸易中扩展至更广的领域，并扩及越来越多的国家。国际贸易本身的性质和特点决定了 EDI 在国际贸易中比较成熟的应用。国际贸易通常涉及货物的买卖、运输、保险、支付以及进出口报关等诸多程序，手续烦琐复杂。国际贸易的快速发展必然导致各种贸易单证、文件数量激增，而纸面文件形成成本高、传输慢、重复劳动、易出差错，从而大大限制了国际贸易的进一步发展。与此同时，在国际市场竞争中，价格因素所起作用大大缩小，服务性因素的意义显得越来越重要。因此，提高商业文件传递速度和处理速度就成了国际贸易的迫切需要。而在外贸领域里，EDI 信息技术的自动化操作方式在节省人工成本、提高劳动生产率等方面显示出不可比拟的作用。另外，一些发达国家规定如果不采用 EDI 技术与本国进行贸易，会有很多不利的限制。这些都促进了 EDI 在国际贸易中的普及。

（二）EDI 技术在国际物流中的应用

国际物流是指在两个或两个以上国家（或地区）之间进行的物流。国际物流中涉及货物的出入境管理，因此与海关、商检等部门联系密切。随着国际物流对标准化作业的要求不断提高，EDI 技术在这些部门得到了广泛的应用。

1. EDI 技术在海关中的应用

海关业务中应用 EDI 技术，即"无纸报关"，简单地说，就是指不需通过纸面单证，即可向海关进行申报。具体来说，就是报关单位在电子计算机终端或微型计算机上填写进出口报关单证，并通过电子传输其报关单证进入海关的报关自动化系统，向海关申报；海关的电子计算机对报关单证进行审核与处理后，凡适合海关监管规定的，就自动地发出海关放行指令或签发海关放行通知单（OK 单）。这种报关方式自始至终通过电子计算机进行而无需人工干预，所以称为"计算机报关"或"自动化报关"。由于取消了传统的纸面单证、文件，改用电子方法向海关申报，通常又称为"无纸报关"。显而易见，"无纸报关"的效益如下：对报关单位而言，它可以极大地节省时间和减少费用，克服海关现场报关造成的旅途劳累和排队等候之苦，从而提高了办事效率；对海关而言，它可以使海关人员有足够的时间来处理进出口报关单证，减少工作差错，从而提高了工作效率。

2. EDI 技术在商检中的应用

EDI 技术在商检中的应用始于 1995 年，主要为外贸公司提供商检所需要的原产地证书和普惠制产地证的 EDI 申请与签证，原产地证书是指出口商应进口商要求而提供的，由公证机构、政府或出口商出具的证明货物原产地或制造地的一种证明文件；普惠制产地证是指根据发达国家给予发展中国家的普遍优惠制而签发的一种优惠性原产地证书。在对外贸易中，惠普制产地证可以缩写为 FORMA 或 GPS FORM。

外贸公司可通过 EDI 的方式与商检局进行产地证的电子单证传输，无需再为产地证的签发和审核来回奔波，极大地节约了时间和费用。而对于商检局而言，应用 EDI 单证审批系统，不仅可以减轻商检局录入数据的负担，减少了手工录入出错的机会，也方便了对各种单证的统一管理。

3. EDI 技术在物流配送中的应用

应用 EDI 技术可以为物流配送企业带来以下好处。第一，快速响应。响应能力关系到一个企业是否能够及时满足客户服务需求，应用 EDI 技术后，企业可以快速响应客户的需求，进而提高企业的服务质量。第二，保持信息流通顺畅。物流配送企业内部以及货主、承运人、收货人等相关企业之间的信息交换和商业交易活动无不与通畅的信息紧密联系，应用 EDI 技术能够实现畅通的信息联系。第三，保证信息的完整性。应用 EDI 技术进行信息交换，能够保证信息的完整性和充分性，实现信息的最小变异。此外，物流配送过程中运用 EDI 技术，使用电子报文进行内外部的标准化信息传输，可以减少人工输入的失误。

4. EDI 技术在港口物流中的应用

目前，港口的重要性随着集装箱周转数量的持续增加而日益凸显。为此，各个港口正通过增加设备等措施，扩大现有码头的规模，为日后的发展做准备。但是仅仅通过增加设备和提高现代化水平，还不足以应对急剧变化的海运环境。进出口货物的集中与分配都是在港口进行的，而在此过程中，对信息的处理则是必需的。为了保持世界一流海港的优势，港口还需要构建完整的物流信息化体系，以降低物流成本、提高服务质量。

实验一：EDI 分析

【实验目的】

1）通过本实验，让学生了解 EDI 原理、报文格式。

2）了解 EDI 软件。

【实验条件】

1）PC（串口功能正常、联网正常）。

2）物流信息技术与信息管理实验软件平台（LogisTechBase.exe）。

3）物流信息技术与信息管理实验硬件平台。

【实验步骤】

1）分组，两人为一组，分别代表 A 公司与 B 公司的贸易工作人员，登录 EDI 应用模拟系统。

2）A 公司填写相关的贸易单证，如图 3-8 所示。

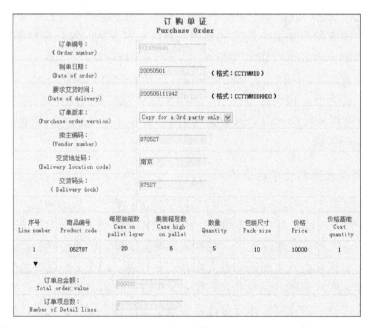

图 3-8　A 公司 EDI 单证图

3）将填写好的电子单证转换为平面文件，如图 3-9 所示。

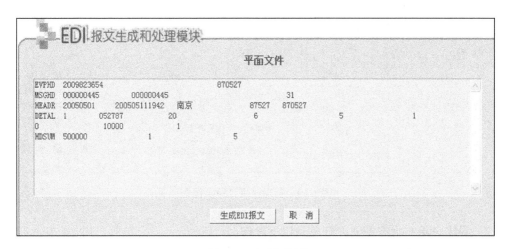

图 3-9 平面文件图

4）单击"生成 EDI 报文"按钮将平面文件翻译成 EDI 标准报文文件，本实验采用 EDI 技术 FACT 语法规则（ISO 9735）。

5）最后将 EDI 标准报文文件发送到 B 公司的系统软件中。

6）B 公司通过 3）、4）两步得到 A 公司的单证信息。并按照 2）～5）步发送单证回执。

7）A、B 公司互换，完成以上 1）～6）步的实验。

实验二：物流 EDI 设计实验

【实验目的】

1）通过本实验，让学生理解 EDI 实验全过程。

2）掌握 EDI 过程中的订单、发票、装箱单等每个步骤的操作过程，全面理解 EDI 实验。

【实验条件】

1）PC（串口功能正常、联网正常）。

2）物流信息技术与信息管理实验软件平台（LogisTechBase.exe）。

3）物流信息技术与信息管理实验硬件平台。

【实验步骤】

1. 订单

订单操作分为管理已有订单模块、创建订单模块。

1）管理已有订单模块主要用来管理已生成的订单草稿或贸易伙伴发送过来的订单。用户输入订单名称，订单创建的日期，便可查询到相关订单记录。管理已有订单页面如图 3-10 所示。

图 3-10　管理已有订单页面图

2）根据订单的状态不同，订单有以下操作。

①编辑：用户单击"订单名称"即可进入订单详情页面，查看订单内容并编辑订单的信息项。

②生成：订单生成发票。

③浏览：仅显示当前订单的内容，且不可编辑。单击"浏览"按钮，系统显示浏览页面，如图 3-11 所示。

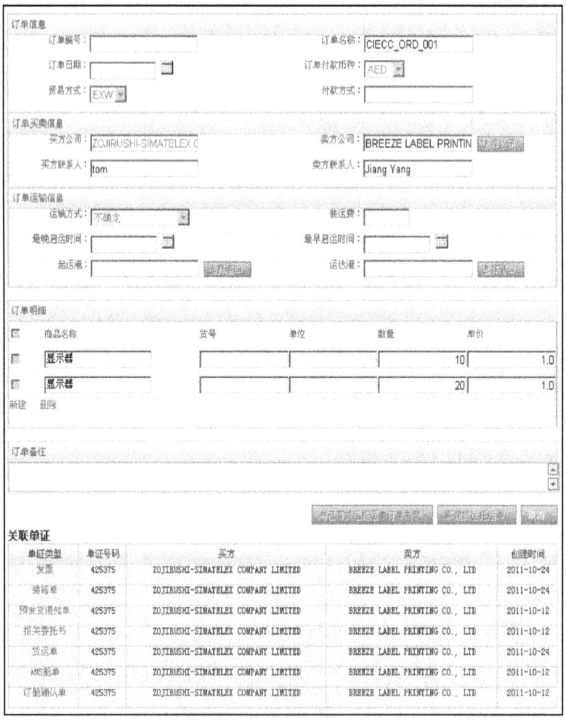

图 3-11　浏览页面图

④发送：提交订单到下一级流程。单击"发送"按钮，系统显示发送页面，如图 3-12 所示。

单证 > 发送				

公司类型：选择公司▼　　　　　　公司名称：[　　　　　]

	公司代码	公司名称	公司类型	传输公司
□	1001	Heji Trading	贸易公司	Tradelink
□	2001	Global Logistics	货代公司	Tradelink
□	1004	HK Export Import Corp	贸易公司	Tradelink
□	2002	Jessie Logistics	货代公司	Tradelink
□	1006	Shanghai Yangzi Trad	贸易公司	easipass
□	1999	ZOJIRUSHI-SIMATELEX COMPANY LIMITED	贸易公司	Tradelink

	单证类型	单证号码	买方	卖方	创建时间
□	订单	425375	ZOJIRUSHI-SIMATELEX COMPANY LIMITED	BREEZE LABEL PRINTING CO., LTD	2011-10-21
□	发票	425375	ZOJIRUSHI-SIMATELEX COMPANY LIMITED	BREEZE LABEL PRINTING CO., LTD	2011-10-24
□	装箱单	425375	ZOJIRUSHI-SIMATELEX COMPANY LIMITED	BREEZE LABEL PRINTING CO., LTD	2011-10-24
□	预发货通知单	425375	ZOJIRUSHI-SIMATELEX COMPANY LIMITED	BREEZE LABEL PRINTING CO., LTD	2011-10-12
□	报关委托书	425375	ZOJIRUSHI-SIMATELEX COMPANY LIMITED	BREEZE LABEL PRINTING CO., LTD	2011-10-12
□	货运单	425375	ZOJIRUSHI-SIMATELEX COMPANY LIMITED	BREEZE LABEL PRINTING CO., LTD	2011-10-24
□	AMS舱单	425375	ZOJIRUSHI-SIMATELEX COMPANY LIMITED	BREEZE LABEL PRINTING CO., LTD	2011-10-12
□	订舱确认单	425375	ZOJIRUSHI-SIMATELEX COMPANY LIMITED	BREEZE LABEL PRINTING CO., LTD	2011-10-12
□	报关单	425375	ZOJIRUSHI-SIMATELEX COMPANY LIMITED	BREEZE LABEL PRINTING CO., LTD	2011-10-12

图 3-12　发送页面图

⑤删除：删除当前订单。删除操作过程中，系统会检查当前订单是否与其他单证存在关联关系，若存在关联关系，则会在页面显示是否删除的提示信息。提示信息如图 3-13 所示。

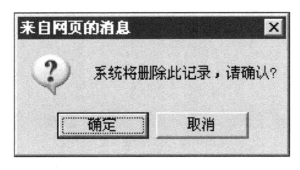

图 3-13　提示信息图

⑥发邮件：通过邮件，将订单的内容信息发送出去。

⑦打印：打印当前订单。单击"打印"按钮，系统显示打印页面。

3）创建订单模块主要用来将输入的订单数据，保存到系统中或者发送给贸易伙伴。单击图 3-11 中的"新建货运托运单"按钮，系统显示创建订单页面。

2. 发票

发票操作分为管理已有发票模块、创建发票模块。

1）管理已有发票模块主要用来进行已有发票的管理，以及贸易伙伴发送来的发票的管理，管理已有发票页面如图 3-14 所示。

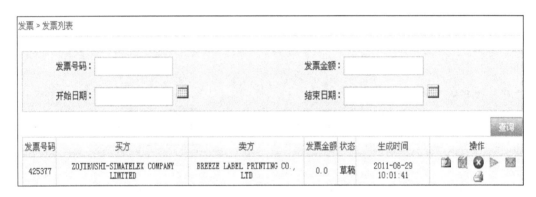

图 3-14　管理已有发票页面图

2）根据发票的状态不同，发票有编辑、生成、浏览、发送、发邮件、打印、删除等操作。

①编辑：用户单击"发票号码"即可进入发票详情页面，查看发票内容并编辑发票数据项。

②生成：发票生成其他贸易单证。单击"生成"按钮，系统显示生成页面，生成页面分为两个步骤。

a. 选择单证类型，如图 3-15 所示。

图 3-15　选择单证类型图

b. 查看生成的发票内容，可以增加发票商品。

③浏览：仅显示当前发票的内容，且不可编辑。单击"浏览"按钮，系统显示浏览页面，如图 3-16 所示。

图 3-16 浏览页面图

④发送：提交发票到下一级流程。单击"发送"按钮，系统显示发送页面。

⑤发邮件：通过邮件，将发票的内容信息发送出去。

⑥打印：打印当前发票。单击"打印"按钮，系统显示打印页面。

3）创建发票模块主要用来进行发票数据的创建，并可以从已有的订单数据中直接导入部分数据，补充完整后发送给相关贸易伙伴。单击"创建发票"，系统显示创建发票页面，创建发票操作分为两个步骤。

①关联订单，如图 3-17 所示。

图 3-17 关联订单图

②查看新建发票的内容。

3. 装箱单

装箱单操作分为管理已有装箱单模块、创建装箱单模块。

1）管理已有装箱单模块主要用来进行已有装箱单的管理。

2）根据装箱单的状态不同，装箱单有编辑、浏览、发送、删除、发邮件、打印操作。

①编辑：用户单击"装箱单号码"即可进入装箱单详情页面，查看装箱单内容并编辑装箱单的具体数据项。

②浏览：仅显示当前装箱单的内容，且不可编辑。单击"浏览"按钮，系统显示浏览页面。

③发送：提交装箱单到下一级流程。单击"发送"按钮，系统显示发送页面。

④删除：删除当前装箱单。

⑤发邮件：通过邮件，将装箱单的内容信息发送出去。

⑥打印：打印当前装箱单。单击"打印"按钮，系统显示打印页面。

3）创建装箱单模块主要用来进行装箱单数据的创建，并可以从已有的发票单证数据中直接导入部分数据，补充完整后发送给相关贸易伙伴。选中图 3-15 中的"装箱单"复选框，单击"生成"按钮，系统显示创建装箱单页面。创建装箱单操作分为两个步骤。

①关联订单，如图 3-18 所示。

图 3-18　关联订单图

②查看装箱单的内容，此页面还可以通过单击"新建商品"按钮来增加装箱单的商品，如图 3-19 所示。

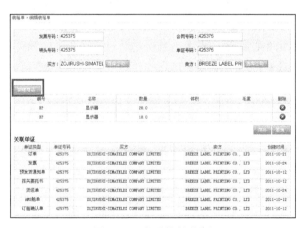

图 3-19　查看装箱单图

4. 预发货通知单

预发货通知单操作分为管理已有预发货通知单模块、创建预发货通知单模块。

1）管理已有预发货通知单模块主要用来进行已有预发货通知单的编辑，以及贸易伙伴发送来的预发货通知单的浏览等操作。

2）根据预发货通知单的状态不同，预发货通知单有编辑、浏览、发送、删除、发邮件、打印等操作。

①编辑：用户单击"预发货编号"即可进入预发货通知单详情页面，查看预发货通知单内容并编辑预发货通知单的具体数据项，如图 3-20 所示。

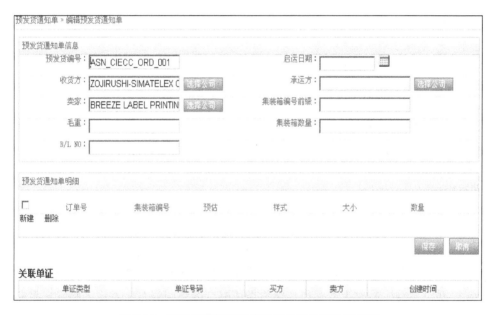

图 3-20　查看并编辑预发货通知单的具体数据项图

②浏览：仅显示当前预发货通知单的内容，且不可编辑。单击"浏览"按钮，系统显示浏览页面。

③发送：提交预发货通知单到下一级流程。单击"发送"按钮，系统显示发送页面。

④删除：删除当前预发货通知单。

⑤发邮件：通过邮件，将预发货通知单的内容信息发送出去。

⑥打印：打印当前预发货通知单。单击"打印"按钮，系统显示打印页面。

3）创建预发货通知单模块主要用来进行预发货通知单数据的创建，并可以从已有的发票单证数据中直接导入部分数据，补充完整后发送给相关贸易伙伴。单击图 3-19 中的"预发货通知单"选项，系统显示创建预发货通知单页面。创建预发货通知单操作分为两个步骤。

①关联订单。

②查看预发货通知单的内容。

5. 货运单

货运单操作分为管理已有货运单模块、创建货运单模块。

1）管理已有货运单模块主要用来进行已有货运单的编辑及其他操作。

2）根据货运单的状态不同，货运单有编辑、浏览、发送、删除、发邮件、打印等操作。

①编辑：用户单击"货运单编号"即可进入货运单详情页面，查看货运单内容并编辑货运单的具体数据项。

②浏览：仅显示当前货运单的内容，且不可编辑。单击"浏览"按钮，系统显示浏览页面。

③发送：提交货运单到下一级流程。单击"发送"按钮，系统显示发送页面。

④删除：删除当前货运单。

⑤发邮件：通过邮件，将货运单的内容信息发送出去。

⑥打印：打印当前货运单。

3）创建货运单模块主要用来进行货运单数据的创建，并可以从已有的发票单证数据中直接导入部分数据，补充完整后发送给相关贸易伙伴。单击图 3-19 中的"货运单"选项，系统显示创建货运单页面。创建货运单操作分为两个步骤。

①关联订单。

②查看货运单的内容。

6. 报关委托书

报关委托书操作分为管理已有报关委托书模块、创建报关委托书模块。

1）管理已有报关委托书模块主要用来进行已有报关委托书的编辑及其他操作。

2）根据报关委托书的状态不同，报关委托书有编辑、浏览、发送、删除、发邮件、打印操作。

①编辑：用户单击"报关委托书编号"即可进入报关委托书详情页面，查看报关委托书内容并编辑报关委托书的具体数据项。

②浏览：仅显示当前报关委托书的内容，且不可编辑。单击"浏览"按钮，系统显示浏览页面。

③发送：提交报关委托书到下一级流程。单击"发送"按钮，系统显示发送页面。

④删除：删除当前报关委托书。

⑤发邮件：通过邮件，将报关委托书的内容信息发送出去。

⑥打印：打印当前报关委托书。单击"打印"按钮，系统显示打印页面。打印页面如图 3-21 所示。

3）创建报关委托书模块主要用来进行报关委托书数据的创建，并可以从已有的发票单证数据中直接导入部分数据，补充完整后发送给相关贸易伙伴。单击图 3-19 中的"报关委托书"选项，系统显示创建报关委托书页面。创建报关委托书操作分为两个步骤。

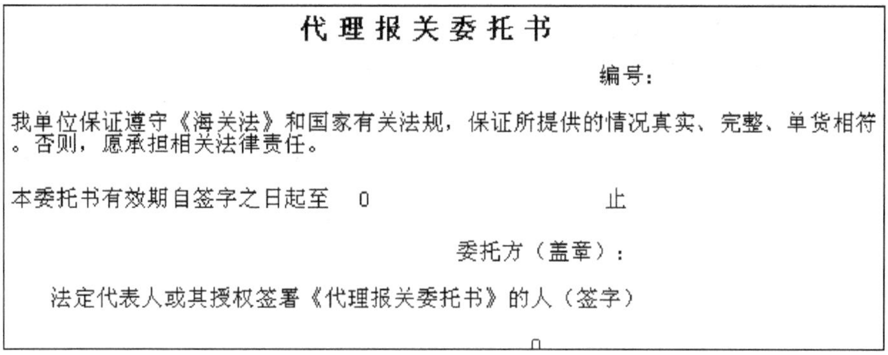

代理报关委托书

编号：

我单位保证遵守《海关法》和国家有关法规，保证所提供的情况真实、完整、单货相符。否则，愿承担相关法律责任。

本委托书有效期自签字之日起至　0　　　　止

委托方（盖章）：

法定代表人或其授权签署《代理报关委托书》的人（签字）

0

图 3-21　打印页面图

①关联订单。

②查看报关委托书的内容。

7. 舱单

舱单操作分为管理已有舱单模块、创建舱单模块。

1）管理已有舱单页面如图 3-22 所示。

B/L NO	发货方	收货方	状态	生成时间	功能
BL_cicee_order2	ZOJIRUSHI-SIMATELEX COMPANY LIMITED	BREEZE LABEL PRINTING CO., LTD	草稿	2011-06-22	
BL_425377	BREEZE LABEL PRINTING CO., LTD	BREEZE LABEL PRINTING CO., LTD	进行中	2011-06-22	

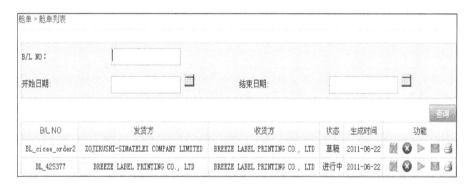

图 3-22　管理已有舱单页面图

2）根据舱单的状态不同，舱单有编辑、浏览、发送、删除、发邮件、打印等操作。

①编辑：用户单击“单证编号”即可进入舱单详情页面，查看舱单内容并编辑舱单的具体数据项。

②浏览：仅显示当前舱单的内容，且不可编辑。单击“浏览”按钮，系统显示浏览页面。

③发送：提交舱单到下一级流程。单击“发送”按钮，系统显示发送页面。

④删除：删除当前舱单。

⑤发邮件：通过邮件，将舱单的内容信息发送出去。

⑥打印：打印当前舱单。单击“打印”按钮，系统显示打印页面。

3）创建舱单模块主要用来进行舱单数据的创建，并可以从已有的发票单证数据中直接导入部分数据，补充完整后发送给相关贸易伙伴。单击图 3-19 中的"AMS 舱单"选项，系统显示创建舱单页面。

4）可以通过单击"选择公司"按钮来选择公司。公司选择页面如图 3-23 所示。

图 3-23　公司选择页面图

第三节　ebXML 物流数据交换技术应用

一、ebXML 数据交换技术认知

各物流企业的应用系统都有自己的数据库，这些数据的模式语义上往往并不一致。因此在它们之间进行数据交换要对交换的数据进行一定的处理，通俗地讲就是要进行翻译。数据交换的发展趋势是采用符合标准且容易扩展的 XML 技术作为不同系统之间交换信息的标准。规范化和标准化是数据交换与集成的基础，因此发送出去的 XML 消息都要求符合交换标准的 XML 规范。通过基于 XML 规范的数据交换系统，有效传递物流企业间的数据，将分布在不同地区的不同物流企业连接起来。

ebXML 是电子商务扩展标记语言。ebXML 是一组支持模块化电子商务框架的规范。ebXML 支持一个全球化的电子市场，它使得任意规模的企业通过交换基于 XML 的信息，不受地域限制地接洽和处理生意。ebXML 是联合国贸易促进和电子商务中心及结构化信息标准发展组织（Organization for the Advancement of Structured Information Standards，OASIS）共同倡导、全球参与开发和使用的规范。

正如 ebXML 授权调查范围一样，ebXML 开始的目的是研究和确定技术基础，该基础基于 XML 标准化的全球实现。目标是提供一个基于 XML 的开放式的技术框架，使 XML 能在电子商务数据交换的一致性和统一性方式上被使用。ebXML 数据交换将在以下一些方面得到使用：应用到应用，应用到人和人到应用环境，这样也就创建了单一全球电子商务市场。

1）一个描述商务活动的过程和相关信息模型的标准机制。

2）一个注册、存储商务活动的过程及信息元模型，并能使它们得到共享和重用的机制。

3）发掘每个商务活动参与者的信息，其中包括它们所支持的商务过程，为支持商务过程所提供的商务服务接口，各个商务服务接口之间交换的商务信息和它们所支持的传输、安全和编码协议的技术结构。

4）一个用来注册上述信息并使信息可以得到查询和检索的机制。

5）一个用来描述如何相互认可商务安排进行的执行机制，这一机制可以从上述四条也就是参与者的信息中得到。

6）为贸易伙伴之间提供互用的、安全的和可靠的信息交换的标准的商务信息服务框架。

7）可用来配置各自信息服务的机制，并使商务过程和商务安排及约束一致。

二、ebXML 基本体系结构

ebXML 的技术体系结构尽可能使用了现存的标准，建立在 EDI 经验之上，并利用了 XML 的灵活性和 Internet 的普及性，整个体系结构是模块式的。图 3-24 为 ebXML 体系结构图。

1）消息传送。ebXML 消息使用 SOAP（simple object access protocol，简单对象访问协议）规范。SOAP 是一个 XML 应用程序，定义一种用报头表示发送者、接收者、路由和安全细节的消息格式。SOAP 还可以附加任何数字内容（如图片、声音等）。

2）商务流程。ebXML 体系结构最重要的一个基本特征，就是强调商务流程，这也是与其他 XML 框架不同的地方。它通过建模语言和图表工具（如 UML）的使用，可以系统地捕获贸易伙伴间的商务数据流，并用标准格式表示成为可能。商务流程的定义使其具备了跨行业的通用消息序列、互操作性的能力。

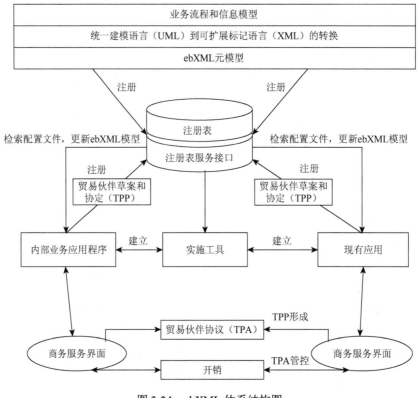

图 3-24　ebXML 体系结构图

3）贸易伙伴草案和协定。ebXML 的另一个重要特征是，通过使用 CPP 文档系统地描述企业能够提供哪些电子商务服务。首先企业使用 XML 格式列出其所支持的行业、商务流程、消息和数据交换技术，其次使用 CPP 将这些信息生成一个 CPA 文件，自动提供协定。

4）注册表/知识库。注册表（registry）包含行业流程、消息和用于定义贸易伙伴间交换数据的交易词汇表。企业通过注册表登记 CPP，列出他们的电子商务服务能力供潜在的贸易伙伴检索，也可以通过注册表搜索合适的贸易伙伴。知识库（repository）则是用于存储这些内容的。

5）核心组件。ebXML 领先核心组件提供行业间的互操作性和商务性能，核心组件作用于单个的数据元素级别。核心组件识别商家最常使用的和跨行业的数据项，给他们分配中立的名字和唯一的标识符。通过核心组件，企业能够将一个行业的数据同另一个行业中相似的数据对应起来，或从一个 XML 术语对应到早先定义的 EDI 交易。

三、ebXML 的功能

（1）实现阶段

实现阶段是生成 ebXML 结构的过程，如果一个贸易伙伴要想进行 ebXML 交易，他必须首先获得 ebXML 说明。贸易伙伴研究这些说明，然后下载核心库和商务库。贸易伙伴也可以请求得到其他贸易伙伴的商务过程信息（保存在他们的商业文档中）用来分析。贸易伙伴实现 ebXML 的另一种方式是利用第三方的应用。图 3-25 说明了 ebXML 注册处和贸易伙伴之前的基本关系。

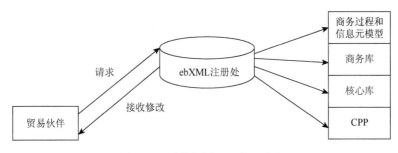

图 3-25　功能视图——实现阶段

（2）发现和检索阶段

发现和检索阶段包含了发现与 ebXML 相关资源的所有方向，已经实现了 ebXML 商务服务接口的贸易伙伴可以开始进行发现和检索，如图 3-26 所示，一个可行的发展方法就是请求获得另一个贸易伙伴的协作协议文档来升级核心库，ebXML 商务服务接口支持升级过的或者是新的商务过程和信息元模型，正是在这个阶段，贸易伙伴发现商务信息被另一个贸易伙伴请求。

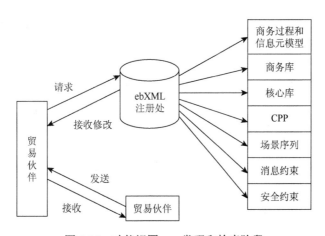

图 3-26　功能视图——发现和检索阶段

（3）运行时阶段

运行时阶段处理真实 ebXML 交易，在运行时阶段，使用 ebXML 消息服务在贸易伙伴之间交换 ebXML 消息，如图 3-27 所示。

注意，运行时阶段不能访问 ebXML 注册处。如果在运行时必须访问 ebXML 注册处，则必须退回到发现和检索阶段。

图 3-27　功能视图——运行时阶段

（4）ebXML 的一致性

ebXML 的一致性被定义为 ebXML 体系的一致性和每个 ebXML 说明的一致性。当 ebXML 说明的要求被满足时，互用性和开放式交换才更有可能达到。

实验一：ebXML 数据交换流程实验

【实验目的】

1）通过本实验，让学生了解 ebXML 的原理、流程。

2）让学生了解商务活动数据交换的流程。

【实验条件】

1）PC（串口功能正常、联网正常）。

2）物流信息技术与信息管理实验软件平台（LogisTechBase.exe）。

3）物流信息技术与信息管理实验硬件平台。

【实验步骤】

数据交换流程是贸易伙伴商务活动的一个重要组成部分。具体数据交换流程参考图 3-28。图 3-28 描绘了两个贸易伙伴的高层应用场景，首先是配置，其次是应用一个简单的商业交易和交换。这个模型提供了配置和部署 ebXML 应用及相关体系结构构建所需的过程与步骤。这些部件可以由渐进的方式实现，步骤如下。

1）公司 A 意识到可以通过 Internet 来注册 ebXML。

2）公司 A 在了解 ebXML 注册的过程后，决定建立配置一个自己的 ebXML 应用。

3）加入 ebXML 并不需要客户端软件的建立作为前提。ebXML 应用和相关软件可以通过商业的办法获得，公司 A 向 ebXML 注册处提交了它的商务介绍信息，这些商务活动是公司所从事的商务过程和相关信息的 XML 版本。当得到相关商务活动格式和用途的确认后，发给公司 A 一个确认信息。

4）公司 B 在 ebXML 注册处发现了公司的商务活动，公司 B 发给公司 A 一个请求，要求使用 ebXML 来处理商务活动。

5）就在双方开始商务活动之前，公司 B 直接向公司 ebXML 适应软件接口提交一个提议的商务安排，这个提议的商务安排描述了双方在商务活动和特定协议上达成的条约。这个商务安排还包括了有关开展贸易、连续的计划和安全要求的信息。

6）公司 A 接受这个商务安排。于是公司 A 和公司 B 就可以利用 ebXML 开展电子商务了。

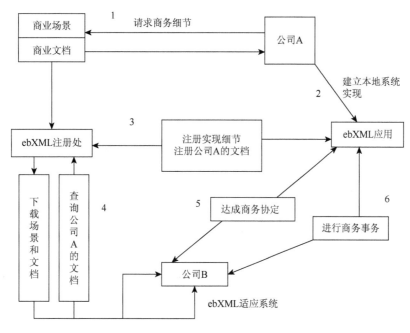

图 3-28　两个贸易伙伴的高层应用场景

本 章 小 结

本章对物流信息服务交换技术、EDI 技术、ebXML 物流数据交换技术进行了概述，对服务交换业务，信息服务交换网络架构，物流信息服务交换业务，EDI 技术认知，EDI 技术软件、硬件组成，EDI 技术标准，EDI 技术的未来发展趋势，ebXML 数据交换技术等知识进行了详细的描述与介绍。

➤教学实践

任务	任务分解	教学要求			教学设计		
		认识层次	讲授程度	特别要求	教学方法	教学手段	教学资源
任务一：信息服务交换系统分析	1. 老师先下发任务：信息服务交换系统分析；2. 老师指导学生了解掌握信息服务交换系统，并且对其进行讲解；3. 学生一边操作，一边学习理论知识，进行相应的实验内容的方法掌握，并且进行实际操作演练	了解	一般讲授	会分析	讲授法、案例教学法、教学软件操作	多媒体教学、实验箱	计算机、模拟实验室

续表

任务	任务分解	教学要求			教学设计		
		认识层次	讲授程度	特别要求	教学方法	教学手段	教学资源
任务二：EDI分析及物流EDI设计	1. 老师先下发任务：EDI分析及物流EDI设计；2. 老师指导学生了解掌握EDI原理并且对其进行讲解；3. 学生一边操作，一边学习理论知识，进行相应的实验内容的方法掌握，并且进行实际操作演练	掌握	重点讲授	会操作	讲授法、案例教学法、教学软件操作	多媒体教学、实验箱	计算机、模拟实验室
任务三：ebXML数据交换流程	1. 老师先下发任务：ebXML数据交换流程；2. 老师指导学生了解掌握ebXML数据交换原理，并且对其进行讲解；3. 学生一边回顾理论知识，一边进行实际操作演练	了解	一般讲授	无	讲授法、案例教学法、教学软件操作	多媒体教学、实验箱	计算机、模拟实验室

➤教学评价

名称：物流信息交换技术与应用实践

评价类别	评价项目	评价标准	评价依据	评价方式			权重
				学生自评	同学互评	教师评价	
				0.1	0.1	0.8	
过程评价	学习能力	学习态度、学习兴趣、学习习惯、沟通表达能力、团队合作精神	学生考勤、课后作业完成情况、课堂表现、收集和使用资料情况、合作学习情况				0.2
	专业能力	了解信息服务交换的流程；了解物流信息服务交换软件开发过程；了解EDI原理、报文格式；理解EDI实验全过程；了解ebXML原理、流程	EDI过程中的订单、发票、装箱单等每个步骤的操作过程；物流信息服务交换软件开发				0.3
	其他方面	探究、创新能力	积极参与研究性学习，有独到的见解，能提出多种解决问题的方法				0.1
结果评价	理论考核						0.2
	实操考核						0.2

➤复习思考题

1. 选择题

（1）关于EDI发展趋势的描述错误的是（　　　）。

A 传统 EDI 向开放式 EDI 转变

B 专网 EDI 向基于互联网的 EDI 转变

C 基于互联网的 EDI 向专网 EDI 转变

D 应用从大企业向中小企业发展

（2）EDI 的核心标准是（　　）。

A EDI 单证标准　　　　　　　　B EDI 报文标准

C EDI 综合标准　　　　　　　　D EDI 代码标准

2. 名词解释

（1）电子数据交换（EDI）。

（2）物流信息服务交换。

（3）ebXML 数据交换技术。

3. 简答题

（1）EDI 有哪些类型？请简述其工作原理。

（2）请简述物流数据交换有哪些技术，并说明分别有哪些特性。

第四章

物流信息通信技术与应用实践

本章实施体系如下。

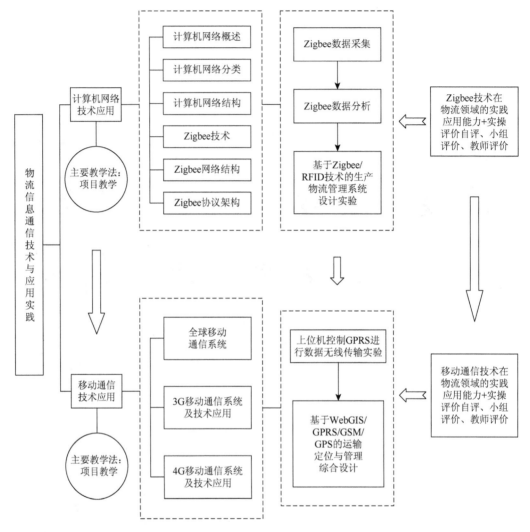

➤案例引导

中国外运股份有限公司（以下简称中国外运）是由中国对外贸易运输（集团）总公司以独家发起方式设立的，并于 2003 年在香港联合交易所成功上市。中国外运是中国具有领先地位的物流服务提供商，核心业务包括货运代理、快递服务、船务代理；支持性业务包括仓储和码头服务、汽车运输、海运。业务经营地区覆盖国内发展迅速的沿海地区和其他战略地区，并拥有一个广泛而全面的服务网络和海外代理网络。中国外运的年产值达数百亿元人民币，员工数万名，是名副其实的物流"航母"。

据中国外运信息管理部介绍，最近的 3～4 年，中国外运在信息技术建设方面进行了很大的投入，组建了覆盖全国主要城市和沿海等经济活跃地区的 100 多个节点的计算机网络，并且建立了 20～30 个业务应用系统，其中包括 MK 公司物流管理系统、空运快件系统、仓储管理、陆运系统、汽车调度、货物配送、运输管理、财务 ERP、办公自动化（office automatic，OA）、人事管理、电子邮件、安全系统等。但是，随着物流电子化进程的深入，中国外运也逐渐感觉到维护庞大业务信息网络的高难度。

中国外运在 2003 年左右萌发了统一网络管理的想法。当时，负责网络管理的只有几个人，需要管理全国的骨干网络、几十台安装了不同操作系统的服务器，维护各种各样的数据库，还要参与不同项目，慢慢感觉不胜负荷。另外，由于采用分片包干的管理方式，几个工程师分管网络设备，几个工程师分管服务器，还有人专门负责数据库的维护。这样一来，就会造成在系统故障时责任划分不清、处理问题不够及时等状况。而技术人员在负责监控系统运行的同时还担负着公司的生产任务，工作重心常常发生偏移，导致业务服务响应能力的下降。奇缺的人才、复杂的操作和尚未明确的流程让他们深陷管理"怪圈"，随着时间的推移，这种窘况有可能继续恶化，因此，如何进行网络优化是摆在中国外运眼前的一道难题。

面对这一局面，中国外运信息管理部选择了"突围"。基于自身的实际需求，中国外运开始寻找能够高效集成多种管理工具、同时规范网管流程的统一网络管理解决方案。经过仔细甄选，中国外运最终锁定了 HP OpenView。对于中国外运信息管理部来说，这仿佛经历了一次网络管理操作的彻底简化，而在这种轻松的管理体验背后，中国外运还发现，其业务系统的服务影响能力明显加强，工作流程也实现了透明化。

据中国外运该项目的负责人介绍，此次他们选用的是 HP（惠普）公司最新发布的 OpenView 版本，根据自身需要，中国外运选购了大部分 OpenView 系列的监控产品，包括 NNM、OVO、OVPM、SPI、OVIS、Service Navigator 等。目前的网管监控平台已经覆盖了公司总部和全国各个分公司的骨干网络设备，监控对象包括 HP-UX、IBM、AIX、Linux、Windows 系统的服务器，以及 Oracle、SQL Server 数据库等。在应用服务方面，可监控的应用包括中国外运的 ERP、物流仓储、EDI、企业邮件、门户网站等关键业务系统。新系统建成后，中国外运原先相对冗长的网络系统管理与监控战线实现了高效聚合。在使用 OpenVeiw 之前，网络系统管理的状态非常分散。以设备管理为例，华为的路由器用华为的管理工具，HP 的磁盘阵列用 HP 的管理工具。采用 OpenView 之后，管理工具实现了集成。工作人员通过统一的监控平台就可以实现对整个信息技术网络的管理，工作效率明显提高了。

中国外运信息管理部表示，"以前我们一提起网络系统管理，想到的就是数十个厂商自带的小工具。现在，我们拥有了一个集成式的管理平台"。从目前系统的使用情况来说，中国外运的主要业务应用都可以在此平台上控制，而在中国外运所制定的 2003～2007 年的 5 年规划中，2006 年已经有一些大型应用陆续上线，而它们也会被集成到这个平台之上。

该项目的另一个作用就是帮助中国外运完成了网络管理制度的转变。目前，中国外运信息管理部已经将原来的分片包干改为了 5×8h 的值班制，工作人员按时段监控网络系统的运营情况，负责处理简单网络系统故障，遇到重大问题按照操作流程进行处理，并且要记录值班时间内的运行指数和事件，汇总形成每天的网络系统运行报告。这一制度已经从 2005 年的 7 月开始正式实施。

"我们在制度改进方面还只是迈出了第一步，要想走得更远，还有更多管理方面的工作要做"，这是中国外运目前的认识。据介绍，在 2003 年，中国外运就通过 HP 公司制定了基于信息技术基础架构库（information technology infrastructure library，ITIL）标准的 14 个流程，其中包括事件流程、问题流程、变更流程等。中国外运项目负责人表示，"通过 OpenView 项目的实施，我们正在尝试将更多的流程导入到这一平台上来，这样不仅各级、各部门的责任更加明确，网络系统运营维护的各项操作也有章可循了"。

在实际的使用过程中，OpenView 的一些功能模块给中国外运项目负责人留下了深刻的印象，特别是 OVIS，它对中国外运的网站监控工作贡献度颇高。中国外运项目负责人介绍，OVIS 是一种体验式的监控工具，它可以模拟网站访问者的行为，确认通过不同的访问途径是否能够完整地查看网站内容。目前，中国外运已经将 OVIS 用在内部客户、外部客户、电子邮件等网站上。通过 OVIS 模拟网站远程访问情况，这在以前是做不到的。部署 OpenView 之前，只能判断网站是否可用，现在可以模拟内网或 Internet 访问，从多方面验证网站的运行情况，并及时发现问题。

中国外运项目负责人说，"采用 OpenView 以后，我们发现，还是原来这么多人，但是对系统和网络的了解却更全面了"。与大多数部署统一网管平台的用户一样，中国外运同样经历了由被动应对到主动预防的变化。中国外运项目负责人表示，以前很多问题摆在表面却无法发现，现在可以"透视"整个网络的各个部分，去发掘系统中的问题。

美妙的"初体验"引发了中国外运的更多期待。采访之时，中国外运的网管平台仅运行了 2 个月左右，中国外运认为，还需要更多的时间来优化和摸索。例如，在流程规范化方面，还需要一个提升的过程，还有值班制，中国外运计划将其扩展到 7×24h 值班制。信息技术管理向银行、电信等大行业靠拢，是中国外运的下一个目标。

请思考：中国外运信息网络对整合统一物流的作用是什么？

第一节　计算机网络技术应用

计算机网络技术和通信技术让人们可以利用连接到世界各地的网络来获取、查询、存储、传输以及处理信息，广泛利用信息进行学习、工作、生产等的控制与决策。网络与通信技术的不断发展已深入全球经济生活和社会生活的各个角落，已经成为人们生活中不可缺少的一部分。

一、计算机网络概述

计算机网络就是将独立自主的、地理上分散的计算机系统，通过通信设备和传输介质连接起来，在完善的网络软件控制下实现信息传输和资源共享的系统。

组成计算机网络的计算机系统应该是独立自主的，在功能上各计算机系统地位相等，都能独立进行数据处理，在地理位置上是相互分散的，其耦合程度较弱。同时构成网络的计算机系统必须配备完善的网络软件，网络软件主要包括网络协议和网络操作系统，其作用是为用户提供网络服务，所组成的计算机网络是为了实现资源共享和数据传输。

计算机网络的资源可以分成 3 类，即硬件资源、软件资源和数据资源。其中，硬件资源主要包括网络中的服务器和客户机中的处理器、存储器、打印机等外设资源以及相关网络设备；软件资源主要包括网络中各计算机的软件、应用程序等共同享用的软件；数据资源则是指以数据形式存储于各计算机、供用户使用的各类数据。

除了提供资源共享，计算机网络还提供数据传输的能力。许多公用的通信网络本身不实现资源共享，而是为组建各用户的网络提供传输数据的功能。

（一）计算机网络的组成与结构

一般的计算机网络系统的组成可分为 3 部分：硬件系统、软件系统和网络信息。

硬件系统是计算机网络的物质基础，硬件系统由计算机、通信设备、连接设备及辅助设备组成，这些设备的组成形成了计算机网络的类型。常用的硬件设备有服务器、客户机、网络适配器、调制解调器、集线器、网桥、路由器和中继器，下面对这些常用的设备做简要介绍。

1）服务器（server）。服务器是计算机网络中的核心组成部分。服务器是计算机网络中向其他计算机或网络设备提供服务的计算机，并按提供的服务冠以不同的名称，如数据库服务器、邮件服务器等。常用的服务器有文件服务器、打印服务器、通信服务器、数据库服务器、邮件服务器、信息浏览服务器和文件下载服务器等。

2）客户机（client）。客户机是与服务器相对的一个概念。在计算机网络中享受其他计算机提供的服务的计算机就称为客户机，有时也称为工作站。

3）网络适配器。网络适配器又称为网络接口卡（network interface board）或网卡，是安装在计算机主机板上的电路板插卡，用于将计算机与通信设备连接起来，负责传输或者接收数字信息。

4）调制解调器（modem）。调制解调器是一种信号转换装置，通过它可以将计算机与公用电话线相连，使现有网络系统以外的计算机用户能够通过拨号的方式利用公用事业电话网访问远程计算机网络系统。

5）集线器（hub）。集线器是局域网中常用的连接设备，它负责网络连线的汇集连接。

6）网桥（bridge）。网桥又称桥接器，是局域网常用的连接设备，是一种在链路层实现局域网互联的存储转发设备。

7）路由器。路由器是互联网中常用的连接设备，用来实现路由选择功能。它是一种非常重要的互联设备，主要实现异种网络的互联，具有很强的隔离能力。

8）中继器。中继器可用来扩展网络长度。中继器的作用是在信号传输较长距离后，进行整形和放大，但不对信号进行校验处理等。

计算机网络的软件系统包括网络操作系统和网络协议等。网络操作系统是指能够控制和管理网络资源的软件，是由多个系统软件组成的，在基本系统上有多种配置和选项可供选择，使得用户可根据不同的需要和设备构成最佳组合的互联网络操作系统。网络协议是保证网络中两台设备之间正确传送数据的前提。

网络信息是计算机网络上存储、传输的信息，是计算机网络中最重要的资源，它存储于服务器上，由网络软件系统进行管理和维护。

（二）计算机网络的功能

计算机网络的功能主要是资源共享、数据通信、负载均衡与分布处理、提高网络系统可靠性和处理能力等。

（1）资源共享

在计算机网络中，网络信息并非为每一用户所拥有，因此必须实行资源共享。资源共享包括硬件资源的共享（如打印机、大容量磁盘等）和软件资源的共享（如程序、数据等）。

（2）数据通信

数据通信主要实现网络各组成计算机系统之间的数据传递，数据通过网络从各终端传递到服务器中，由服务器集中处理后再回送到终端。这是计算机网络最基本的功能，也是实现其他功能的基础。

（3）负载均衡与分布处理

负载均衡是指工作被均匀地分配给网络上的各台计算机系统。计算机网络中不同地域的每个用户通过相应方法使用离他最近的服务器上的资源，这样来实现各服务器的负载均衡，同时减少网络的通信处理。此外，计算机网络可以通过一定的算法将负载性比较大的作业分解并交给多台计算机进行分布式处理，起到负载均衡的作用，这样就能提高处理速度，充分发挥设备的利用率，提高设备的效率。

（4）提高网络系统可靠性和处理能力

在计算机网络中，多台计算机可以通过网络彼此间相互备用，一旦某台计算机出现故障，其任务可由其他计算机代为处理，避免了单机损坏无后备机的情况，从而提高了整个网络系统的可靠性。在同一网络内的多台计算机可通过协同操作和并行处理来提高整个系统的处理能力，并使网络内各计算机负载均衡。

二、计算机网络分类

计算机网络可以按照多种方式进行分类，不同分类方式的分类结果有所不同。下面简单介绍常用的网络分类方法。

（一）按网络地理范围划分

按照网络覆盖的地理范围进行分类，一般可以将计算机网络分成局域网、城域网和广域网三类。

1. 局域网

局域网（local area network，LAN）是一个覆盖范围比较小的网络，是最常见、应用最广的一种网络。现在局域网随着整个计算机网络技术的发展和提高得到充分应用与普及。局域网在计算机数量配置上没有太多的限制，少的可以只有两台，多的可达几百台。一般来说在企业局域网中，客户机的数量在几十到 200 台次，在网络所涉及的地理距离上一般来说可以是几米至 10km 以内。

局域网一般位于一个建筑物或一个单位内，连接范围窄、用户数少、配置容易、连接速率高，信息的传播一般采用广播方式。IEEE802 标准委员会定义了多种主要的局域网：以太网（ethernet）、令牌环网（token ring）、光纤分布式数据接口（fiber distributed data interface，FDDI）、异步传输模式网以及最新的无线局域网（wireless local area network，WLAN）。

2. 城域网

城域网（metropolitan area network，MAN）即城市网络，是一个分布范围比较大的网络，这种网络的连接距离可以在 10～100km，它采用的是 IEEE802.6 标准。城域网与局域网相比扩展的距离更长、连接的计算机数量更多，在地理范围上可以说是局域网的延伸，由于要进行远距离数据传输，一般由电信部门提供远程信息交换的手段。在一个大型城市或都市地区，一个城域网通常连接着多个局域网，如连接政府机构的局域网、医院的局域网、电信的局域网、公司企业的局域网等。

城域网多采用异步传输模式技术做骨干网，异步传输模式是一种用于数据、语音、视频以及多媒体应用程序的高速网络传输方法，异步传输模式提供一种可伸缩的主干基础设施，以便能够适应不同规模、速度以及寻址技术的网络。异步传输模式的最大缺点就是成本太高，所以一般在政府城域网中应用，如邮政、银行、医院等。

3. 广域网

广域网（wide area network，WAN）所覆盖的范围比城域网更广，它一般是在不同城市之间的局域网或者城域网互联，地理范围可从几百公里到几千公里。因为距离较远，信息衰减比较严重，所以这种网络一般要租用专线，通过接口信息处理（interface message processor，IMP）协议和线路连接起来，构成网状结构，解决循径问题。广域网因为所连接的用户多、总出口带宽有限，所以用户的终端连接速率一般较低，通常为 9.6Kbit/s～45Mbit/s。

（二）按数据交换类型划分

数据交换是指确定通信双方交换数据的传输路径和传输格式的技术，常用的交换技术包括电路交换、报文交换以及分组交换等。

电路交换用于早期的模拟信号传输，其最主要的特点是必须建立物理线路；报文交换是指数据以报文为单位传输，其特点是存储转发；分组交换是报文交换的一种，将不定长度的报文变成定长的分组，也采用存储转发技术。

（三）按网络拓扑结构划分

网络拓扑结构是指网络中各节点相互连接的方式。按照拓扑结构的不同，网络包括总线型网络、星型网络、树型网络、环型网络、混合型网络等。

（四）按网络使用者划分

网络按照使用者可以划分为公用网和专用网。公用网是指由电信、大型网络公司建造的大型网络，用户按规定缴纳费用就可以使用；专用网是指为了某一个单位的特殊业务而建造的网络，这种网络只供本单位使用而不向外单位提供。

（五）按传输介质划分

传输介质是指网络之间进行数据传输的物理媒体。常用的介质包括无线与有线两类，因此网络也可以分为有线网与无线网。

三、计算机网络结构

由于计算机网络是一个复杂的系统，所以可以从多个方面对网络进行结构和特性的分析，其中主要集中在拓扑结构、功能结构以及体系结构三个方面。

（一）计算机网络的拓扑结构

拓扑学是几何学的一个分支，它研究的是与大小、形状无关的点、线、面的特性，对应于计算机网络，则是将网络中的计算机映射成点，通信介质映射成线，将网络映射成这些点与线构成的几何图形，这便是计算机网络的拓扑结构。

在网络拓扑结构中，具有独立地位的能存储、处理和转发信息的设备称为节点。节点分为两种类型即访问节点和转接节点：访问节点是指能为网络提供资源并为用户所使用的节点；而进行信息存储、处理与转发的节点就称为转接节点。

在网络拓扑结构中连接相邻两个节点并在节点间传送信息的线路称为链路，链路包括物理链路和逻辑链路两种：物理链路是指两节点间的物理通信线路；而逻辑链路是指节点间经过数据传输控制而形成的逻辑连接。

网络中的通路是指由发出信息的节点，经过一系列的链路和节点而到达接收节点的一串节点与链路所组成的信息传输路径，也称为路径。

计算机网络主要包括总线型拓扑结构、星型拓扑结构、环型拓扑结构、树型拓扑结构、网型拓扑结构和混合型拓扑结构。

（1）总线型拓扑结构

总线型拓扑结构采用单根传输线作为传输介质，所有站点都通过相应的硬件接口直接连接到传输介质，即总线上。任一站点的发送信号可以沿着介质传播而且能被所有的其他站点接收。图4-1为总线型拓扑结构示意图。

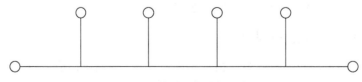

图4-1　总线型拓扑结构示意图

总线型拓扑结构的优点是：电缆长度短、布线容易、易于扩充和维护。因为所有的站点连接到一个公共数据通路，所以只需很短的电缆长度，减少了安装费用，易于布线和维护。总线结构简单，又是无源元件，从硬件的观点看，十分易于扩充。

总线型拓扑结构的缺点是：总线某一段发生故障将影响整个网络，而且故障诊断和隔离都困难。虽然总线型拓扑简单，可靠性高，但故障检测不容易，故障检测需在网络上各个站点进行。同时测检出故障后，隔离比较困难，一旦检查出某个站点有错误，要从总线上去掉，相应的总线需做改动。

（2）星型拓扑结构

星型拓扑结构是由中央节点和分别与之相连的各站点组成的，如图4-2所示。中央节点执行集中式通信控制策略，而各个节点的通信处理负担都很小。网络上所有站点通过一个中央节点连接，一旦通过中央节点建立了连接，两个站点之间便可以传递数据。目前，中央节点多采用集线器、交换机等，也可以采用计算机。星型拓扑结构是现在应用最多的拓扑结构。

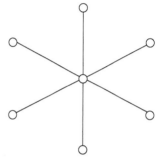

星型拓扑结构的优点是：访问协议简单，易于实现。在星型网中，任何一个连接只涉及中央节点和一个站点，因此，控制介质访问的方法很简单，访问协议也十分简单。另外，这种拓扑结构便于故障诊断与隔离，每个站点直接连到中央 图4-2 星型拓扑结构示意图

节点，因此故障容易检测，单个连接的故障只影响一个设备，可很方便地将有故障的站点从系统中删除，不会影响全网。同时这种拓扑结构利于集中控制，只要控制中央节点，即可对其他站点的通信实施控制。

星型拓扑结构的缺点是：可靠性差，过分依赖于中央节点。一旦中央节点产生故障，则全网不能工作，所以对中央节点的可靠性和冗余度要求很高。

（3）环型拓扑结构

环型拓扑结构是用一条传输线路将一系列的节点连成一个封闭的环，如图4-3所示，

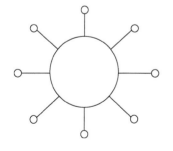

由一些中继器和连接中继器的点到点链路组成一个闭合环。每个节点接收上一个节点发送来的信息，经过相应处理后再送往下一个节点，直到到达目的节点。这种链路是单向的，只能在一个方向上传输数据，而且所有的链路都按同一方向传输。

环型拓扑结构的优点是：电缆长度短，环型拓扑结构所需电缆长度和总线型拓扑结构相似，比星型拓扑结构要短得多。另外这种拓扑结构适用于光纤，光纤传输具有速度高、

图4-3 环型拓扑结构示意图

电磁隔离的特点，适合于点到点的单向传输，环型拓扑结构是单方向传输，十分适用于光纤传输介质。

环型拓扑结构的缺点是：节点故障会引起全网故障，而且故障诊断难。在环路上，数据传输是通过环上的每个节点来完成的，某一节点出故障会引起全网故障。如果某一节点

故障使全网不工作，就需要对每个节点进行检测，难以进行故障诊断。同时网络重新配置不灵活，要扩充环的配置较困难，同样要一部分已接入网的节点下网处理也不容易。

（4）树型拓扑结构

树型拓扑结构是从星型拓扑结构延伸形成的，其形状像一棵倒置的树，顶端有一个带分支的根，每个分支还可延伸出子分支。目前，分支节点多采用集线器和交换机。图 4-4 所示的是树型拓扑结构示意图。

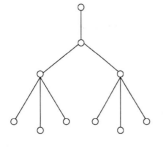

树型拓扑结构的优点是：易于扩展，故障隔离容易。对于树型拓扑结构，增加新的节点和新的分支非常容易。而且如果某一分支的节点或线路发生故障，很容易将此分支和整个系统隔离开来。

树型拓扑结构的缺点是：对分支节点的依赖性较大，如果分支节点发生故障，其以下的部分将不能通过其进行通信。

图 4-4　树型拓扑结构示意图

（5）网型拓扑结构

网型拓扑结构又称作无规则结构，网络中节点之间的连接是任意的，没有规律，如图 4-5 所示。网型拓扑结构连接起来就像一张网。

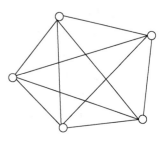

网型拓扑结构的优点是：系统可靠性高，比较容易扩展。站点和站点之间存在多条相连的通路。如果需要在两个站点之间建立连接，增加线路即可。

网型拓扑结构的缺点是：结构复杂，每一节点与多个节点都存在连接，因此必须采用路由算法和流量控制方法。

图 4-5　网型拓扑结构示意图

（6）混合型拓扑结构

混合型拓扑结构就是将两种或两种以上的拓扑结构同时使用，如图 4-6 所示。

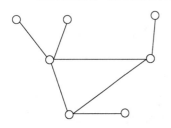

混合型拓扑结构的优点是：可以对各种网络的基本拓扑结构取长补短。

混合型拓扑结构的缺点是：网络结构复杂，网络配置比较难。

（二）计算机网络的功能结构

图 4-6　混合型拓扑结构示意图

在计算机网络的功能中有两个最主要的功能，即数据通信和共享资源的功能。按照网络的功能来划分，计算机网络结构可分为实现通信功能的通信子网以及实现资源共享的资源子网，如图 4-7 所示。

通信子网由通信处理节点和连接它们的物理线路及设备组成，它是计算机网络的内核，承担着数据的传输、转接和通信处理的功能，包括传输介质、数据转接设备和通信处理机以及相应的软件。资源子网的主体是主机，还包括其他的终端设备（如终端、外设等），以及各种软件资源和数据库，它负责全网的信息处理，为网络用户提供网络服务和资源共享功能。

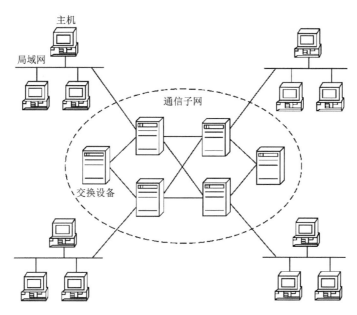

图 4-7　通信子网和资源子网

通信子网按组织形式又可以分为结合型、专用型和公用型。

1）结合型。结合型通信子网没有独立的形态，资源子网和通信子网结合在一起，网络中各节点的通信功能和信息处理功能通常由一台计算机担任。在小规模网络中常采用这种形式。

2）专用型。专用型通信子网一般仅供单一资源系统使用，往往是一个通信子网对应一个资源子网，专用网络常属于这种形式。

3）公用型。公用型通信子网通常由国家电信部门提供，可供多个用户资源系统使用，即一个通信子网可以连接多个资源子网。这种形式的通信子网投资利用率最高，是计算机网络的最高组织形式。

（三）计算机网络的体系结构

计算机网络的体系结构是计算机网络中协议和层次的集合。1984 年，ISO 经过多年努力提出了"开放系统互联-参考模型"——ISO/OSI-RM（International Organization for Standardization/Open System Interconnection-Reference Model，国际标准化组织/开放系统互联-参考模型），从此开始有组织有计划地制定一系列网络国际标准。ISO 7498 信息处理系统-开放系统互联-基本参考模型（ISO 7498，Information Processing System-Open System Interconnection-Basic Reference Model）是 OSI 标准中最基本的一个，它从 OSI 体系结构方面规定了开放系统在分层、相应层对等实体的通信、标识符、服务访问点、数据单元、层操作、OSI 管理等方面的基本元素、组成和功能等，并从逻辑上把每个开放系统划分为功能上相对独立的七个层次，每个层次完成一个特定的定义明确的功能集合，并按照协议相互进行通信。

ISO 把 OSI 参考模型分为七个层次，包括物理层、链路层、网络层、传输层、会话层、表示层和应用层（其模型如图 4-8 所示），较低层通过层间接口向较高层提供服务。

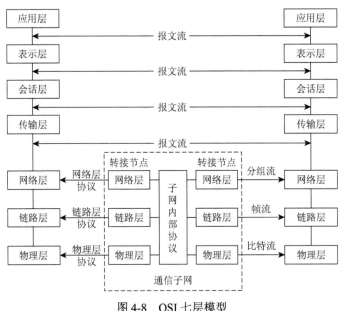

图 4-8 OSI 七层模型

1）物理层。它是利用物理通信介质（如同轴电缆、光纤等）为上一层（链路层）提供一个物理连接，通过物理连接透明地传输比特流。它主要进行电气、机械以及物理方面的管理，提供相邻设备间的比特流传输。

2）链路层。它是 OSI 参考模型中的第二层，是对物理层传输原始比特流功能的加强，将物理层提供的可能出错的物理连接改造成为逻辑上无差错的数据链路。链路层的基本功能是为网络层提供透明的和可靠的数据传送服务，同时进行数据流量的控制以及差错的控制。

3）网络层。它是 OSI 参考模型中面向数据通信的第三层（即通信子网中最为复杂、关键的一层）。网络层的目的是通过网络层所提供的两种数据服务方式，实现两个端系统之间的数据透明传送，具体功能包括路由选择和阻塞控制等。网络层必须考虑到低层数据的通信特点，必须了解网络的拓扑结构，并及时根据网络中的流量、故障等情况，选择合适的路径，保证可以灵活、有效地将数据传输至目的地。

4）传输层。利用网络层的服务和传输实体的功能，向会话层提供服务，它是整个协议层次结构的核心。其任务是为从源端机到目的机提供可靠的、价格合理的数据传输，而与当前网络或使用的网络无关。

5）会话层。它是面向信息处理的 OSI 高层和面向数据通信的 OSI 低层的接口。会话协议的最主要目的是提供一个面向用户的连接服务，给会话用户间的对话和活动提供组织与同步所必需的手段，对数据传送提供控制和管理。

6）表示层。提供端到端的信息传输，处理系统之间用户信息的表示问题。在 OSI 参考模型中，端用户（应用进程）之间传送的信息数据包含语义和语法两个方面。语义是信息数据的内容及含义，它由应用层负责处理。语法是与信息数据表示形式有关的方面，如信息的格式、编码、数据压缩等。表示层主要用于处理应用实体面向交换的信息的表示方法。

7）应用层。它是 OSI 参考模型的最高层，应用层确定进程之间通信的性质以满足用户的需要；负责用户信息的语义表示，并在两个通信者之间进行语义匹配。这个层次与用户的应用系统有关，为本地系统应用进程提供手段访问 OSI 环境。根据分层原则，应用层向应用进程提供的服务是 OSI 参考模型的所有层直接或间接提供服务的总和。

四、Zigbee 技术

Zigbee 技术是一种具有统一技术标准的短距离、低功耗的无线通信技术，它采用 IEEE 802.15.4 协议，在数千个微小的传感器之间相互协调实现通信，这些传感器只需要很少的能量，以接力的方式通过无线电波将数据从一个网络节点传到另一个网络节点，所以它们的通信效率非常高。Zigbee 技术的名称来源于蜜蜂之间的信息沟通，蜜蜂（bee）在发现花丛后会通过一种特殊的肢体语言来告知同伴新发现的食物源位置等信息，这种肢体语言就是 ZigZag 形舞蹈，是蜜蜂之间一种简单的传达信息的方式。借此意义用 Zigbee 为新一代无线通信技术命名。

对于工业现场，无线数据传输必须是高可靠的，并能抵抗工业现场的各种电磁波干扰。Zigbee 技术使用网状拓扑结构、自动路由、动态组网、直接序列扩频等方式，正好满足了工业自动化控制现场的这种需要。可以说，Zigbee 技术是为了满足工业现场对低数据量、低成本、低功耗、高可靠性的无线数据通信的需求而提出的。因为 Zigbee 技术既可以进行点对点通信，也可以进行点对多点通信，同时可以组建局域网，所以可以满足多种应用需求。Zigbee 技术可以对不同厂家生产的设备在没有电缆连接的情况下实现互联互通，这显然对改造传统的有线工业控制网络具有重要的实践意义和市场价值。通过 Zigbee 技术可以采集环境的温度、湿度等数据，在实验平台中采取波特率为 19 200bit/s。

五、Zigbee 网络结构

利用 Zigbee 技术组建的是一种低数据传输速率的无线个人域网（personal area network，PAN），网络的基本成员称为"设备"（device）。网络中的设备按照各自作用的不同，可以分为路由器节点、协调器节点和终端节点。路由器节点起到转发数据的作用，协调器节点是网络的中心控制阶段，而终端节点数目较多，负责数据信息采集。另外，网络中的设备按照具备功能的不同分为两类：具有完整功能的全功能设备（full function device，FFD）和只具有部分功能的精简功能设备（reduce function device，RFD）。其中，RFD 功能非常简单，可以用较低端的微控制器实现；而 FFD 可以作为 PAN 的协调器、路由器，功能较全，当然也可以作为终端设备使用。一般在一个网络里至少需要一个主协调器。

（1）Zigbee 网络体系

按照 OSI 模型，Zigbee 网络分为 4 层，从下向上分别为物理层（physical layer，PHL）、媒体访问控制（media access control，MAC）层、网络层/安全层（network layer，NWK）和应用层（application layer，APL），如图 4-9 所示。

应用层	Zigbee联盟
网络层/安全层	
媒体访问控制层	IEEE802.15.4
物理层	

图 4-9 Zigbee 网络分层

1）应用层：涵盖了服务（service）的观念，所谓服务，简单来看就是功能，包括 3 部分：与网络层连接的应用支持（application support，APS）子层、Zigbee 设备对象（Zigbee device object，ZDO）和装置应用行规。

2）网络层/安全层：确保 MAC 层的正确操作，提供合适的连接应用层的接口。包含两个服务入口：数据服务入口和管理入口。前者实现网络级协议数据单元、协议特定路由；后者实现配置一个新设备、启动一个网络、加入或离开网络、地址分配等。

3）媒体访问控制层：遵循 IEEE802.15.4 协议，负责设备间无线数据链路的建立、维护和结束，以及确认模式的数据传送和接收。通过选择时隙，实现低延迟传输；支持各种网络拓扑结构。在网络中每个设备采用 16 位地址寻址。

（2）Zigbee 网络拓扑

Zigbee 支持包含主从设备的星型、树簇型和对等网络拓扑结构。虽然每个 Zigbee 设备都有一个唯一的 64 位 IEEE 地址，并可以用这个地址在 PAN 中进行通信，但在从设备和网络协调器建立连接后会为它分配一个 16 位的短地址，此后可以用这个短地址在 PAN 内进行通信。64 位的 IEEE 地址是唯一的绝对地址，相当于计算机的 MAC 地址；而 16 位的短地址是相对地址，相当于 IP 地址。Zigbee 几种网络拓扑结构如图 4-10 所示。

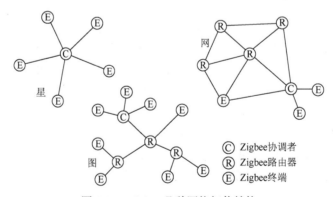

图 4-10 Zigbee 几种网络拓扑结构

星型网络中各节点彼此并不通信，所有信息都要通过协调器节点进行转发；树簇型网络中包括路由节点、终端节点和协调器节点，路由节点完成数据的路由功能，终端节点的信息一般要通过路由节点转发后才能到达协调器节点，同样协调器负责网络的管理；对等网络中节点间彼此互联互通，数据转发一般以多跳方式进行，每个节点都有转发功能，这是一种最复杂的网络结构。通常情况下星型网络和树簇型网络是一点对多点，常用在短距离信息采集和监测等领域，而对于大面积监测，通常要通过对等网络来完成。

六、Zigbee 协议架构

Zigbee 协议栈体系结构如图 4-11 所示，协议栈的层和层之间通过服务接入点（service access point，SAP）进行通信。SAP 是某一特定层提供的服务与上层之间的接口。大多数层有两个接口：数据实体接口和管理实体接口。数据实体接口的目标是向上层提供所需的常规数据服务；管理实体接口的目标是向上层提供访问内部层参数、配置和管理数据的服务。

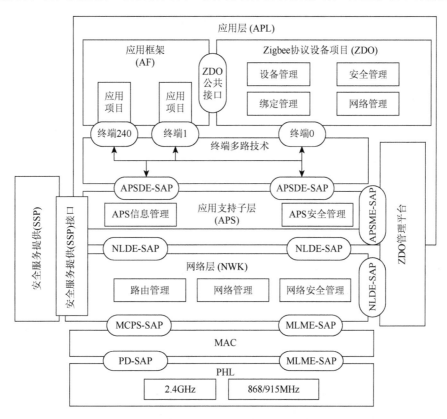

图 4-11　Zigbee 协议栈体系结构

NLDE-SAP 为网络层数据实体-服务接入点（network layer data entity-service access point）；MCPS-SAP 为 MAC 公共部分子层-服务接入点（MAC common part sublayer-service access point）；PD-SAP 为物理及数据服务接入点（physical data-service access point）；MLME-SAP 为 MAC 层管理实体-服务接入点（MAC layer management entity-service access point）；APSDE-SAP 为应用支持子层数据实体-服务接入点（application support sublayer data entity-service access point）；APSME-SAP 为应用支持子层管理实体-服务接入点（application support sublayer management entity-service access point）

（1）物理层服务规范

物理层通过射频固件和硬件提供 MAC 层与物理无线信道之间的接口。从概念上说，物理层还应包括物理层管理实体（physical layer management entity，PLME），以提供调用物理层管理功能的管理服务接口；同时 PLME 还负责维护物理层 PAN 信息库（physical layer PAN information base，PHY PIB）。物理层通过物理层数据-服务接入点（PD-SAP）提供物理层数据服务；通过物理层管理实体-服务接入点（physical layer management entity-service access point，PLME-SAP）提供物理层管理服务。

（2）MAC 层服务规范

MAC 层提供特定服务汇聚子层和物理层之间的接口。从概念上说，MAC 层还应包括 MAC 层管理实体（MAC layer management entity，MLME），以提供调用 MAC 层管理功能的管理服务接口；同时 MLME 还负责维护 MAC PAN 信息库（MAC PAN information base，MAC PIB）。MAC 层通过 MAC 公共部分子层（MCPS）的数据 SAP（MCPS-SAP）提供 MAC 数据服务；通过 MLME-SAP 提供 MAC 管理服务。这两种服务通过物理层 PD-SAP 和 PLME-SAP 提供了特定业务汇聚子层（service-specific convergence sublayer，SSCS）与 PHL 之间的接口。除了这些外部接口，MCPS 和 MLME 之间还隐含了一个内部接口，用于 MLME 调用 MAC 数据服务。

（3）应用层规范

Zigbee 应用层包括 APS 子层、ZDO（包括 ZDO 管理平台）和厂商定义的应用对象。APS 子层提供了网络层和应用层之间的接口，功能是通过 ZDO 和厂商定义的应用对象都可以使用的一组服务来实现的。数据和管理实体分别由 APSDE-SAP 和 APSME-SAP 提供。APSDE 提供的数据传输服务在同一网络的两个或多个设备之间传输应用层协议数据单元（protocol data unit，PDU）；APSME 提供设备发现和绑定服务，并维护管理对象数据库——APS 信息库（APS information base，AIB）。

（4）网络层规范

网络层应提供保证 IEEE802.15.4 MAC 层正确工作的能力，并为应用层提供合适的服务接口。数据和管理实体分别由 NLDE-SAP 和 MLME-SAP 提供。具体来说，NLDE 提供的服务一是在应用支持子层 PDU 基础上添加适当的协议头产生网络协议数据单元（network protocol data unit，NPDU），二是根据路由拓扑，把 NPDU 发送到通信链路的目的地址设备或通信链路的下一跳。而 NLME 提供的服务包括配置新设备、创建新网络、设备请求加入/离开网络和 Zigbee 协调器或路由器请求设备离开网络、寻址、近邻发现、路由发现、接收控制等。网络层的数据和管理服务由 MCPS-SAP 和 MLME-SAP 提供了应用层 MAC 子层之间的接口。除了这些外部接口，在网络层内部，NLME 和 NLDE 之间还有一个隐含接口，允许 NLME 使用网络层数据服务。

实验一：Zigbee 数据采集

【实验目的】

1）通过本实验，让学生了解 Zigbee 的数据采集过程。

2）掌握 Zigbee 节点的连接和断开操作。

3）通过本实验，让学生认识 Zigbee 节点类型以及 Zigbee 收集的温度、湿度和光照度的曲线。

【实验条件】

1）PC（串口功能正常）。

2）一个 Zigbee 主节点，若干个 Zigbee 网络节点。

3）物流信息技术与信息管理实验软件平台（LogisTechBase.exe）。

4）物流信息技术与信息管理实验硬件平台。

【实验步骤】

1）安装 Zigbee 节点指定位置。

2）连接实验平台和上位机之间的串口线。

3）开启实验平台电源。

4）开启 Zigbee 电源。

5）开启物流信息技术与信息管理实验软件平台中 Zigbee 实验中的数据采集实验，如图 4-12 所示。

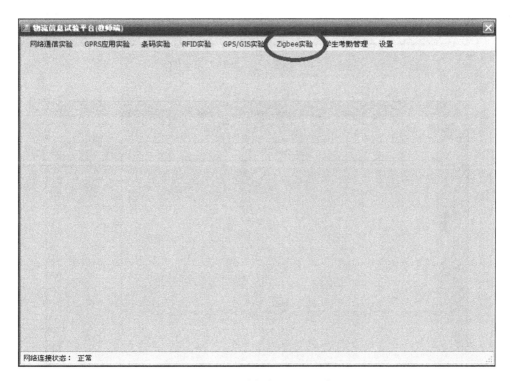

图 4-12　数据采集实验位置示意图

6）打开后界面如图 4-13 所示，首先使用默认的湿度显示类型。

7）开启第一个 Zigbee 节点电源开关并单击"打开串口"按钮，如图 4-14 所示。

8）主节点开始接收到数据，并在图像中显示出来，如图 4-15 所示。

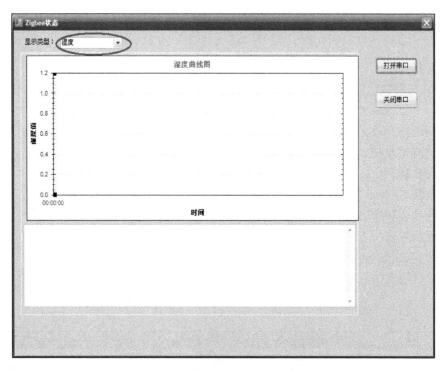

图 4-13　选择"显示类型"示意图

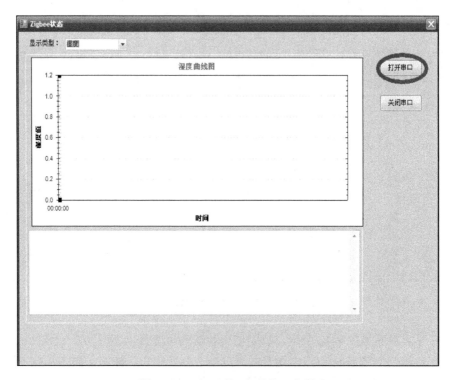

图 4-14　"打开串口"按钮示意图

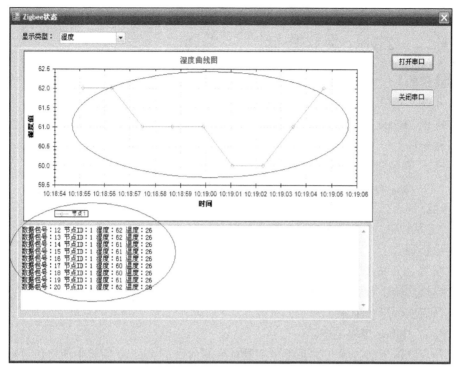

图 4-15　主节点图像显示示意图

9）打开第二个 Zigbee 节点，将其放置于与第一个节点不同温度的环境下，观察图像的变化，如图 4-16 所示。

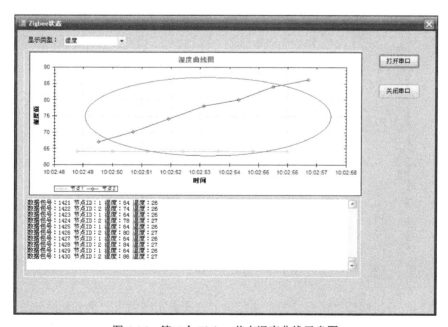

图 4-16　第二个 Zigbee 节点湿度曲线示意图

实验二：Zigbee 协议分析

【实验目的】

1）通过本实验，让学生认识 Zigbee 协议通信原理和通信过程。

2）掌握 Zigbee 节点的连接和断开。

【实验条件】

1）PC（串口功能正常）。

2）一个 Zigbee 主节点，若干个 Zigbee 网络节点。

3）物流信息技术与信息管理实验软件平台（LogisTechBase.exe）。

4）物流信息技术与信息管理实验硬件平台。

【实验步骤】

1）安装 Zigbee 节点指定位置。

2）连接实验平台和上位机之间的串口线。

3）开启实验平台电源。

4）开启 Zigbee 模块电源。

5）开启物流信息技术与信息管理实验软件平台中的 Zigbee 实验中的协议分析实验，如图 4-17 所示。

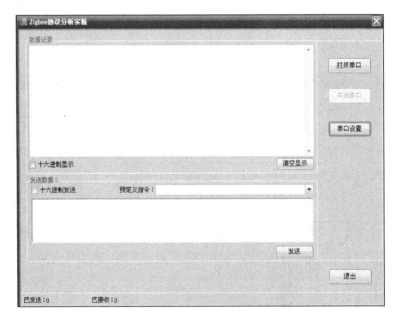

图 4-17　协议分析实验界面图

6）在协议分析实验"串口设置"选项中可以选择正确的串口名称和波特率，也可在"文件"选项中配置，如图 4-18 所示。

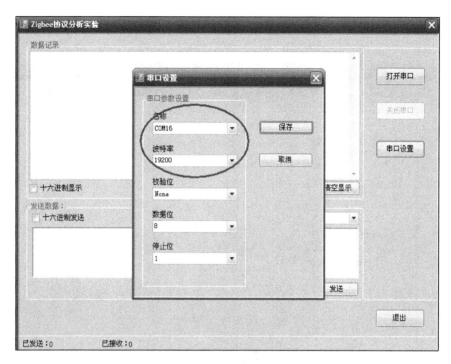

图 4-18　"串口设置"界面图

7）选中"十六进制显示"复选框，如图 4-19 所示。

图 4-19　"十六进制显示"选择示意图

8）单击"打开串口"按钮，打开节点电源，接收数据，如图 4-20 所示。

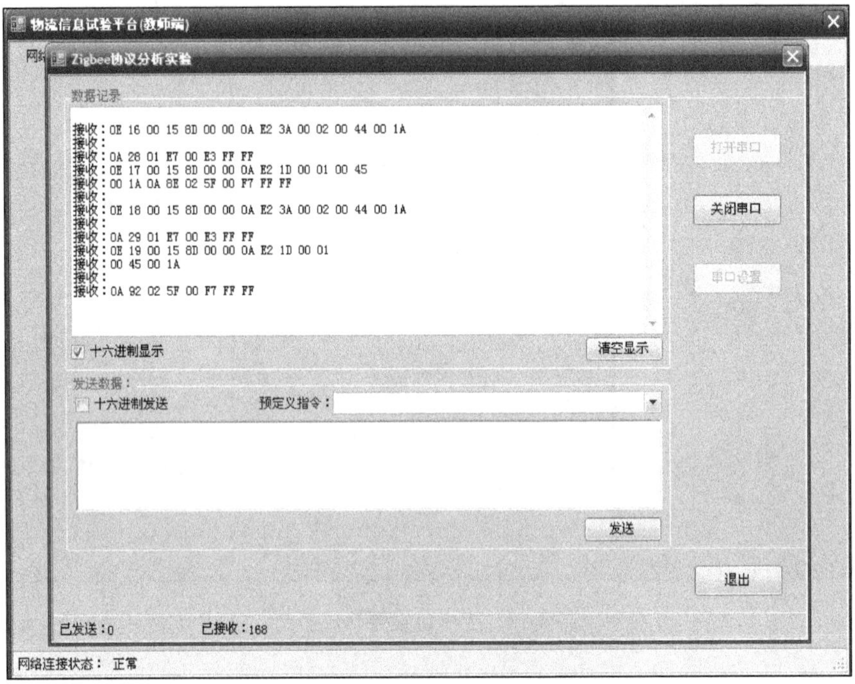

图 4-20　数据接收示意图

9）根据上述步骤中的要求利用实验原理分析协议。

实验三：基于 Zigbee/RFID 技术的生产物流管理系统设计实验

【实验目的】

1）通过本实验，让学生了解 Zigbee 数据采集过程与 RFID 读取过程。

2）通过本实验，让学生深入了解 Zigbee 节点类型以及 Zigbee 收集的温度、湿度和光照度的曲线。

3）通过本实验，让学生深入了解 RFID 技术在生产过程中的应用。

4）了解 Zigbee 技术在生产物流中的应用。

【实验条件】

1）PC（串口功能正常）。

2）一个 Zigbee 主节点，若干个 Zigbee 网络节点。

3）物流信息技术与信息管理实验软件平台（LogisTechBase.exe）。

4）物流信息技术与信息管理实验硬件平台。

5）计算机软件环境为 Windows7 或 Windows XP。

6）收集的带标签的物品。

7）UHF RFID 实验中的 RFID 标签。

【实验步骤】

1）打开生产物流管理系统，实验位置如图 4-21 所示。

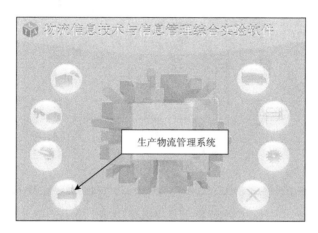

图 4-21　实验位置示意图

2）生产物流管理系统打开后界面如图 4-22 所示。

3）开启实验平台电源。

4）开启 Zigbee 电源。

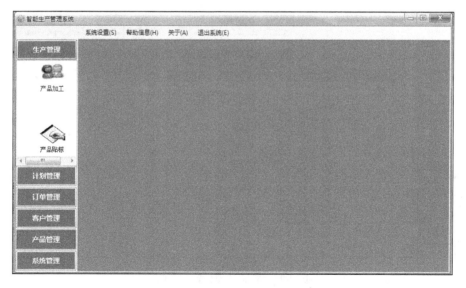

图 4-22　生产物流管理实验示意图

5）分别连接实验平台和上位机之间的串口线，在窗体内设置好串口，如图 4-23 所示。

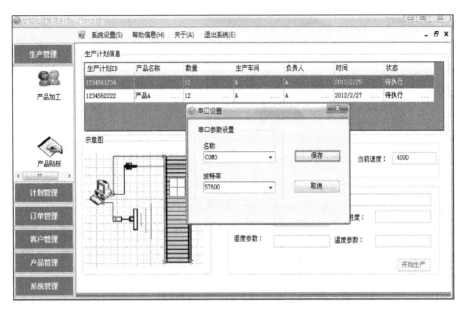

图 4-23 "串口设置"界面图

6) 另外需要在"系统设置"中进行串口设置、服务器 IP 设置、企业信息设置、LEDip 设置、环境警报设置等内容，如图 4-24 所示。

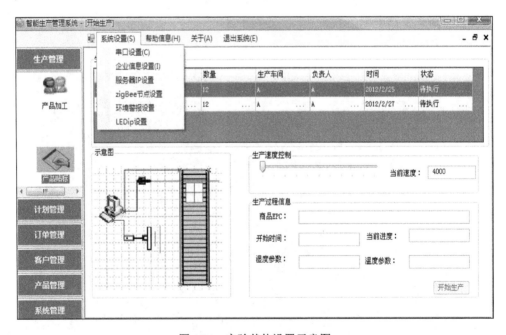

图 4-24 实验其他设置示意图

7) 开启生产物流管理系统中的"产品贴标"，制订生产计划并为产品编号，如图 4-25 所示。

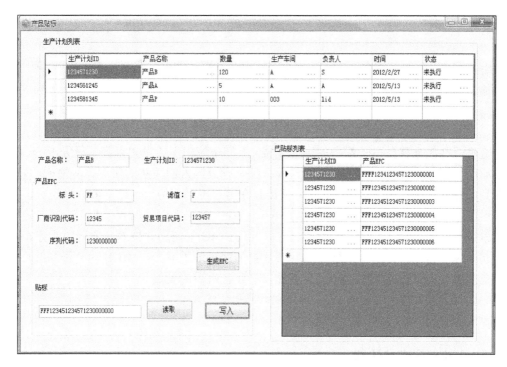

图 4-25 "产品贴标"设置示意图

8）打开"产品加工"界面，如图 4-26 所示，可见到在"产品贴标"环节中已有的生产计划信息和 Zigbee 节点接收到的生产过程信息，此时单击"开始生产"按钮，能够控制模拟生产环节的进行。

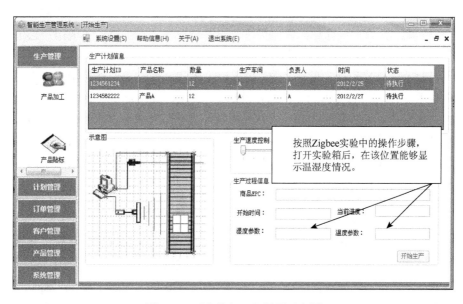

图 4-26 "产品加工"界面示意图

第二节　移动通信技术应用

随着近些年来移动电子商务的迅速发展，人们传统的生活方式得到了极大改变，人们各项活动的便利程度得到提高，便利与效率越来越成为人们关注的焦点。从最初的短信、语音到如今的视频聊天、微信、购物、滴滴打车等，再到莱特币、比特币等电子货币的出现及迅速发展，都在象征性地告诉我们，中国更深入地进入网络时代了！移动通信经历了蜂窝模拟系统到如今 2G、3G 的迅速发展以及现在 4G 的商用。技术、终端和业务相互促进，共同推动移动通信产业发展。因此要想得更加深刻地了解当前 4G 移动电子商务环境，我们更需要提前了解当前移动电子商务的演进和各阶段的发展。

一、全球移动通信系统

（一）GSM 技术认知

GSM 是全球移动通信系统的英文首字母简称，是 1992 年欧洲电信标准组织（European Telecommunications Standards Institute，ETSI）制定的一个数字移动通信标准，它采用数字通信技术、统一的网络标准，使通信质量得以保证，并可以开发出更多的新业务供用户使用，它的空中接口采用时分多址技术。GSM 移动通信网的传输速度为 9.6Kbit/s。因为 GSM 相对模拟移动通信技术是第二代移动通信技术，所以简称 2G。它的移动终端主要是初期的智能终端和非智能终端，其主要的增值业务为 WAP 的应用、短信和彩信。

WAP 技术是第二代移动商务系统的基础和核心技术，它可以使实现用户通过手机浏览网页而获取信息，从该功能上也可以看出它部分地解决了第一代技术存在的问题。后来，为满足人们对不同信息形式的需求，2G 系统也由最初单纯的语音通信增加到提供语音、图像及文字等综合信息的传输功能，并能通过无线接入 Internet。但由于该技术网页访问的交互能力比较差，移动电子商务系统的灵活性和方便性得到极大的限制，使得第二代技术难以满足用户的诸多要求。

从用户观点出发，GSM 的主要优势在于用户可以在更高的数字语音质量和低费用的短信之间做出选择。网络运营商的优势是他们可以根据不同的客户定制他们的设备配置，因为 GSM 作为开放标准提供了更容易的互操作性。这样，标准就允许网络运营商提供漫游服务，用户就可以在全球使用他们的移动电话了。

GSM 作为一个继续开发的标准，保持向后兼容原始的 GSM 电话，例如，报文交换能力在 Release '97 版本的标准才引进来，也就是 GPRS。高速数据交换也是在 Release '99 版标准才引入的，主要是增强型数据速率 GSM 演进技术（enhanced data rate for GSM evolution，EDGE）和通用移动通信系统（universal mobile telecommunications system，UMTS）标准。

（二）GSM 技术特点

GSM 有几项重要特点：防盗拷能力佳、网络容量大、手机号码资源丰富、通话清晰、稳定性强、不易受干扰、信息灵敏、通话死角少、手机耗电量低、机卡分离。

GSM 的主要技术特点如下。

1）频谱效率。由于采用了高效调制器、信道编码、交织、均衡和语音编码技术，系统具有高频谱效率。

2）容量。每个信道传输带宽增加，使同频复用载干比要求降低至 9dB，故 GSM 的同频复用模式可以缩小到 4/12 或 3/9 甚至更小（模拟系统为 7/21）；加上半速率话音编码的引入和自动话务分配以减少越区切换的次数，使 GSM 的容量效率（每兆赫每小区的信道数）比全接入通信系统（total access communication system，TACS）高 3～5 倍。

3）话音质量。鉴于数字传输技术的特点以及 GSM 规范中有关空中接口和话音编码的定义，在门限值以上时，话音质量总是达到相同的水平而与无线传输质量无关。

4）开放的接口。GSM 标准所提供的开放性接口不仅限于空中接口，而且包括网络之间以及网络中各设备实体之间的接口，如 A 接口和 Abis 接口。

5）安全性。通过鉴权、加密和临时移动用户识别（temporary mobile subscriber identify，TMSI）号码的使用，达到安全的目的。鉴权用来验证用户的入网权利；加密用于空中接口，由 SIM 卡和网络鉴别中心（authentication center，AUC）的密钥决定；TMSI 号码是一个由业务网络给用户指定的临时识别号，以防止有人跟踪而泄漏其地理位置。

6）与综合业务数据网等的互联。与其他网络的互联通常利用现有的接口，如 ISUP（integrated server digital network user part）或 TUP（telephone user part）等。

7）在 SIM 卡基础上实现漫游。漫游是移动通信的重要特征，它标志着用户可以从一个网络自动进入另一个网络。GSM 可以提供全球漫游，当然也需要网络运营者之间的某些协议，如计费。

（三）GSM 结构

GSM 主要由移动台（mobile station，MS）、网络子系统（network subsystem，NSS）、基站子系统（base station subsystem，BSS）和操作支持子系统（operation and support system，OSS）四部分组成。图 4-27 为 GSM 结构示意图。

（1）移动台

移动台是公用 GSM 移动通信网中用户使用的设备，也是用户能够直接接触的整个 GSM 系统中的唯一设备。移动台的类型不仅包括手持台，还包括车载台和便携式台。随着 GSM 标准的数字式手持台进一步小型、轻巧和功能增加的发展趋势，手持台的用户将占整个用户的极大部分。

（2）基站子系统

基站子系统是 GSM 中与无线蜂窝方面关系最直接的基本组成部分。它通过无线接口直接与移动台相接，负责无线发送接收和无线资源管理。另外，基站子系统与网络子系统中

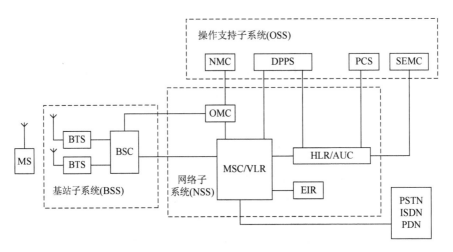

图 4-27 GSM 结构示意图

NMC 为网络管理中心（network management center）；DPPS 为数据预处理系统（data preprocessing system）；
SEMC 为安全性管理中心（security management center）；OMC 为操作维护中心（operation and maintenance center）；
HLR/AUC 为归属位置寄存器/鉴权中心（home location register/authentication center）；EIR 为设备识别寄存器
（equipment identity register）；PDN 为分组协议数据网络（packet data network）；MSC/VLR 为移动业务交换中心/
访问位置寄存器（mobile-services switching center/visiting location register）；BSC 为基站控制器
（base station controller）；BTS 为基地收发信台（base transceiver station）；
PCS 为个人通信服务（personal communication services）

的移动业务交换中心（mobile-services switching center，MSC）相连，实现移动用户之间或移动用户与固定网络用户之间的通信连接、系统信号和用户信息的传送等。当然，要对基站子系统部分进行操作维护管理，还要建立基站子系统与操作支持子系统之间的通信连接。

（3）网络子系统

网络子系统主要包含 GSM 的交换功能及用户数据与移动性管理、安全性管理所需的数据库功能，它对 GSM 移动用户之间通信和 GSM 移动用户与其他通信网用户之间通信起着管理作用。网络子系统由一系列功能实体构成，整个 GSM 内部，即网络子系统的各功能实体之间和网络子系统与基站子系统之间都通过符合 CCITT 信令系统 No.7 协议和 GSM 规范的 7 号信令网路互相通信。

（4）操作支持子系统

操作支持子系统需完成许多任务，包括移动用户管理、移动设备管理以及网路操作和维护。

二、3G 移动通信系统及技术应用

（一）3G 技术认知

3G 是"第三代移动通信技术"（3rd-generation）的缩写，也就是 IMT-2000（international mobile telecommunications-2000），是指支持高速数据传输的蜂窝移动通信技术。3G 服务能够同时传送声音（通话）及信息（电子邮件、实时通信等）。3G 的代表特征是提供高速数据业务，速率一般在几百 Kbit/s 以上。

无线电管理大会于 1992 年的年会上决定开发第三代移动通信系统，在 IMT-2000 的框架机构中，主要技术标准包括中国的 TD-SCDMA（time-division-synchronous code division multiple access，时分同步码分多址）系统、美国的 CDMA2000 系统和欧洲的 WCDMA（wideband code division multiple access，宽代码多分址）系统，我国首次提出的 TD-SCDMA 系统首先作为一种国际通信标准，是中国移动通信发展史上里程碑式的重要事件。

2009 年 1 月 7 日，我国工业和信息化部宣布，将以 TD-SCDMA 技术制式为基础，授予中国移动通信集团公司第三代移动通信 3G 业务经营许可，将以 CDMA2000 技术为基础，授予中国电信集团公司 3G 业务经营许可，将基于 WCDMA 技术制式的 3G 业务经营许可授予中国联合网络通信集团有限公司，这标志着我国三大电信运营商已经拥有发展第三代移动通信的资格与能力。

移动电子商务通过采用智能移动终端、Web Service、第三代移动访问和处理三种技术，提高了移动商务系统中的交互能力和安全性，为电子商务人员提供了一种快速安全的现代化移动商务办公机制。该系统以无线通信技术和专网为依托，同时融合了多种信息处理、移动通信和计算机网络的最新最前沿技术，这些技术包括智能移动终端、VPN（virtual private network，虚拟专用网络）、身份认证等。

在 3G 手机网络商务服务平台方面，"3G 中国"是目前最大的注册商标，其服务对象涉及各个方面，包括企业、行业、产品、服务、贸易等。为了给使用者提供更舒适的 3G 体验，"3G 中国"当前所设计的各种服务，突出体现了强势商务的内涵。作为集成型系统服务平台，其在设计及开发 3G 网络上可以实现提供 WAP 网站建设、移动商务运营、行业新媒体传播和无线及时沟通服务，其 3G 网络无线通信的全新营销模式和行业整合的推广理念，全面形成了一个 3G 无线信息网络。

（二）3G 技术标准

1. WCDMA

WCDMA 也称为 CDMA Direct Spread，是基于 GSM 网发展出来的 3G 技术规范，是欧洲提出的宽带 CDMA 技术，它与日本提出的宽带 CDMA 技术基本相同，目前正在进一步融合。WCDMA 的支持者主要是以 GSM 为主的欧洲厂商，日本公司也或多或少参与其中，包括欧美的爱立信、阿尔卡特、诺基亚、朗讯、北电网络，以及日本的 NTT、富士通、夏普等厂商。WCDMA 标准提出了 GSM（2G）—GPRS—EDGE—WCDMA（3G）的演进策略。这套系统能够架设在现有的 GSM 网络上，对于系统提供商而言可以较轻易地过渡。预计在 GSM 相当普及的亚洲，对这套新技术的接受度会相当高。因此 WCDMA 具有先天的市场优势。WCDMA 已是当前世界上采用国家及地区最广泛、终端种类最丰富的一种 3G 标准，占据全球 80% 以上的市场份额。

2. CDMA2000

CDMA2000 是由窄带 CDMA（CDMA IS95）技术发展而来的宽带 CDMA 技术，也称为 CDMA Multi-Carrier，它是由美国高通北美公司为主导提出的，摩托罗拉、朗讯和后来加入的韩国三星都有参与，韩国成为该标准的主导者。这套系统是从窄频 CDMAOne 数字标准衍生出来的，可以从原有的 CDMAOne 结构直接升级到 3G，建设成本低廉。但使用 CDMA 的国家和地区只有日本、韩国和北美，所以 CDMA2000 的支持者不如 WCDMA 多。CDMA2000 的研发技术却是目前各标准中进度最快的，许多 3G 手机已经率先面世。该标准提出了 CDMA IS95（2G）—CDMA20001x—CDMA20003x（3G）的演进策略。CDMA20001x 称为 2.5 代移动通信技术。CDMA20003x 与 CDMA20001x 的主要区别在于应用了多路载波技术，通过采用三载波使带宽提高。中国电信正在采用这一方案向 3G 过渡，并已建成了 CDMA IS95 网络。

3. TD-SCDMA

TD-SCDMA 标准是由中国独自制定的 3G 标准，1999 年 6 月 29 日，由邮电部电信科学技术研究院（大唐电信科技产业集团）向 ITU 提出，但技术发明始于西门子公司，TD-SCDMA 具有辐射低的特点，被誉为绿色 3G。该标准将智能无线、同步 CDMA 和软件无线电等当今国际领先技术融于其中，在频谱利用率、对业务支持的灵活性、频率灵活性及成本等方面具有独特优势。另外，由于中国庞大的市场，该标准受到各大主要电信设备厂商的重视，全球 1/2 以上的设备厂商都宣布可以支持 TD-SCDMA 标准。该标准提出不经过 2.5 代的中间环节，直接向 3G 过渡，非常适用于 GSM 向 3G 升级。军用通信网也是 TD-SCDMA 的核心任务。相对于另外两个主要 3G 标准——CDMA2000 和 WCDMA，它的起步较晚，技术不够成熟。

4. WiMAX

WiMAX 的全称是微波存取全球互通（worldwide interoperability for microwave access），又称为 802·16 无线城域网，是又一种为企业和家庭用户提供"最后一英里"的宽带无线连接方案。将此技术与需要授权或免授权的微波设备相结合之后，由于成本较低，将扩大宽带无线市场，改善企业与服务供应商的认知度。2007 年 10 月 19 日，在国际电信联盟在日内瓦举行的无线通信全体会议上，经过多数国家投票通过，WiMAX 正式批准成为继 WCDMA、CDMA2000 和 TD-SCDMA 之后的第四个全球 3G 标准。

WCDMA 和 CDMA2000 采用频分双工（frequency division duplexing，FDD）方式，需要成对的频率规划。WCDMA 即宽带 CDMA 技术，其扩频码速率为 3.84Mchip/s（chip 指码元），载波带宽为 5MHz，而 CDMA2000 的扩频码速率为 1.2288Mchip/s，载波带宽为 1.25MHz；另外，WCDMA 的基站间同步是可选的，而 CDMA2000 的基站间同步是必需的，因此需要 GPS。以上两点是 WCDMA 和 CDMA2000 最主要的区别。除此以外，在其他关键技术方面，如功率控制、软切换、扩频码以及所采用的分集技术等都是基本相同的，只有很小的差别。TD-SC-DMA 采用时分双工（time division duplexing，TDD）、TDMA/CDMA（time division multiple access/code division multiple access，时分多址/码分多址）方式工作，扩频码速率为 1.28Mchip/s，载波带宽为 1.6MHz，其基站间必须同步，与其他两种技术相比采用了智能天线、联合检测、上行同步及动态信道分配、接力切换等技术，具有频谱使用灵活、频谱利用率高等特点，适合非对称数据业务。

三、4G移动通信系统及技术应用

4G是第四代移动通信技术（the 4th generation mobile communication technology）的简称。4G系统能够以100Mbit/s的速度下载，比目前的拨号上网快2000倍，上传的速度也能达到20Mbit/s，并能够满足几乎所有用户对于无线服务的要求。而在用户最为关注的价格方面，4G与固定宽带网络在价格方面不相上下，而且计费方式更加灵活机动，用户完全可以根据自身的需求确定所需的服务。此外，4G可以在DSL（digital subscriber line，数字用户线路）和有线电视调制解调器没有覆盖的地方部署，然后扩展到整个地区。2013年12月4日下午，工业和信息化部正式发放4G牌照，宣告我国通信行业进入4G时代。

针对各种不同业务的接入系统，4G系统通过多媒体接入连接到核心网中，其中核心网的IP技术可以使用户实现在3G、4G、WLAN及固定网间无缝漫游。从4G网络结构来看，4G网络可分为物理网络层、中间环境层、应用网络层三层结构。

第四代移动通信系统主要由TD-LTE（time division-long term evolution，时分双工长期演进）和FDD-LTE（frequency division duplexing-long term evolution，频分双工长期演进）两大阵营组成，截至2014年1月15日，全球已有263张LTE商用网络遍布于97个国家。全球144个国家的508家运营商正在对LTE技术进行投资，全球21个国家和地区已有28张LTE TDD商用网络，其中13家运营商的网络为FDD/TDD兼容模式。4G真正开启了移动宽带的到来，随着网络的不断完善、智能终端的快速普及，客户流量需求得到极大的释放，户均流量出现井喷式增长。Verizon 4G用户月均流量达2GB，是国内3G用户户均流量的近14倍，4G时代流量收入将逐步超过语音收入，成为运营商收入的主体。国际市场已于2011年启动了TD-LTE的应用，我国于2013年12月4日发布4G牌照，我国的三大电信运营商同时获得了4G运营的牌照，且都是中国自主知识产权的TDD制式。

（一）4G核心技术

（1）接入方式和多址方案

正交频分复用（orthogonal frequency division multiple，OFDM）技术是一种无线环境下的高速传输技术，其主要思想就是在频域内将给定信道分成许多正交子信道，在每个子信道上使用一个子载波进行调制，各子载波并行传输。尽管总的信道是非平坦的，即具有频率选择性，但是每个子信道是相对平坦的，在每个子信道上进行的是窄带传输，信号带宽小于信道的相应带宽。OFDM技术的优点是可以消除或减小信号波形间的干扰，对多径衰落和多普勒频移不敏感，提高了频谱利用率，可实现低成本的单波段接收机。OFDM技术的主要缺点是功率效率不高。

（2）调制与编码技术

4G移动通信系统采用新的调制技术，如多载波正交频分复用调制技术以及单载波自适应均衡技术等调制方式，以保证频谱利用率和延长用户终端电池的寿命。4G移动通信系统采用更高级的信道编码方案（如Turbo码、级联码和LDPC（low density parity check，低密度奇偶校验）码等）、自动重发请求（automatic repeat request，ARQ）技术和分集接收技术等，从而在低比特信噪比条件下保证系统足够的性能。

（3）高性能的接收机

4G 移动通信系统对接收机提出了很高的要求。Shannon 定理给出了在带宽为 BW 的信道中实现容量为 C 的可靠传输所需要的最小 SNR（signal noise ratio，信噪比）。按照 Shannon 定理，可以计算出，对于 3G 系统如果信道带宽为 5MHz，数据速率为 2Mbit/s，所需的 SNR 为 1.2dB；而对于 4G 系统，要在 5MHz 的带宽上传输 20Mbit/s 的数据，则所需要的 SNR 为 12dB。可见对于 4G 系统，由于速率很高，对接收机的性能要求也高得多。

（4）智能天线技术

智能天线具有抑制信号干扰、自动跟踪以及数字波束调节等智能功能，被认为是未来移动通信的关键技术。智能天线应用数字信号处理技术，产生空间定向波束，使天线主波束对准用户信号到达方向，旁瓣或零陷对准干扰信号到达方向，达到充分利用移动用户信号并消除或抑制干扰信号的目的。这种技术既能改善信号质量，又能增加传输容量。

（5）MIMO 技术

MIMO（multiple-input multiple-output，多输入多输出）技术是指利用多发射、多接收天线进行空间分集的技术，它采用的是分立式多天线，能够有效地将通信链路分解成为许多并行的子信道，从而大大提高容量。信息论已经证明，当不同的接收天线和不同的发射天线之间互不相关时，MIMO 系统能够很好地提高系统的抗衰落和噪声性能，从而获得巨大的容量。例如，当接收天线和发送天线数目都为 8 根，且平均 SNR 为 20dB 时，链路容量可以高达 42bit/(s·Hz)，这是单天线系统所能达到容量的 40 多倍。因此，在功率带宽受限的无线信道中，MIMO 技术是实现高数据速率、提高系统容量、提高传输质量的空间分集技术。在无线频谱资源相对匮乏的今天，MIMO 系统已经体现出优越性，也会在 4G 移动通信系统中继续应用。

（6）软件无线电技术

软件无线电技术是将标准化、模块化的硬件功能单元经过一个通用硬件平台，利用软件加载方式来实现各种类型的无线电通信系统的一种具有开放式结构的新技术。软件无线电技术的核心思想是在尽可能靠近天线的地方使用宽带 A/D（analog to digital，模数）和 D/A（digital to analog，数模）变换器，并尽可能多地用软件来定义无线功能，各种功能和信号处理都尽可能用软件实现。其软件系统包括各类无线信令规则与处理软件、信号流变换软件、信源编码软件、信道纠错编码软件、调制解调算法软件等。软件无线电使得系统具有灵活性和适应性，能够适应不同的网络和空中接口。软件无线电技术能支持采用不同空中接口的多模式手机和基站，能实现各种应用的可变服务质量（quality of service，QoS）。

（7）基于 IP 的核心网

移动通信系统的核心网是一个基于全 IP 的网络，同已有的移动网络相比具有根本性的优点，即可以实现不同网络间的无缝互联。核心网独立于各种具体的无线接入方案，能提供端到端的 IP 业务，能同已有的核心网和 PSTN 兼容。核心网具有开放的结构，能允许各种空中接口接入；同时核心网能把业务、控制和传输等分开。采用 IP 后，所采用的无线接入方式和协议与核心网络（core network，CN）协议、链路层是分离独立的。IP 与多种无线接入协议相兼容，因此在设计核心网络时具有很大的灵活性，不需要考虑无线接入究竟采用何种方式和协议。

（8）多用户检测技术

多用户检测技术是宽带通信系统中抗干扰的关键技术。在实际的 CDMA 通信系统中，各个用户信号之间存在一定的相关性，这就是多址干扰存在的根源。由个别用户产生的多址干扰固然很小，可是随着用户数的增加或信号功率的增大，多址干扰就成为宽带 CDMA 通信系统的一个主要干扰。传统的检测技术完全按照经典直接序列扩频理论对每个用户的信号分别进行扩频码匹配处理，因而抗多址干扰能力较差；多用户检测技术在传统检测技术的基础上，充分利用造成多址干扰的所有用户信号信息对单个用户的信号进行检测，从而具有优良的抗干扰性能，解决了远近效应问题，降低了系统对功率控制精度的要求，因此可以更加有效地利用链路频谱资源，显著提高系统容量。随着多用户检测技术的不断发展，各种高性能又不是特别复杂的多用户检测器算法不断提出，在 4G 实际系统中采用多用户检测技术是切实可行的。

（二）4G 通信技术与传统通信技术的区别

4G 通信技术并没有脱离传统的通信技术，而是以传统通信技术为基础，并利用了一些新的通信技术，来不断提高无线通信的网络效率和功能。如果说现在的 3G 通信能为人们提供一个高速传输的无线通信环境，那么 4G 通信将是一种超高速无线网络，一种不需要电缆的信息超级高速公路，这种新网络可使电话用户以无线及三维空间虚拟实境连线。

与传统的通信技术相比，4G 通信技术最明显的优势在于通话质量及数据通信速度。然而，在通话质量方面，目前的移动电话消费者还是能接受的。随着技术的发展与应用，现有移动电话网中手机的通话质量还将进一步提高。数据通信速度的高速化的确是一个很大的优点，它的最大数据传输速率达到 100Mbit/s。另外，由于技术的先进性确保了成本投资的大大减少，未来的 4G 通信费用也要比目前的通信费用低。

4G 通信技术将是继第三代移动通信技术以后的又一次无线通信技术演进，其开发更加具有明确的目标性：提高移动装置无线访问互联网的速度。据 3G 市场分三个阶段走的发展计划，3G 的多媒体服务在 10 年后将进入第三个发展阶段，此时覆盖全球的 3G 网络已经基本建成，全球 25%以上人口使用第三代移动通信系统。在发达国家，3G 服务的普及率更将超过 60%，那么就需要有更新一代的系统来进一步提升服务质量。

为了充分利用 4G 通信给我们带来的先进服务，还必须借助各种各样的 4G 终端才能实现，而不少通信营运商正是看到了未来通信的巨大市场潜力，他们现在已经开始把眼光瞄准到生产 4G 通信终端产品上，如生产具有高速分组通信功能的小型终端、生产对应配备摄像机的可视电话以及电影电视的影像发送服务的终端，或者是生产与计算机相匹配的卡式数据通信专用终端。有了这些通信终端后，手机用户就可以随心所欲地漫游了，随时随地地享受高质量的通信。

（三）4G 网络体系结构

根据 3GPP（3rd Generation Partnership Project，第三代合作伙伴计划）制定的规范，

4G 的接入网络称为 E-UTRAN，核心网络称为 EPC，鉴于此，整个 4G 网络可称为 EPS 系统。由于 4G 初期在项目研究中接入网称为 LTE，但是在核心网研究项目中 4G 以 SAE（system architecture evolution，系统架构演进）表示，称 4G 网络为 LTE/SAE 网络。

　　E-UTRAN 和 EPC 之间的接口为 S1 接口。负责用户面和控制面的分离，S1 接口可以分为控制面接口和用户面接口两种。控制面接口即与 MME（mobility management entity，移动性管理实体）的接口 S1-MME，用户面接口即与 SGW（serving gateway，服务网关）实体的接口 S1-U。

　　MME 属于控制面设备，负责控制面信息命令的传输，其中的 SGW 和 PDNGW（packet data network gateway，分组数据网关）属于用户面设备，主要负责用户包数据的过滤、路由和转发。

　　LTE 核心网支持多网融合。包括 LTE 在内的多种无线接入技术属于 EPC 支持的范畴，EPC 不仅支持 UMTS 网络的接入，而且支持非 3GPP 制式的网络接入，如 GSM、CDMA、WLAN、WiMAX 等网络，从而在 EPC 平台上实现不同无线制式的大融合。

　　为方便实现业务使用时不同制式在无线系统中的无缝切换，EPC 和各种无线制式中都设计有标准接口，如图 4-28 所示。

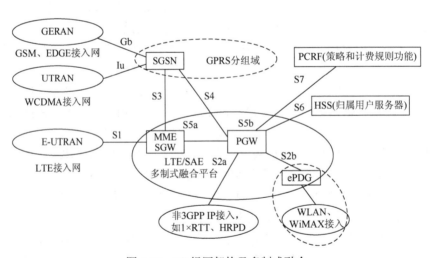

图 4-28　4G 组网架构及多制式融合

GERAN 为 GSM EDGE 无线接入网（GSM EDGE radio access network）；SGSN 为服务 GPRS 支持节点（service GPRS supporting node）；PCRF 为策略和计费规则功能（policy and charging rules function）；HSS 为归属用户服务器（home subscriber server）；ePDG 为演进的分组数据网关（evolved packet data network gateway）；RTT 为无线传输技术（radio transmission technology）；HRPD 为高速分组数据（high rate packet data）

实验一：上位机控制 GPRS 进行数据无线传输实验

【实验目的】

1）掌握 GSM/GPRS 模块数据无线传输 AT（attention）指令集。

2）掌握 GSM/GPRS 模块收发数据的使用方法。

【实验条件】

1）GPRS 扩展模块（含 GPRS 天线）。

2）PC（串口功能正常）。

3）标准 9 芯串口线。

4）SIM 卡（自配，已开通 GPRS 业务）。

5）物流信息技术与信息管理实验软件平台（LogisTechBase.exe）。

6）物流信息技术与信息管理实验硬件平台。

【实验步骤】

1）做好实验前的准备工作。

2）确认网络状态。使用指令 AT%TSIM、AT+COPS？、AT+CSQ，确认网络状态、检测注册状态、信号强度等，若成功，返回结果如图 4-29～图 4-31 所示。

3）参数设置。AT%IOMODE = 1, 1, 0。其中第一个数字 1 代表第一个参数 = 1，模块对输入、输出数据进行转换，这个时候用户也要对输入和输出数据进行相应转换。第二个数字 1 代表第二个参数 = 1，当前使用单链接 AT 命令。第三个数字 0 代表第三个参数 = 0，使用接收缓存，此时数字应一次性输入。

4）注册网关。AT%ETCPIP = "user","gprs"。注册用户名密码，并等待分配 IP，收到 OK 后表示分配 IP 完成，这个时间根据网络有所不同，建议等待时间可以设定为 10s，注册过程中做其他 AT 操作会注册不到 IP，成功后返回 OK。

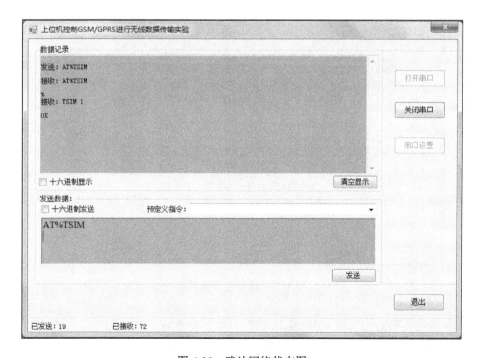

图 4-29　确认网络状态图

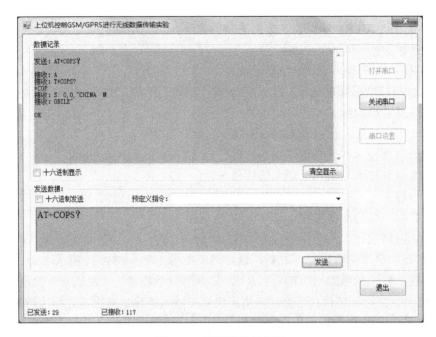

图 4-30　检测注册状态图

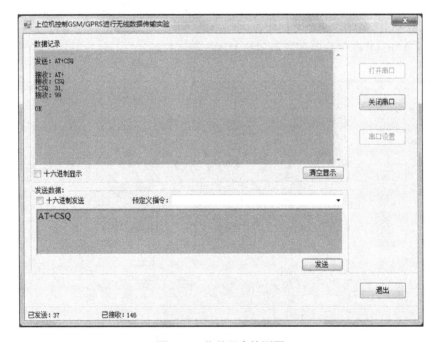

图 4-31　信号强度检测图

5）询问是否初始化成功。AT%ETCPIP?，该指令查询 GPRS 初始化是否成功。

6）设置接收服务器。AT%IPOPEN = "TCP"，"61.50.168.12"，13000，其中，"61.50.168.12" 为服务器端 IP 地址，端口号为 13000，反馈结果如图 4-32 所示。

图 4-32 结果反馈示意图

设置接收服务器的协议类型、IP 地址和端口号，返回 CONNECT，如图 4-33 所示。在此步骤前一定要进行前面的参数设置和注册网关。

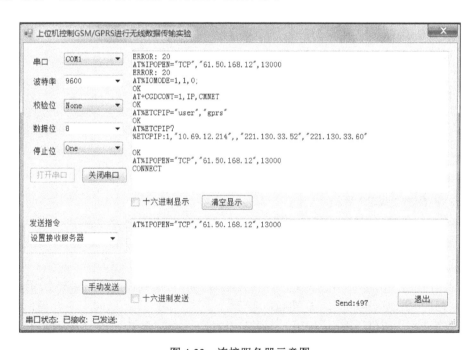

图 4-33 连接服务器示意图

7）数据传输。命令为 AT%IPSEND = "546564"，其中引号内填入相应数据，如图 4-34 所示。

图 4-34　数据传输示意图

实验二：基于 WebGIS/GPRS/GSM/GPS 的运输定位与管理综合实验

【实验目的】

1）掌握基于 Web 技术的 GIS 使用方法。

2）掌握导出 XML 格式的 GPS 数据。

3）掌握 WebGIS 实时定位方法。

4）掌握 GIS 地图中导入 GPS 数据的方法。

5）掌握监控车辆管理的方法。

6）认识 GPS 与 GIS 在车辆与运输中的应用。

【实验条件】

1）PC（能够连接到 Internet）。

2）标准配置的 GPS 手机。

3）物流信息技术与信息管理实验软件平台（LogisTechBase.exe）。

4）物流信息技术与信息管理实验硬件平台。

【实验步骤】

1）打开系统中的基于 WebGIS 的 GPS 运输定位与管理实验，如图 4-35 所示。

2）打开后出现登录界面，如图 4-36 所示。

3）查看供应方提供的账号、密码，登录后可以进入车辆监控系统主界面，如图 4-37 所示。

4）在窗体右侧为可操作的 GIS 区域，如图 4-38 所示。

5）利用鼠标滚轴和放大缩小控制轴，可以进行地图的放大缩小操作，在可操作的 GIS 区域，按住鼠标左键不放，拖动鼠标可进行地图拖动实验，在可操作区域的右上角可进行测距、卫星地图切换功能，如图 4-39 所示。

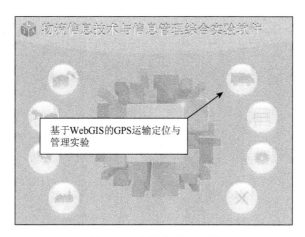

图 4-35　实验位置示意图

6）单击"测距"选项后，出现如图 4-40 所示的界面。

图 4-36　实验登录界面示意图

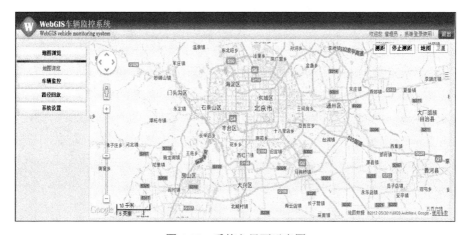

图 4-37　系统主界面示意图

图 4-38 可操作的 GIS 区域示意图

图 4-39 控制地图示意图

图 4-40 地图测距示意图

7）单击"卫星"选项后，出现如图 4-41 所示的界面。

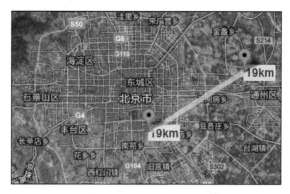

图 4-41　卫星地图示意图

8）单击"车辆监控"选项，进行车辆实施监控与管理，如图 4-42 所示。

图 4-42　"车辆监控"选项示意图

9）单击图 4-43 中的"选择车辆"选项，可实时监控在途车辆位置，如图 4-43 所示。

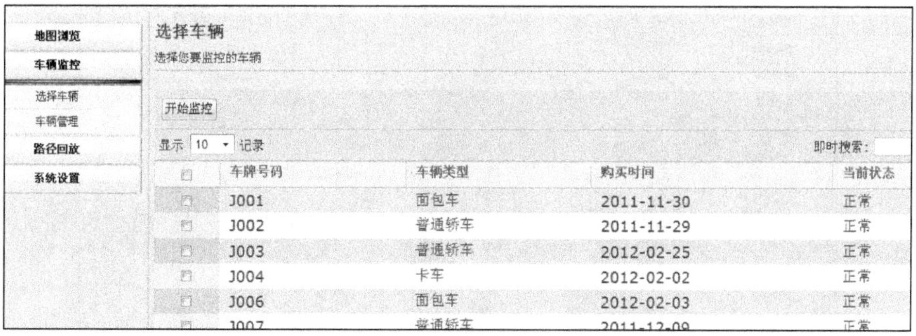

		选择车辆			
地图浏览		选择您要监控的车辆			
车辆监控					
选择车辆		开始监控			
车辆管理					
路径回放		显示 10 ▼ 记录			即时搜索：
系统设置		☐ 车牌号码	车辆类型	购买时间	当前状态
		☐ J001	面包车	2011-11-30	正常
		☐ J002	普通轿车	2011-11-29	正常
		☐ J003	普通轿车	2012-02-25	正常
		☑ J004	卡车	2012-02-02	正常
		☐ J006	面包车	2012-02-03	正常
		☐ J007	普通轿车	2011-12-09	正常

图 4-43　"选择车辆"选项示意图

10）单击"车辆管理"选项，可以对要监控的车辆进行管理，如图 4-44 所示。

图 4-44   "车辆管理"选项示意图

11）单击"路径回放"选项，选择回放车辆与时间，可调出历史监控数据进行回放，如图 4-45 所示。

图 4-45   "路径回放"选项示意图

12）在"系统设置"选项中，可以进行用户与密码的管理，如图 4-46 所示。

图 4-46   "系统设置"选项示意图

本 章 小 结

本章针对物流领域中所应用到的网络与移动通信技术进行了介绍。主要对计算机网络技术、Zigbee 技术、移动通信技术以及网络与通信技术在物流系统中的应用等方面的知识进行了阐述。

➤教学实践

任务	任务分解	教学要求			教学设计		
		认识层次	讲授程度	特别要求	教学方法	教学手段	教学资源
任务一：Zigbee 数据采集及协议分析以及基于 Zigbee/RFID 技术的生产物流管理系统设计	1. 老师先下发任务：Zigbee 数据采集及分析以及基于 Zigbee/RFID 技术的生产物流管理系统设计；2. 老师指导学生了解掌握计算机及 Zigbee 网络原理，并且对其进行讲解；3. 学生一边操作，一边学习理论知识，进行相应的实验内容的方法掌握，并且进行实际操作演练	掌握	重点讲授	会分析	讲授法、案例教学法、教学软件操作	多媒体教学、实验箱	计算机、模拟实验室
任务二：上位机控制 GPRS 进行数据无线传输实验及基于 WebGIS/GPRS/GSM/GPS 的运输定位与管理综合实验	1. 老师先下发任务：上位机控制 GPRS 进行数据无线传输实验及基于 WebGIS/GPRS/GSM/GPS 的运输定位与管理综合实验；2. 老师指导学生了解掌握上位机控制 GPRS 进行数据无线传输及运输定位系统的需求分析；3. 学生一边回顾理论知识，一边进行实际操作演练	掌握	重点讲授	会分析	讲授法、案例教学法、教学软件操作	多媒体教学、实验箱	计算机、模拟实验室

➤教学评价

评价类别	评价项目	评价标准	评价依据	评价方式			权重
				学生自评	同学互评	教师评价	
				0.1	0.1	0.8	
过程评价	学习能力	学习态度、学习兴趣、学习习惯、沟通表达能力、团队合作精神	学生考勤、课后作业完成情况、课堂表现、收集和使用资料情况、合作学习情况				0.2
	专业能力	了解 Zigbee 的数据采集过程；认识 Zigbee 协议通信原理和通信过程；了解 Zigbee 节点类型以及 Zigbee 收集的温度、湿度和光照度的曲线；了解 Zigbee 技术在生产物流中的应用	Zigbee 节点的连接和断开；Zigbee 数据采集过程与 RFID 读取过程；Zigbee 节点类型以及 Zigbee 收集的温度、湿度和光照度的曲线；GPRS/GSM 模块收发数据的使用方法				0.3
	其他方面	探究、创新能力	积极参与研究性学习，有独到的见解，能提出多种解决问题的方法				0.1
结果评价		理论考核					0.2
		实操考核					0.2

名称：物流信息通信技术与应用实践

➢复习思考题

1. 选择题

（1）下面哪个不是 Zigbee 技术的优点（　　）。

  A 近距离   B 高功耗   C 低复杂度   D 低数据速率

（2）作为 Zigbee 技术的物理层和媒体接入层的标准协议是（　　）。

  A IEEE802.15.4   B IEEE802.11b

  C IEEE802.11a   D IEEE802.12

2. 名词解释

（1）无线局域网。

（2）Zigbee 技术。

3. 简答题

（1）计算机网络有几种分类方式？

（2）OSI 参考模型各协议层的作用是什么？

（3）Zigbee 技术的主要特点有哪些？

第五章

物流信息管理技术与应用实践

本章实施体系如下。

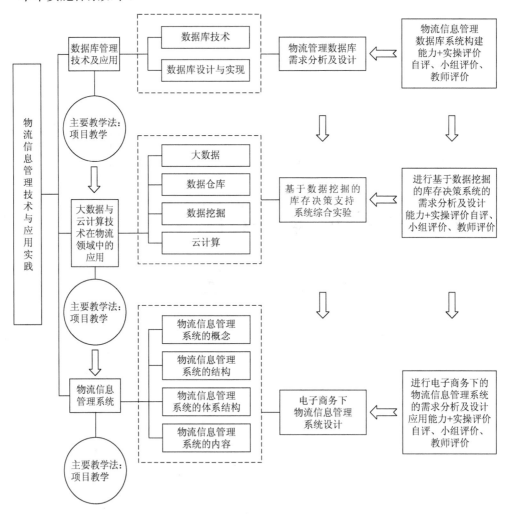

▶案例引导

Teradata 天睿公司在京举办了第 13 届 Teradata Universe 峰会（也称 2013 Teradata 大数据峰会）。会议期间，Teradata 天睿公司全球运输物流业总监 Shaun Connolly 在接受记者访问时，关于数据分析和数据挖掘在物理行业中所突显的战略地位提到了如下几方面。

1. 交通物流行业起步较晚，经济衰退推进业务增长

Teradata 天睿公司提供的数据显示，在 2012 年的业务中，交通运输行业的增长速度最快，达到了 28%，而且营收贡献已经达到了 6%。对此，Shaun Connolly 认为，交通运输行业以前一直专注于如何将已有的资产做大，而没有更多考虑运用高科技手段来发展自身业务。交通物流行业，商业智能运用比较滞后，很多企业最近几年才意识到如何运用数据实现业务增长，开始使用预测性分析工具、数据挖掘工具等。另外，运输物流行业是一

个较分散的市场，企业数量庞大，随着行业不断走向成熟，Teradata 天睿公司的业务逐渐覆盖到全球大型物流企业，市场份额也会不断上升。

现在，很多交通物流企业在非常快速地部署新设备、新终端，利用新技术提升整个业务发展，但由于最近两年全球经济增速放缓，各大交通物流企业开始思考如何降低成本，进一步提高相关设备的使用效率。由于没有过多投资购置新的设备终端，很多企业开始利用现有的终端设备获取数据，从中获得更大的价值。

"可以说全球经济不景气，反而推动了运输物流企业产生了更多利用数据、挖掘数据价值的需求，相应推动了数据分析和解决方案的需求"，Shaun Connolly 告诉记者。"此外，行业内的企业使用新技术是以加速度的方式增长的，现在很多企业进入新市场，我们可以将最佳实践和成功案例进行推广，让企业可以快速使用高科技工具，更快更好地发展"。

2. 数据分析和数据挖掘成为差异化优势

目前，国外的物流企业产业化和集约化程度很高，比较大的一些企业垄断了很多业务，而中国的物流企业现在还处在"战国时代"，企业的数量非常多，但每家的市场份额都非常小，信息技术应用程度也比较低。

前几年北美和欧洲的物流行业也处在跟中国目前物流行业类似的状态，也经历了企业数量多、规模不大的发展阶段。但经过不断发展，通过行业整合、兼并和收购，小企业慢慢做大，最后变成超大的物流企业。

Shaun Connolly 认为：在未来，企业要想成为顶尖的物流企业，就要靠数据获得竞争优势。客户希望通过单一视图了解在运输物流业务当中所有的、各方面的情况。所以，在未来物流企业要取得成功，不光要衡量使用的信息技术以及技术水平的高低，更重要的是要衡量企业如何应用数据来实现价值。数据利用的好坏与企业的服务质量优劣同样重要。

另外，中国物流运输行业中用户的选择灵活性很高，但是欧洲和美国市场中物流的企业非常注重培养客户的黏性，物流企业通过对数据进行分析和处理，为客户提供深度的数据分析成果，就可以进一步巩固和客户之间的关系，客户就更倾向于选择这家物流公司进行合作，培养客户黏性，不会流失客户和业务。

3. 分步建立数据仓库

现在，全球化也是中国物流企业的重要发展趋势。许多中国的大型物流企业，都在进行全球化布局。Shaun Connolly 认为，建立统一的、合适的、全球化的数据模型是非常关键的。建立统一的整合数据仓库（data ware house）、统一的数据视图，才可以保证在不同国家、不同区域和不同部门看到相同的数据。

首先，要建立整合的数据分析平台蓝图，以便规划好更快速地实现业务增长。从数据角度分析，就是要保证数据放在合适的位置，确保数据的重复再使用。

其次，对于交通物流行业来说，在建数据仓库的时候，要把核心的关键数据放进数据仓库，因为核心的数据能够为企业创造巨大的业务价值。建立数据仓库必须采用分阶段的方式，就像搭积木一样，根据业务需求和战略规划，一块一块搭上去。

最后，当企业把数据存储在数据仓库中、进行数据汇总时，一定要有全局概念，不能针对某一个业务需求建立分散的数据仓库，要从整个企业的高度建立一套统一的系统。各个业务部门对数据的需求不同，所需要的数据内容也就不同，因此在建数据仓库时，要全局地了解数据在未来究竟有哪些用途，被哪些业务部门使用。

Shaun Connolly 强调，在数据仓库当中，一定要把有关交易的细节数据都放进去。从数据的角度来说，如果你动了某一个表格，不要思考究竟把表格当中哪一行、哪一列的某一个数据、字段抓出来放在数据仓库里，需要把整张表放在数据仓库当中。

Shaun Connolly 认为：现在物流企业也进入了大数据时代，对企业最大的变化就是需要根据几近实时的数据做出决策。对企业来说，看一周前或者一个月以来的历史数据没有太大的意义，他们希望数据接近实时的状态，根据数据做出业务调整，确保每个业务上都可以创造利润，实现高效的业务运营。

请思考：对物流企业的物流大数据分析对该企业的长足发展的重要性是什么？

第一节 数据库管理技术及应用

一、数据库技术

数据库系统（database system，DBS）是为适应数据处理的需要而发展起来的一种较为理想的数据处理系统，也是一个为实际可运行的存储、维护和应用系统提供数据的软件系统，是存储介质、处理对象和管理系统的集合体。

1. 数据库系统

（1）基本定义

数据库系统通常由软件、数据库、数据库管理员和用户组成。数据库系统组成示意图如图 5-1 所示。其软件主要包括操作系统、各种宿主语言、实用程序以及数据库管理系统（database management system，DBMS）。数据库由数据库管理系统统一管理，数据的插入、修改和检索均要通过数据库管理系统进行。数据库管理员负责创建、监控和维护整个数据库，使数据能被任何有权使用的人有效使用。数据库管理员一般由业务水平较高、资历较深的人员担任。

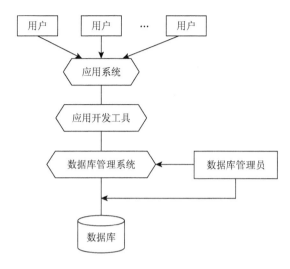

图 5-1 数据库系统组成示意图

数据库系统的个体含义是指一个具体的数据库管理系统软件和用它建立起来的数据库；它的学科含义是指研究、开发、建立、维护和应用数据库系统所涉及的理论、方法、技术所构成的学科。在这一含义下，数据库系统是软件研究领域的一个重要分支，常称为数据库领域。

数据库系统是为适应数据处理的需要而发展起来的一种较为理想的数据处理的核心机构。计算机的高速处理能力和大容量存储器提供了实现数据管理自动化的条件。

数据库研究跨越于计算机应用、系统软件和理论三个领域，其中，计算机应用促进新系统的研制开发，新系统带来新的理论研究，而理论研究又对前两个领域起着指导作用。数据库系统的出现是计算机应用的一个里程碑，它使得计算机应用从以科学计算为主转向以数据处理为主，并使计算机得以在各行各业乃至家庭普遍使用。在数据库系统之前的文件系统虽然也能处理持久数据，但是文件系统不提供对任意部分数据的快速访问，而这对数据量不断增大的应用来说是至关重要的。为了实现对任意部分数据的快速访问，就要研究许多优化技术。这些优化技术往往很复杂，是普通用户难以实现的，所以就由系统软件（数据库管理系统）来完成，而提供给用户的是简单易用的数据库语言。由于对数据库的操作都由数据库管理系统完成，数据库就可以独立于具体的应用程序而存在，数据库又可以为多个用户所共享。因此，数据的独立性和共享性是数据库系统的重要特征。数据共享节省了大量人力、物力，为数据库系统的广泛应用奠定了基础。数据库系统的出现使得普通用户能够方便地将日常数据存入计算机并在需要的时候快速访问它们，从而使计算机走出科研机构进入各行各业和家庭。

（2）系统构成

数据库系统的核心和基础是数据库管理系统。数据库系统一般由以下三部分组成。

1）数据库（database，DB）：是指长期存储在计算机内的，有组织、可共享的数据的集合。数据库中的数据按一定的数学模型组织、描述和存储，具有较小的冗余、较高的数据独立性和易扩展性，并可为各种用户共享。

2）软件：包括操作系统、各种宿主语言、实用程序及数据库管理系统。数据库管理系统是数据库系统的核心软件，是在操作系统的支持下工作，解决如何科学地组织和存储数据，如何高效获取和维护数据的系统软件。其主要功能包括数据定义功能、数据操纵功能、数据库的运行管理和数据库的建立与维护。

3）数据库管理员和用户：主要有4类。第一类为系统分析员和数据库设计人员，系统分析员负责应用系统的需求分析和规范说明，他们和第三类与第四类一起确定系统的硬件配置，并参与数据库系统的概要设计；数据库设计人员负责数据库中数据的确定、数据库各级模式的设计。第二类为应用程序员，负责编写使用数据库的应用程序，这些应用程序可对数据进行检索、建立、删除或修改。第三类为最终用户，他们利用系统的接口或查询语言访问数据库。第四类为数据库管理员（database administrator，DBA），负责数据库的总体信息控制。数据库管理员的具体职责包括：决定数据库中的信息内容和结构，决定数据库的存储结构和存取策略，定义数据库的安全性要求和完整性约束条件，监控数据库的使用和运行，负责数据库的性能改进、重组和重构，以提高系统的性能。

2. 数据模型

数据模型是信息模型在数据世界中的表示形式。可将数据模型分为三类：层次结构模型、网状结构模型和关系结构模型。

（1）层次结构模型

层次结构模型是一种用树形结构描述实体及其之间关系的数据模型。在这种结构中，每个记录类型都用节点表示，记录类型之间的联系则用节点之间的有向线段来表示。每个双亲节点可以有多个子节点，但是每个子节点只能有一个双亲节点。这种结构决定了采用层次结构模型作为数据组织方式的层次数据库系统只能处理一对多的实体联系。

层次结构模型实质上是一种有根节点的定向有序树（在数学中"树"被定义为一个无回的连通图）。此树就像一个高等学校的组织结构图。这个组织结构图像一棵树，校部就是树根（称为根节点），各系、专业、教师、学生等为枝点（称为节点），树根与枝点之间的联系称为边，树根与边之比为 $1:N$，即树根只有一个，树枝有 N 个。

按照层次结构模型建立的数据库系统称为层次模型数据库系统。IMS（information management system，信息管理系统）是其典型代表。

（2）网状结构模型

网状结构模型允许一个节点可以同时拥有多个双亲节点和子节点。因而同层次结构模型相比，网状结构模型更具有普遍性，能够直接地描述现实世界的实体。也可以认为层次结构模型是网状结构模型的一个特例。按照网状数据结构建立的数据库系统称为网状数据库系统，其典型代表是 DBTG（database task group，数据库任务组）。用数学方法可将网状数据结构转化为层次数据结构。

（3）关系结构模型

关系数据结构把一些复杂的数据结构归结为简单的二元关系（即二维表格形式）。例如，某单位的职工关系就是一个二元关系。

由关系数据结构组成的数据库系统称为关系数据库系统。

在关系数据库中，对数据的操作几乎全部建立在一个或多个关系表格上，通过对这些关系表格的分类、合并、连接或选取等运算来实现数据的管理。

dBASE Ⅱ就是这类数据库管理系统的典型代表。对于一个实际的应用问题（如人事管理问题），有时需要多个关系才能实现。用 dBASE Ⅱ建立起来的一个关系称为一个数据库（或称为数据库文件），而把对应多个关系建立起来的多个数据库称为数据库系统。dBASE Ⅱ的另一个重要功能是通过建立命令文件来实现对数据库的使用和管理，一个数据库系统相应的命令序列文件，称为该数据库的应用系统。

因此，可以概括地说，一个关系称为一个数据库，若干个数据库可以构成一个数据库系统。数据库系统可以派生出各种不同类型的辅助文件并建立它的应用系统。

3. 数据库管理系统

数据库管理系统是一种操纵和管理数据库的大型软件，用于建立、使用和维护数据库，它对数据库进行统一的管理和控制，以保证数据库的安全性和完整性。用户通过数据库管理系统访问数据库中的数据，数据库管理员也通过数据库管理系统进行数据库的维护工作。它可使多个应用程序和用户用不同的方法在同时或不同时刻去建立、修改和询问数据库。大部分数据库管理系统提供数据定义语言（data definition language，DDL）和数据操纵语言（data manipulation language，DML），供用户定义数据库的模式结构与权限约束，实现对数据的追加、删除等操作。

数据库管理系统是数据库系统的核心，是管理数据库的软件。数据库管理系统就是实现把用户意义下抽象的逻辑数据处理，转换成为计算机中具体的物理数据处理的软件。有了数据库管理系统，用户就可以在抽象意义下处理数据，而不必顾及这些数据在计算机中的布局和物理位置。

（1）主要功能

1）数据定义。数据库管理系统提供数据定义语言，供用户定义数据库的三级模式结构、两级映像以及完整性约束和保密限制等约束。数据定义语言主要用于建立、修改数据库的库结构。数据定义语言所描述的库结构仅仅给出了数据库的框架，数据库的框架信息被存放在数据字典（data dictionary，DD）中。

2）数据操作。数据库管理系统提供数据操纵语言，供用户实现对数据的追加、删除、更新、查询等操作。

3）数据库的运行管理。数据库的运行管理功能是数据库管理系统的运行控制、管理功能，包括多用户环境下的并发控制、安全性检查和存取限制控制、完整性检查和执行、运行日志的组织管理、事务的管理和自动恢复，即保证事务的原子性。这些功能保证了数据库系统的正常运行。

4）数据组织、存储与管理。数据库管理系统要分类组织、存储和管理各种数据，包括数据字典、用户数据、存取路径等，需确定以何种文件结构和存取方式在存储级上组织这些数据，如何实现数据之间的联系。数据组织和存储的基本目标是提高存储空间利用率，选择合适的存取方法提高存取效率。

5）数据库的保护。数据库中的数据是信息社会的战略资源，所以数据的保护至关重要。数据库管理系统对数据库的保护通过 4 个方面来实现：数据库的恢复、数据库的并发控制、数据库的完整性控制、数据库的安全性控制。数据库管理系统的其他保护功能还有系统缓冲区的管理以及数据存储的某些自适应调节机制等。

6）数据库的维护。这一部分包括数据库的数据载入、转换、转储、数据库的重组和重构以及性能监控等功能，这些功能分别由各个使用程序来完成。

7）通信。数据库管理系统具有与操作系统的联机处理、分时系统及远程作业输入的相关接口，负责处理数据的传送。网络环境下的数据库系统，还应该包括数据库管理系统与网络中其他软件系统的通信功能以及数据库之间的互操作功能。

（2）系统组成

根据其功能和应用需求，数据库管理系统通常由以下几部分组成。

1）数据库语言。数据库语言是给用户提供的语言，包括两个语言：数据定义语言和数据操纵语言。SQL 就是一个集数据定义和数据操纵语言为一体的典型数据库语言。几乎出现的关系数据库系统产品都提供 SQL 作为标准数据库语言。

①数据定义语言。

数据定义语言包括数据库模式定义和数据库存储结构与存取方法定义两方面。数据库模式定义处理程序接收用数据定义语言表示的数据库外模式、模式、存储模式及它们之间映射的定义，通过各种模式翻译程序将它们翻译成相应的内部表示形式，存储到数据库系统称为数据字典的特殊文件中，作为数据库管理系统存取和管理数据的基本依据；而处理程序接收用数据定义语言表示的数据库存储结构和存取方法定义，在存储设备上创建相关的数据库文件，建立起相应的物理数据库。

②数据操纵语言。

数据操纵语言用来表示用户对数据库的操作请求，是用户与数据库管理系统之间的接口。一般对数据库的主要操作包括：查询数据库中的信息、向数据库插入新的信息、从数据库删除信息以及修改数据库中的某些信息等。数据操纵语言通常又分为两类：一类是嵌入主语言，由于这种语言本身不能独立使用，称为宿主型的语言；另一类是交互式命令语言，由于这种语言本身能独立使用，称为自主型或自含型的语言。

2）数据库管理例行程序。数据库管理例行程序随系统不同而各异，一般包括以下几部分。

①语言翻译处理程序。语言翻译处理程序包括数据定义语言翻译程序、数据操纵语言处理程序、终端查询语言解释程序和数据库控制语言的翻译程序等。

②系统运行控制程序。系统运行控制程序包括系统的初启程序、文件读写与维护程序、

存取路径管理程序、缓冲区管理程序、安全性控制程序、完整性检查程序、并发控制程序、事务管理程序、运行日志管理程序和通信控制程序等。

③公用程序。公用程序包括定义公用程序和维护公用程序。定义公用程序包括信息格式定义、概念模式定义、外模式定义和保密定义等；维护公用程序包括数据装入、数据库更新、重组、重构、恢复、统计分析、工作日记转储和打印等。

（3）技术特点

1）采用复杂的数据模型表示数据结构，数据冗余小，易扩充，实现了数据共享。

2）具有较高的数据和程序独立性，数据库的独立性有物理独立性和逻辑独立性。

3）数据库系统为用户提供了方便的用户接口。

4）数据库系统提供 4 个方面的数据控制功能，分别是并发控制、恢复、完整性和安全性。数据库中各个应用程序所使用的数据由数据库系统统一规定，按照一定的数据模型组织和建立，由系统统一管理和集中控制。

5）增加了系统的灵活性。

二、数据库设计与实现

（一）数据库设计的任务、内容和步骤

1. 数据库设计的任务

数据库设计是指根据用户需求研制数据库结构的过程。具体地说，数据库设计是指对于一个给定的应用环境、构造最优的数据库模式，建立数据库及其应用系统，使之能有效地存储数据，满足用户的信息需求和处理需求，也就是把现实世界中的数据，根据各种应用处理的要求加以合理组织，使之满足硬件和操作系统特性，利用已有的数据库管理系统来建立能够实现系统目标的数据库。数据库设计的任务如图 5-2 所示。

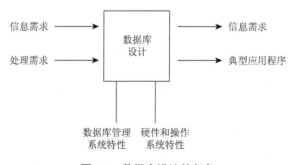

图 5-2　数据库设计的任务

2. 数据库设计的内容

数据库设计包括数据库的结构设计和数据库的行为设计两方面的内容。

（1）数据库的结构设计

数据库的结构设计是指根据给定的应用环境，进行数据库的模式或子模式的设计。它包括数据库的概念结构设计、逻辑结构设计和物理结构设计。数据库模式是各应用程序共享的结构，是静态的、稳定的，一经形成后通常情况下不容易改变，所以结构设计又称为静态模型设计。

（2）数据库的行为设计

数据库的行为设计是指确定数据库用户的行为和动作。在数据库系统中，用户的行为和动作指用户对数据库的操作。这些通过应用程序来实现，所以数据库的行为设计就是应用程序的设计，用户的行为总是使数据库的内容发生变化，所以行为设计是动态的。行为设计又称为动态模型设计。

3. 数据库设计的步骤

和其他软件一样，数据库的设计过程可以使用软件工程中生存周期的概念来说明，称为"数据库设计的生存期"，它是指从数据库研制到不再使用它的整个时期。按规范设计法可将数据库设计分为六个阶段：①系统需求分析阶段；②概念结构设计阶段；③逻辑结构设计阶段；④物理结构设计阶段；⑤数据库实施阶段；⑥数据库运行与维护阶段。

（二）系统需求分析

需求分析是数据库设计的起点，为以后的具体设计做准备。需求分析的结果是否准确地反映了用户的实际需求，将直接影响到后面各个阶段的设计并影响到设计结果是否合理和实用。经验证明，由于设计要求的不正确或对其有误解，直到系统测试阶段才发现许多错误，纠正起来要付出很大代价，必须高度重视系统的需求分析。

1. 需求分析的任务

从数据库设计的角度来看，需求分析的任务是：对现实世界要处理的对象（组织、部门、企业）等进行详细的调查，通过对原系统的了解，收集支持新系统的基础数据并对其进行处理，在此基础上确定新系统的功能。具体地说，需求分析阶段的任务包括下述三项。

1）调查分析用户活动。这个过程通过对新系统运行目标的研究，对现行系统所存在的主要问题以及制约因素的分析，明确用户总的需求目标，确定这个目标的功能域和数据域。具体做法如下。

①调查组织机构情况，包括该组织的部门组成情况，各部门的职责和任务等。

②调查各部门的业务活动情况，包括各部门输入和输出的数据与格式、所需的表格与卡片，加工处理这些数据的步骤、输入/输出的部门等。

③收集和分析需求数据，确定系统边界。

2）在熟悉业务活动的基础上，协助用户明确对新系统的各种需求，包括用户的信息需求、处理需求、安全性和完整性的需求等。

①信息需求是指目标范围内涉及的所有实体、实体的属性以及实体间的联系等数据对象，也就是用户需求从数据库中获得信息的内容与性质。由信息需求可以导出数据需求，即在数据库中需要存储的数据。

②处理需求是指用户为了得到需求的信息而对数据进行加工处理的要求，包括对某种处理功能的响应时间、处理的方式（批处理或联机处理）等。

③安全性和完整性的需求。在定义信息需求和处理需求的同时必须满足相应的安全性和完整性约束。

在收集各种数据后，对前面调查的结果进行初步分析，确定系统的边界，确定哪些功能由计算机完成或将来准备由计算机完成，哪些活动由人工完成。由计算机完成的功能就是新系统应实现的功能。

3）编写系统分析报告。系统需求分析阶段的最后是编写系统分析报告，通常称为需求规范说明书。需求规范说明书是对需求分析阶段的一个总结。编写系统分析报告是一个不断反复、逐步深入和逐步完善的过程，系统分析报告应包括以下内容。

①系统概况，系统的目标、范围、背景、历史和现状。

②系统的原理和技术，对原系统的改善。

③系统总体结构与子系统结构说明。

④系统功能说明书。

⑤数据处理概要、工程体制和设计阶段划分。

⑥系统方案及技术、经济、功能和操作上的可行性。

完成系统分析报告后，在项目方的领导下要组织有关技术专家评审系统分析报告，这是对需求分析结果的再审查。审查通过后由项目方和开发方领导签字认可。

随系统分析报告提供下列附件。

①系统的硬件、软件支持环境的选择及规格要求（所选择的数据库管理系统、操作系统、汉字平台、计算机型号及网络环境等）。

②组织结构图、组织之间联系图和各机构功能业务一览图。

③数据流程图、功能模块图和数据字典等图表。

如果用户同意系统分析报告和方案设计，在与用户进行详尽商讨的基础上，最后签订技术协议书。

系统分析报告是设计者和用户一致确认的权威性文件，是今后各阶段设计和工作的依据。

2. 需求分析的方法

用户参加数据库设计是数据应用系统设计的特点，是数据库设计理论不可分割的一部分。在数据需求分析阶段，任何调查研究没有用户的积极参加是寸步难行的，设计人员应和用户取得共同的语言，帮助不熟悉计算机的用户建立数据库环境下的共同概念，所以这个过程中不同背景的人员之间互相了解与沟通是至关重要的，同时方法也很重要。用于需求分析的方法有多种，主要方法有自顶向下和自底向上两种，如图 5-3 所示。

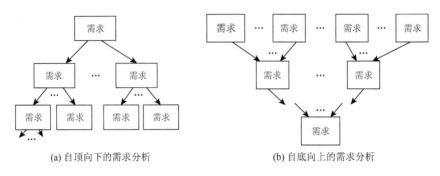

(a) 自顶向下的需求分析　　　　　　　　(b) 自底向上的需求分析

图 5-3　需求分析的方法

其中，自顶向下的分析（top-down approach analysis）方法是最简单实用的方法。自顶向下的分析方法从最上层的系统组织机构入手，采用逐层分解的方式分析系统，用数据流图（data flow diagram，DFD）和数据字典描述系统。下面对数据流图和数据字典做些简单的介绍。

（1）数据流图

使用自顶向下的分析方法，任何一个系统都可抽象为如图 5-4 所示的数据流图。

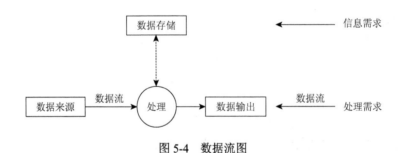

图 5-4　数据流图

在数据流图中，用命名的箭头表示数据流，用圆圈表示处理，用矩形或其他形状表示存储。图 5-5 是一个简单的数据流图。一个简单的系统可用一张数据流图表示。当系统比较复杂时，为了便于理解，控制其复杂性，可以采用分层描述的方法。一般用第一层描述系统的全貌，第二层分别描述各子系统的结构。如果系统结构还比较复杂，那么可以继续细化，直至表达清楚。在处理功能逐步分解的同时，它们所用的数据也逐级分解，形成若干层次的数据流图。数据流图表达了数据和处理过程的关系。

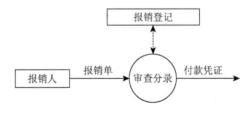

图 5-5　数据流图示例

（2）数据字典

数据字典是对系统中数据的详细描述，是各类数据结构和属性的清单。它与数据流图互为注释。数据字典贯穿于数据库需求分析到数据库运行的全过程，在不同的阶段，其内容和用途各有区别。在需求分析阶段，它通常包含以下五部分内容。

1）数据项。数据项是数据的最小单位，其具体内容包括数据项名、含义说明、别名、类型、长度、取值范围、与其他数据的关系。

2）数据结构。数据结构是有意义的数据项集合。内容包括数据结构名、含义说明，这些内容组成数据项名。

3）数据流。数据流可以是数据项，也可以是数据结构，它表示某一处理过程中数据在系统内传输的路径。内容包括数据流名、说明、流出过程、流入过程，这些内容组成数据项或数据结构。

其中，流出过程说明该数据流由什么过程而来；流入过程说明该数据流到什么过程。

4）数据存储。处理过程中数据的存放场所也是数据流的来源和去向之一。可以是手工凭证、手工文档或者计算机文件。内容包括数据存储名、说明、输入数据流、输出数据流，这些内容组成数据项或数据结构、数据量、存取频度、存取方式。

其中，存取频度是指每天（或每小时、每周）存取几次，每次存取多少数据等信息。存取方式指的是批处理还是联机处理；是检索还是更新；是顺序检索还是随机检索等。

5）处理过程。处理过程的处理逻辑通常用判定表或判定树来描述，数据字典只用来描述处理过程的说明性信息。处理过程包括处理过程名、说明、输入（数据流）、输出（数据流）和处理（简要说明）。

最终形成的数据流图和数据字典为系统分析报告的主要内容。这是下一步进行概念结构设计的基础。

（三）概念结构设计

1. 概念结构设计的方法

设计概念结构的 E-R（entity-relationship，实体联系）模型可采用以下四种方法。

1）自顶向下。先定义全局概念结构 E-R 模型的框架，再逐步细化，如图 5-6（a）所示。

2）自底向上。先定义各局部应用的概念结构 E-R 模型，然后将它们集成，得到全局概念结构 E-R 模型，如图 5-6（b）所示。

3）逐步扩张。先定义最重要的核心概念结构 E-R 模型，然后向外扩充，以滚雪球的方式逐步生成其他概念结构 E-R 模型，如图 5-6（c）所示。

4）混合策略。该方法采用自顶向下和自底向上相结合的方法，先自顶向下定义全局框架，再以它为骨架集成自底向上方法中设计的各个局部概念结构。

最常用的概念结构设计方法是自底向上，即自顶向下地进行需求分析，再自底向上地设计概念结构。

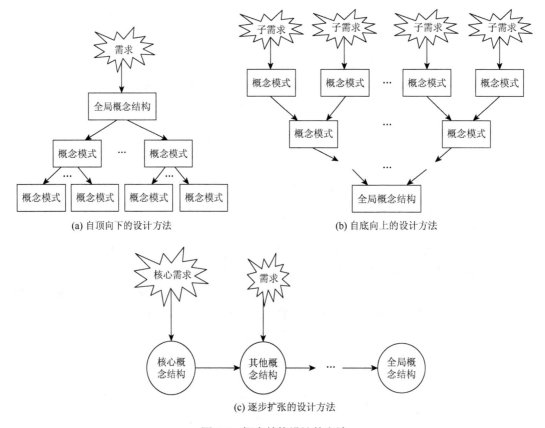

(a) 自顶向下的设计方法　　　　　　　　　　(b) 自底向上的设计方法

(c) 逐步扩张的设计方法

图 5-6　概念结构设计的方法

2. 概念结构设计的步骤

自底向上的设计方法可分为以下两步（图 5-7）。

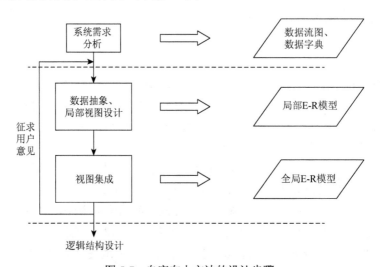

图 5-7　自底向上方法的设计步骤

1）进行数据抽象，设计局部 E-R 模型，即设计用户视图。

2）集成各局部 E-R 模型，形成全局 E-R 模型，即视图集成。

（四）逻辑结构设计

概念结构设计阶段得到的 E-R 模型是用户的模型，它独立于任何数据模型，独立于任何一个具体的数据库管理系统。为了建立用户所要求的数据库，还要把上述概念模型转换为某个具体的数据库管理系统所支持的数据模型。数据库逻辑结构设计的任务是将概念模型转换成特定数据库管理系统所支持的数据模型的过程。从此开始便进入了"实现设计"阶段，要考虑到具体的数据库管理系统的性能、具体的数据模型特点。

E-R 模型所表示的概念模型可以转换成任何一种具体的数据库管理系统所支持的数据模型，如网状结构模型、层次结构模型和关系结构模型。这里只讨论关系数据库的逻辑设计问题。所以只介绍 E-R 模型如何向关系结构模型转换。

一般的逻辑结构设计分为以下三步（图 5-8）。

1）初始关系模式设计。

2）关系模式规范化。

3）模式评价与改进。

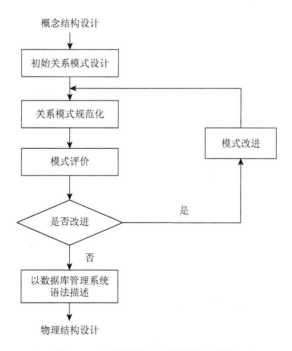

图 5-8　关系数据库的逻辑结构设计

（五）物理结构设计

数据库最终存储在物理设备上。对于给定的逻辑数据模型，选取一个最适合应用环境的物理结构的过程，称为数据库物理结构设计。物理结构设计的任务是有效地实现逻辑模式，确定所采取的存储策略。此阶段以逻辑设计的结果作为输入，结合具体数据库管理系统的特点与存储设备特性进行设计，选定数据库在物理设备上的存储结构和存取方法。

数据库的物理结构设计可分为两步：①确定物理结构，在关系数据库中主要指存取方法和存储结构；②评价物理结构，评价的重点是时间和空间效率。以下展开阐述。

（1）确定物理结构

设计人员必须深入了解给定的数据库管理系统的功能，数据库管理系统提供的环境和工具、硬件环境，特别是存储设备的特征。另外，要了解应用环境的具体要求，如各种应用的数据量、处理频率和响应时间等。只有"知己知彼"才能设计出较好的物理结构。

（2）存储记录结构的设计

在物理结构中，数据的基本存取单位是存储记录。有了逻辑记录结构以后，就可以设计存储记录结构，一个存储记录可以和一个或多个逻辑记录相对应。存储记录结构包括记录的组成、数据项的类型和长度，以及逻辑记录到存储记录的映射。某一类型的所有存储记录的集合称为"文件"。文件的存储记录可以是定长的，也可以是变长的。

文件组织或文件结构是组成文件的存储记录的表示法。文件结构应该表示文件格式、逻辑次序、物理次序、访问路径和物理设备的分配。物理数据库就是指数据库中实际存储记录的格式、逻辑次序、物理次序、访问路径和物理设备的分配。

决定存储结构的主要因素包括存储时间、存储空间和维护代价三个方面。设计时应当根据实际情况对这三个方面进行综合权衡。一般数据库管理系统也提供一定的灵活性可供选择，包括聚集和索引。

1）聚集（cluster）。聚集就是为了提高查询速度。把在一个（或一组）属性上具有相同值的元组集中地存放在一个物理块中。如果存放不下，可以存放在相邻的物理块中。其中，这个（或这组）属性称为聚集码。

2）索引。存储记录是属性值的集合，主关系键可以唯一确定一个记录，而其他属性的一个具体值不能唯一确定是哪个记录。在主关系键上应该建立唯一索引。这样不但可以提高查询速度，还能避免关系键重复值的录入，确保了数据的完整性。

在数据库中，用户访问的最小单位是属性。如果针对某些非主属性的检索很频繁，可以考虑建立这些属性的索引文件。索引文件对存储记录重新进行内部连接，从逻辑上改变了记录的存储位置，从而改变了访问数据的入口点。关系中数据越多，索引的优越性也就越明显。

建立多个索引文件可以缩短存取时间，但是增加了索引文件所占用的存储空间以及维护的开销，因此，应该根据实际需要综合考虑。

（3）访问方法的设计

访问方法是为存储在物理设备（通常指键存）上的数据提供存储和检索能力的方法。一个访问方法包括存储结构和检索机构两个部分。存储结构限定了可能访问的路径和存储记录；检索机构定义了每个应用的访问路径，但不涉及存储结构的设计和设备分配。

访问路径的设计分成主访问路径的设计与辅访问路径的设计。主访问路径与初始记录的装入有关，通常是用主键来检索的。首先利用这种方法设计各个文件，使其能最有效地处理主要的应用。一个物理数据库很可能有几套主访问路径。辅访问路径通过辅助键的索引对存储记录重新进行内部连接，从而改变访问数据的入口点。用辅助索引可以缩短访问时间，但增加了存储空间和索引维护的开销。设计人员应根据具体情况做出权衡。

（4）数据存放位置的设计

为了提高系统性能，应该根据应用情况将数据的易变部分、稳定部分、经常存取部分和存取频率较低部分分开存放。

例如，目前许多计算机都有多个磁盘，因此，可以将表和索引分别存放在不同的磁盘上，在查询时，由于两个磁盘驱动器并行工作，可以提高物理读写的速度。在多用户环境下，可能将日志文件和数据库对象（表、索引等）存放在不同的磁盘上，以加快存取速度。另外，数据库的数据备份、日志文件备份等，只在数据库发生故障进行恢复时才使用，而且数据量很大，可以存放在磁带上，以改进整个系统的性能。

（5）系统配置的设计

数据库管理系统产品一般都提供了一些系统配置变量，存储分配参数，供设计人员和数据库管理员对数据库进行物理优化。系统为这些变量设定了初始值，但是这些值不一定适合每一种应用环境，在物理结构设计阶段，要根据实际情况重新对这些变量赋值，以满足新的要求。

系统配置变量和存储分配参数有很多，如同时使用数据库的用户数、同时打开的数据库对象数、内存分配参数、缓冲区分配参数（使用的缓冲区长度、个数）、存储分配参数、数据库的大小、时间片的大小、锁的数目等，这些参数值影响存取时间和存储空间的分配，在进行物理结构设计时，要根据应用环境确定这些参数值，以使系统的性能达到最优。

实验一：物流管理数据库需求分析

【实验目的】
1）熟悉物流信息管理系统。
2）掌握物流管理数据库系统的需求分析。
3）锻炼学生进行实际数据库系统分析及构建的能力。
4）计算机软件环境为 Windows 7 或 Windows XP。
【实验条件】
1）PC（联网正常）。
2）Microsoft Office 套装。

3）SQL Server 2008。

【实验步骤】

首先明确物流管理系统是为制造商和零售商设计的管理系统以进行数据库系统的需求分析。

1）实现上游制造商的信息管理。

2）实现下游零售商的信息管理。

3）实现进库与配送的信息管理。从而提高物流效率，降低物流成本并提高企业管理化水平。

经过调研分析，得到系统的如下功能需求。

（1）数据检索

1）制造商、零售商查询某一产品名称、规格和单位。

输入：产品编号。

输出：产品名称、产品规格、产品单位、制造商编号。

2）物流中心、制造商查询某一零售商名称、联系人、地址、电话号码、网址。

输入：零售商编号。

输出：零售商名称、联系人、地址、电话号码、网址。

3）零售商、物流中心查询某一制造商信息表。

输入：制造商编号。

输出：制造商名称、联系人、地址、电话号码、网址。

4）物流中心、制造商、零售商查询某一产品的出库信息表。

输入：仓库编号。

输出：仓库编号、库名、地址、电话。

5）物流中心、零售商查询某一产品的制造商和产品信息表。

输入：产品编号编号。

输出：制造商名称、联系人、地址、电话号码、网站、产品名称、产品规格、产品单位。

6）查询某一产品对应的物流中心编号及产品信息。

输入：产品编号。

输出：物流中心编号、货物价格、产品编号、产品名称、产品规格、产品单位。

7）制造商、零售商查询某一物流中心信息。

输入：物流中心编号。

输出：物理中心名称、联系人、地址、电话号码、网址。

（2）数据插入

1）产品数据插入。

2）制造商数据插入。

3）零售商数据插入。

4）物流中心数据插入。

（3）数据修改

1）产品数据修改。某产品数据变化时，输入该产品编号以及需修改的属性，完成对产品表的修改。

2）制造商数据修改。某制造商数据变化时，输入该制造商编号以及需修改的属性，完成对制造商表的修改。

3）零售商数据修改。某零售商数据变化时，输入该零售商编号以及需修改的属性，完成对零售商表的修改。

4）物流中心数据修改。某物流中心数据变化时，输入该物流中心编号以及需修改的属性，完成对物流中心表的修改。

实验二：物流管理数据库概念设计

【实验目的】

1）了解物流信息管理系统。

2）掌握物流管理数据库概念设计。

3）根据系统需求划分功能模块，根据各个模块的功能设计，完成数据库的概念设计。

4）锻炼学生进行实际数据库系统分析及构建的能力。

5）计算机软件环境为 Windows 7 或 Windows XP。

【实验条件】

1）PC（联网正常）。

2）Microsoft Office 套装。

3）SQL Server 2008。

【实验步骤】

经上述实验一的需求分析，抽象出以下 E-R 模型。

1）制造商实体，如图 5-9 所示。

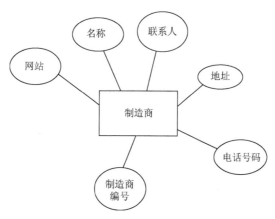

图 5-9　制造商实体

2）物流中心实体，如图 5-10 所示。

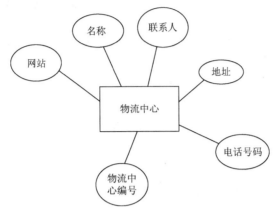

图 5-10　物流中心实体

3）零售商实体，如图 5-11 所示。

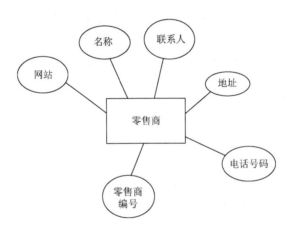

图 5-11　零售商实体

4）产品实体，如图 5-12 所示。

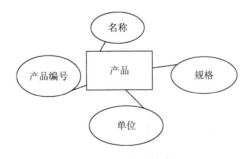

图 5-12　产品实体

5）仓库实体，如图 5-13 所示。

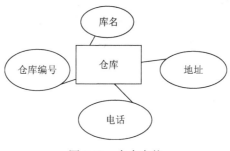

图 5-13　仓库实体

6）全局 E-R 模型，如图 5-14 所示。

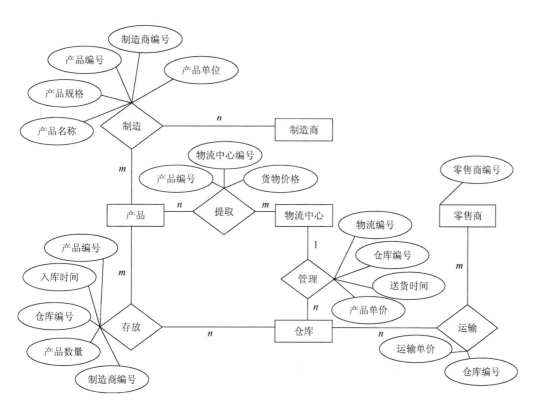

图 5-14　全局 E-R 模型

实验三：物流管理数据库逻辑设计

【实验目的】

1）了解物流信息管理系统。

2）掌握物流管理数据库逻辑设计。

3）根据系统需求划分功能模块，根据各个模块的功能设计，完成数据库的逻辑设计。

4）锻炼学生进行实际数据库系统分析及构建的能力。

5）计算机软件环境为 Windows 7 或 Windows XP。

【实验条件】

1）PC（联网正常）。

2）Microsoft Office 套装。

3）SQL Server 2008。

【实验步骤】

1）根据上述实验一及实验二的数据库需求分析和数据库概念设计，进行系统的逻辑设计。

①产品（产品编号、产品名称、产品规格、产品单位、制造商编号）。

②零售商（零售商编号、名称、联系人、地址、电话号码、网站）。

③制造商（制造商编号、名称、联系人、地址、电话号码、网站）。

④物流中心（物流中心编号、名称、联系人、地址、电话号码、网站）。

⑤仓库（仓库编号、库名、地址、电话）。

⑥存放（产品编号、仓库编号、制造商编号、产品数量、入库时间）。

⑦管理（物流中心编号、仓库编号、产品单价、送货时间）。

⑧制造（制造商编号、产品编号、产品批次、产品质量）。

⑨运输（仓库编号、零售商编号、运输单价）。

⑩提取（物流中心编号、产品编号、货物价格）。

2）根据题目需求，设计出相应的数据库表。

实验四：物流管理数据库物理设计

【实验目的】

1）了解物流信息管理系统。

2）掌握物流管理数据库物理设计。

3）根据系统需求划分功能模块，根据各个模块的功能设计，完成数据库的物理设计。

4）锻炼学生进行实际数据库系统分析及构建的能力。

5）数据库及其基本表的建立。

【实验条件】

1）PC（联网正常）。

2）Microsoft Office 套装。

3）SQL Server 2008。

4）数据库的建立用企业管理器，基本表的建立用 T-SQL 语句。

5）计算机软件环境为 Windows 7 或 Windows XP。

【实验步骤】

在上述实验一～实验三的数据库需求分析、数据库概念设计和数据库逻辑设计基础之上，进行系统的数据库物理设计，根据以上关系模式构建的数据表结构如表 5-1～表 5-10 所示。

表 5-1　产品表结构

字段名	类型	特殊属性
产品编号	char（10）	PRIMARY KEY
产品名称	char（20）	NOT NULL
产品规格	char（10）	
产品单位	char（10）	NOT NULL
制造商编号	char（10）	FOREIGN KEY

表 5-2　零售商表结构

字段名	类型	特殊属性
零售商编号	char（10）	PRIMARY KEY
名称	char（10）	NOT NULL
联系人	char（10）	NOT NULL
地址	varchar（30）	NOT NULL
电话号码	int	NOT NULL
网站	char（20）	

表 5-3　制造商表结构

字段名	类型	特殊属性
制造商编号	char（10）	PRIMARY KEY
名称	char（10）	NOT NULL
联系人	char（10）	NOT NULL
地址	varchar（30）	NOT NULL
电话号码	char（20）	NOT NULL
网站	char（20）	

表 5-4　物流中心表结构

字段名	类型	特殊属性
物流中心编号	char（10）	PRIMARY KEY
名称	char（10）	NOT NULL
联系人	char（10）	NOT NULL
地址	varchar（30）	NOT NULL
电话号码	char（20）	NOT NULL
网站	char（10）	

表 5-5　仓库表结构

字段名	类型	特殊属性
仓库编号	char（10）	PRIMARY KEY
库名	char（20）	NOT NULL
地址	varchar（30）	NOT NULL
电话	char（20）	NOT NULL

表 5-6　存放表结构

字段名	类型	特殊属性
产品编号	char（10）	PRIMARY KEY、FOREIGN KEY
仓库编号	char（10）	PRIMARY KEY、FOREIGN KEY
制造商编号	char（10）	
产品数量	int	
入库时间	char（10）	NOT NULL

表 5-7　管理表结构

字段名	类型	特殊属性
物流中心编号	char（10）	PRIMARY KEY、FOREIGN KEY
仓库编号	char（10）	PRIMARY KEY、FOREIGN KEY
产品单价	int	
送货时间	char（10）	

表 5-8　制造表结构

字段名	类型	特殊属性
制造商编号	char（10）	PRIMARY KEY、FOREIGN KEY
产品编号	char（10）	PRIMARY KEY、FOREIGN KEY
产品批次	char（10）	NOT NULL
产品质量	int	NOT NULL

表 5-9　运输表结构

字段名	类型	特殊属性
仓库编号	char（10）	PRIMARY KEY、FOREIGN KEY
零售商编号	char（10）	NOT NULL
运输单价	int	NOT NULL

表 5-10　提取表结构

字段名	类型	特殊属性
物流中心编号	char（10）	PRIMARY KEY、FOREIGN KEY
产品编号	char（10）	PRIMARY KEY、FOREIGN KEY
货物价格	int	NOT NULL

第二节　大数据与云计算技术在物流领域中的应用

一、大数据

大数据（big data）是指无法使用传统流程或工具在合理的时间和成本内处理或分析的数据信息，这些信息将用来实现更智慧地经管和决策，其中合理的成本很重要。如果不考虑成本，完全可以找更多的原始、半结构化和非结构化数据装入关系型数据库或数据仓库，但考虑到对这些数据进行全面质量控制所要花费的成本，会让绝大多数企业望而却步。世界在不停地改变，随着物联网的高速发展，能够感知到更多的事物，并且尝试去存储这些事物。由于通信的进步，人们和事物变得更加互联化。互联化也称为机器间互联（machine-to-machine，M2M），正是 M2M 导致了年均数据增长率达到两位数，同时，随着小型集成电路的价格越来越便宜，可以向几乎所有事物添加智能化。在各行各业中，随处可见由数量、速度、种类和准确性结合带来的大数据问题，大数据时代已经来临。

（一）大数据的定义

大数据可以用 4 个特征来定义：数量（volume）、速度（velocity）、多样性/种类（variety）和准确性（veracity），这些特征简称为 4V，构成了 IBM 公司所称的"大数据"。IBM 公司大数据平台可以帮助解决各种由数量、速度、种类和准确性相结合所产生的大数据问题，帮助企业推动大数据工作，并从大数据中获取最大价值。

1）数量。数据容量超大是大数据的首要特征，当前企业为提高整个企业决策效率所需利用的数据数量庞大，并且正在以前所未有的速度持续增加，数据量从原有 TB 级发展到 PB 级甚至 ZB 级。预计在 2020 年，全球信息量将会达到 35 万亿 GB（即 35ZB），仅 Facebook 每天就会产生超过 100TB 数据，某些企业每小时就会产生数 TB 数据。当然，当今新生成的很多数据都完全未经分析。

2）速度。大数据的第二个特征是速度快。数据产生、处理和分析的速度在不断地加快，很多数据产生的数据快到让传统系统无法捕获、存储和分析，如视频监控、语音通话和 RFID 传感器等持续的数据流。

3）多样性/种类。大数据的第三个特征就是种类多，随着无线感知设备、监控设备、智能设备以及社交协作技术的应用，企业中的数据也变得更加复杂，不仅包含传统关系型数据，还包含 Web 日志、网页、搜索索引、帖子、电子邮件、文档、传感器数据、音频、视频等原始、半结构化和非结构化数据。传统系统很难存储和执行必要的分析以理解这些收据的内容，因为很多信息不适合传统的数据库技术。

4）准确性。主要关注和管理数据流程与模型的不确定性，虽然数据治理可以提高数据的准确性、一致性、完整性、及时性和参考性，但无法消除某些固有的不可预测性，如客户的购买决策、天气或经济等。管理不确定性的方法通常有数据融合（如依靠多个可靠性较低的数据源创建一个可靠性更高的数据点）和可利用数据方法（如优化技术和模糊逻辑方法）等。

另外，大数据管理还需要重点关注安全和隐私问题（特别是数据收集涉及个人时，通常会出现一些涉及伦理、法律或保密方面的问题）等。

大数据就像一座金矿，矿的品位不是很高，但蕴涵的黄金总量很可观，如何快速低成本地对该矿山进行开采就是大数据管理所面临的主要挑战。开采大数据这座矿山的过程中，需要提炼出高价值的黄金（高价值数据），丢弃没有用的泥土和矿渣（低价值数据、数据废气或噪声）。企业无法承担传统系统对所有可用数据进行筛选的成本，太多的数据具有太少的已知价值和太高的冒险成本，随着业务的发展，潜在的数据金矿堆积如山，企业可处理的数据比例正在快速下降。

针对高价值的结构化数据，企业通常会执行严格的数据治理流程，因为企业知道这些数据具有很高的每字节已知价值，所以愿意将这些数据存储在成本较高的基础框架上（其计算成本较高），同时愿意对数据治理进行持续投资，以进一步提升每字节价值。使用的数据则应该从相反的视角考虑这个问题，因为基于目前数据的数量、速度和多样性，企业往往无法承担清理和记录每部分数据所需的时间与资源，因为这不太经济。由于未经分析的原始大数据通常拥有较低的每字节价值，使用较低成本的基础框架存储和分析这些数据更加合适。Hadoop 平台可以跨廉价机器和磁盘进行大规模扩展，通过内置在环境中的冗余，有效地解决廉价基础设施易损坏的问题。针对很多大数据产生的速度非常快、时效性比较短的特点，可以通过对对流数据采用移动分析和对静止大数据采用精致数据分析相结合的方式进行。

通常数据需要经过严格的质量控制才能进入关系型数据库或数据仓库。相反，大数据存储库很少（至少在最初）对注入仓库中的数据实施全面的质量控制，因此关系型数据库或数据仓库中的数据可得到企业的足够信赖，而 Hadoop 中的数据则未得到这样的信赖（未来可能有所改变）。在传统系统中，待定的数据片段是基于所认识到的价值而存储的，这与 Hadoop 中的存储模式不同，在 Hadoop 中经常会完整地存储业务实体，如日志、事务、帖子等，其真实性也会得到完整的保留。Hadoop 中的数据在目前看起来价值不高，或者其价值未得到量化，但实际上是解决业务的关键所在。

综上所述，企业级 Hadoop 并不是要取代关系型数据库或数据仓库，而是对关系型数据库或数据仓库的一种有效补充。关系型数据库或数据仓库中的数据经过了全面的数据治理，其数据质量值得信赖，并且通常有明确的服务水平协议（service level agreement，SLA）要求，而大数据存储通常比较少实施全面的质量控制，数据质量不如传统系统那么值得信赖，同时，企业级 Hadoop 的重点也不在响应速度上，因为其不是在线事务处理（on-line transactional processing，OLTP）系统，而是针对批处理作业。当企业发现部分大数据具有明确的价值时（并且价值得到证明以及可持续），可以考虑将其迁移到关系型数据库或数据仓库中。

（二）大数据处理技术

1）基于 MapReduce 的大数据处理技术

MapReduce 是分布式大数据处理作业执行框架，用户只需实现相应的数据处理函数 Map 和 Reduce 即可。该框架会将作业分解成 MapTask 和 ReduceTask，并分配给集群中的计算节点执行。Hadoop 是 MapReduce 作业执行框架的开源实现且它在科研和商用领域中得到了广泛的发展，如 Facebook 的数据仓库 Hive、Yahoo 的 Hadoop 集群应用。

MapReduce 是一个分布式作业执行框架，用于处理大规模数据。它的主要思想来源于函数式编程。MapReduce 由两个阶段组成：Map 和 Reduce。Map 和 Reduce 两个函数都以 Key/Value 对为输入输出，用户只需定义函数体即可完成简单的分布式程序设计。

MapReduce 集群基于 Master/Slave 模式，在 MapReduce 的开源实现 Hadoop 中，JobTracker 是 Master 节点，负责管理 TaskTracker，即 Slave 节点以及任务分配等。而 TaskTracker 节点，则进行实际的运算，并周期性地向 JobTracker 节点发送心跳信息。在 Hadoop 中，用户提交执行的 MapReduce 程序称为作业，作业在执行中会被分解成多个 MapTask 和 ReduceTask 交给 TaskTracker 执行。Slot 是 Task 执行的逻辑单元，表示 TaskTracker 的同时并发执行 Task 的能力，分为 Map Slot 和 Reduce Slot。

2）混合大数据处理技术

MapReduce 作业执行框架在应用于大数据处理领域之后，成为关系型数据库管理系统（related database management system，RDBMS）技术的竞争者，这两种技术在发展过程中都在互相借鉴和学习。HadoopDB 是耶鲁大学的一个开源项目，他们提出了一种混合了 RDBMS 和 MapReduce 技术的数据处理系统，该系统同时具有 RDBMS 的高性能及 MapReduce 的扩展性和容错性。Greenplum 和 Aster 等并行数据库也提供了 MapReduce 接口，将 MapReduce 集成到查询执行计划中，然后使用分布式执行引擎在各个数据表上并行查询，但是，它们都只是在接口层上提供对 MapReduce 的支持，也都没有实现 MapReduce 风格的容错性。Osprey 是 Christopher Yang 等提出的支持容错性的并行数据库，它的主要关注点在于数据冗余分布策略和任务调度策略。

3）其他大数据处理技术

除了并行数据库和 MapReduce 技术，还有其他大数据处理技术。例如，Nephele/PACTs 分布式计算框架，通过使用 PACTs 编程模型描述大数据处理作业，该编程模型会将作业进行处理形成数据流，然后提交给执行引擎 Nephele 处理。微软开发了 Dryad 框架，用户在进行数据处理时，需要提供一个无回路有向图（directed acyclic graph，DAG），Dryad 会将该 DAG 所描述的数据处理作业分配到分布式集群中的节点上执行。和 MapReduce 框架类似，它具有扩展性和容错性，而且 Dryad 支持多个数据处理阶段。

二、数据仓库

（一）数据仓库的定义

目前，许多企业在建设运维事务型系统的过程中，不仅投入了大量的时间和资金，还累积了多种多样、高速变化、真实质差的海量数据，已经难以利用。但是，利用数据实现数据价值的程度取决于优质廉价的数据分析能力。如果不经过分析使数据变得有价值，那么就很难改善数据利用的质量和降低费用，也更难开辟新的数据应用领域。这就迫切需要把数据从事务型系统中抽取出来，驱动高性价比的数据利用性能提升。在此发展趋势下，数据仓库应运而生。

数据仓库（data warehouse，DW）是一种在线分析处理（on-line analytical processing，OLAP）数据库，它通过 ETL（extract-transform-load，抽取、转换、加载）从 OLTP 数据库中获得数据，优化整理后创建一个分析，根据用户要求提供不同类型的数据集合，用于数据的深度理解与分析。数据仓库是一个面向主题的（subject oriented）、集成的（integrated）、相对稳定的（non-volatile）以及反映历史变化的（time variant）数据集合。

（二）数据仓库的结构

数据仓库把分析型工作从事务型工作中分离出来，面向分析型应用，将各个业务系统中与分析有关的数据集成在一起，构建了以下两种体系结构。

1. 两层体系结构

在 DB-DW（database-data warehouse，数据库-数据仓库）的两层体系结构中（图 5-15）中，数据仓库是一种管道过滤器的体系结构，数据从数据源进入数据仓库到展示给最终用户，都相互关联，数据处理的合理调度主要通过元数据完成。由于数据库的数据源不同，元数据的存储形式也不同，在把数据导入数据仓库之前，可先将数据存放在一个缓存区中，统一不同数据源的数据格式，粗略检查数据的记录数量、关键字段是否丢失等初步问题，暂不导入错误的数据。更为复杂的数据清理，如单一记录级的统一字段格式、清洗数据内容等，则在数据抽取时完成。数据缓存区可以用文件目录或数据库表等多种存储形式实现。

2. 三层体系结构

事务型数据库保存数据的瞬态信息，分析型数据库保存大量的历史数据。在实际业务处理中，除了事务型和分析型业务，还存在介于事物型和分析型之间的需求，即快速地分析短期的历史数据。这种分析需求无法在保存瞬态数据的事务型数据库中完成，也不能在保存大量历史数据的分析型数据库中完成。于是，操作型数据存储（operational data store，ODS）被引入，图 5-15 所示的 DB-DW 的两层体系结构被扩展成图 5-16 所示的 DB-ODS-DW（database-operational data store-data warehouse，数据库-操作型数据存储-数据仓库）的三层体系结构。

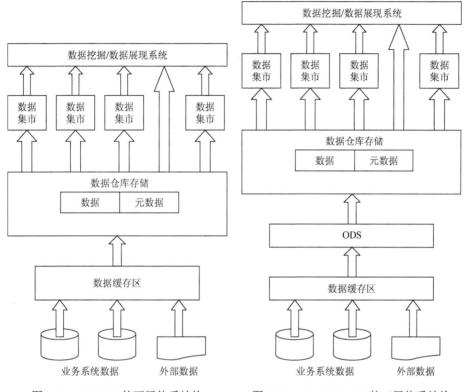

图 5-15 DB-DW 的两层体系结构　　图 5-16 DB-ODS-DW 的三层体系结构

ODS 把数据库概括为面向主题的、集成的、可变的、当前的或接近当前的数据。其中，"可变的"是指 ODS 数据可以联机改变，包括增加、删除和更新等操作；"当前的"是指数据在存取时刻是最新的；而"接近当前的"是指存取的数据是最近一段时间得到的；"面向主题的"和"集成的"的特点使得 ODS 数据在静态特征上很接近数据仓库的数据，但是两者在数据内容、数据数量和应用范围上存在差别：数据仓库中的历史数据是近期的，一般只保存细节数据，而且可以更新变化；ODS 保存的数据量要远远小于数据仓库的数据量；数据仓库用于长期的趋势分析或决策支持，而 ODS 主要支持企业的全局 OLAP 和即时决策分析。

3. 组成元素

数据仓库由数据仓库数据库、数据抽取/转换、元数据、访问工具、数据集市、数据仓库管理和信息发布系统 7 个部分组成。

1）数据仓库数据库：是整个数据仓库环境的核心，是存放数据的地方，提供对数据检索的支持。相对于事务型数据库，其突出特点是对海量数据的支持和快速的检索技术。

2）数据抽取/转换：把数据从各种各样的存储方式中抽取出来，进行必要的转换和整理，再存放到数据仓库内，主要操作包括：删除对决策应用没有意义的数据段，转换到统一的数据名称和定义，计算统计和衍生数据，给缺值数据赋予缺省值，统一不同的数据定义方式等。

3）元数据：描述数据仓库中的数据，是数据仓库运行和维护的中心。数据仓库服务器利用元数据来存储和更新数据，用户通过元数据来了解和访问数据。

4）访问工具：为用户访问数据仓库提供工具，如数据查询和报表，应用开发、管理信息系统，OLAP、数据挖掘。

5）数据集市：在数据仓库的实施过程中，根据主题将数据仓库划分为多个数据集市，从一个部门的数据集市着手，以后再用几个数据集市组成一个完整的数据仓库，有利于数据仓库的负载均衡，保证应用效率。

6）数据仓库管理：实现安全和特权管理，跟踪数据的更新，检查数据质量，管理和更新元数据，审计和报告数据仓库的使用及状态，删除、复制、分割和分发数据，备份和恢复，存储管理。

7）信息发布系统：把数据仓库中的数据或其他相关的数据发送给不同的地点或用户，基于 Web 的信息发布系统是对多用户访问的有效方法。

4. 数据集市

数据集市是为了特定的应用目的或应用范围，面向企业的某个部门（或主题），在逻辑或物理上划分出来的数据仓库的数据子集，也可称为部门数据或主题数据。

数据仓库面向整个企业的分析应用，保存了大量的历史数据，在实际应用中，不同部门的用户可能只用其中的部分数据，鉴于应用的处理速度和执行效率，可以分离出这部分数据，构建数据集市，在数据集市中，数据统一来自数据仓库，用户无需利用数据仓库的全局海量数据进行查询，而只要在与本部门有关的局部数据集合上进行操作，在实施不同的数据集市时，同一含义的字段定义一定要相容，这样在以后实施数据仓库时才不会造成麻烦。

5. 元数据

元数据（metadata）是关于数据的数据，即元数据是对数据的描述，全面刻画数据的内容、结构、获取方法、访问方法等。元数据的存在是为了更有效地使用数据。它提供了一个信息，可用于支持信息检索、软件配置、不同系统之间的数据交互等，使数据库开发人员非常方便地找到所需的数据。元数据的分类标准有多种，主要包括元数据的领域相关性、应用场合、具体内容、具体用途等。

1）领域相关性：①与特定的领域相关的元数据。描述数据在特定领域内的公共属性。②与特定领域无关的元数据。描述所有数据的公用属性。③与模型相关的元数据，又可进一步分为横向模型和纵向模型。当不同的信息模型之间进行互通时，需要模型中各层的关联描述，横向模型关联元数据就是综合现有的两个或多个信息模型的元数据，如两个不同数据库之间的交互，从多个数据源中提取数据。当两个不同的层采用不同的模型时，上层是下层的结构描述，上下层之间对应关联，纵向模型关联元数据就是关联模型信息层与元信息层之间的元数据。④其他元数据。如系统硬件、软件描述和系统配置描述等。

2）应用场合：①数据元数据，又称为信息系统元数据，信息系统使用元数据描述信息元，以按照用户需求检索、存取和理解源信息，保证在新的应用环境中使用信息，支持整个信息系统的演进。②过程元数据，又称为软件结构元数据，是关于应用系统的信息，帮助用户查找、评估、存取和管理数据。大型软件结构中包括描述各个组建接口、功能和依赖关系的元数据。这些元数据保证了软件组件的灵活和动态配置。

3）具体内容：①内容（content）识别，定义、描述基本数据元素，包括数据单元、合法值域等。②结构（structure），在相关范围内定义数据元素的逻辑概念集合。③表达（representation），描述每个值域（多为技术相关）的物理表示，以及数据元素集合的物理存储结构。④文法（context），提供基础数据的族系和属性评估，包括所有与基础数据的收集、处理和使用相关的信息。

4）具体用途：①技术元数据（technical metadata），存储关于数据仓库系统技术细节的数据，是用于开发和管理数据仓库使用的数据，保证数据仓库系统的正常运行。②业务元数据（business metadata），从业务角度描述数据仓库中的数据，提供介于使用者和实际系统之间的语义层，帮助数据仓库使用人员理解数据仓库中的数据。

（三）数据仓库的数据模型

数据模型是对现实世界的一种抽象，根据抽象程度的不同，形成了不同抽象层次上的数据模型。类似于关系型数据库的数据模型，数据仓库的数据模型也分为概念模型、逻辑模型和物理模型三个层次。目前，对数据仓库数据模型的研究多数集中在逻辑模型。

1. 概念模型

概念模型是客观世界到计算机系统的一个中间层次，最常用的表示方法是 E-R 模型。目前，数据仓库一般建立在数据库的基础之上，所以其概念模型与一般关系型数据库的概念模型一致。

2. 逻辑模型

逻辑模型是数据的逻辑结构，如关系模型和层次模型等。数据仓库的逻辑模型是多维模型，描述了数据仓库主题的逻辑实现，即每个主题对应的模式定义。数据仓库的逻辑模型包括星型、雪花型和星型-雪花型，三者都是以事实表为中心的，不同之处只是外围表之间的关系。

（1）星型

星型模式的每个维度都对应一个唯一的维表，维的层次关系全部通过维表中的字段实现，所有与某个事实有关的维都通过该维度对应的维表直接与事实表关联，所有维表的主键字组合起来作为事实表的主键字。星型模式的维表只与事实表发生关联，维表与维表之间没有任何关联，如图 5-17 和图 5-18 所示。

对于与事实表关联的维度，地域维的层次是"省-城市"，该层次关系由维表中的省代码和域市代码字段实现。

星型模式具有如下特点。

1）维表非规范化。维表保存了该维度的所有层次信息，减少了查询时数据关联的次

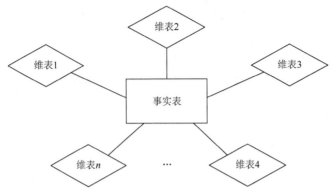

图 5-17　星型模式示意图

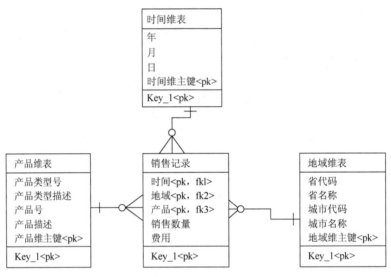

图 5-18　星型模式实例

数，提高了查询效率。但是维表之间的数据共用性较差。

2）事实表非规范化。所有维表都直接和事实表关联，但是限制了事实表中关联维表的数量，关联的维表数量过多将会造成数据大量冗余，同时对事实表进行索引也很困难。

3）维表和事实表的关系是一对多或一对一。维表中的主键字在事实表中作为外键字存在。如果维表和事实表之间是多对多的关系，则不能直接采用星型模式，必须对维表或者事实表进行处理，例如，对维表中的成员组合进行编码或者在事实表中加入新的字段，都要求成员的组合数量固定，但如果数量不固定，维表的数据量又很大，星型模式的实现就较为困难。

（2）雪花型

星型模式通过主键字和外键字把维表和事实表联系在一起。事实上，维表只与事实表关联是规范化的结果。如果将经常合并在一起使用的维度进行规范化，就把星型模式扩展成了雪花型模式。

雪花型模式对维表进行规范化，原有的维表被扩展成小的事实表，用不同维表之间的关联实现维的层次。它把细节数据保留在关系型数据库的事实表中。聚合后的数据也保存在关系型数据库的事实表中，需要更多的处理时间和磁盘空间来执行一些专为多维数据库设计的任务，如图 5-19 和图 5-20 所示。

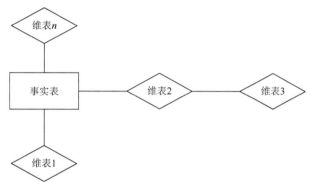

图 5-19　雪花型模式示意图

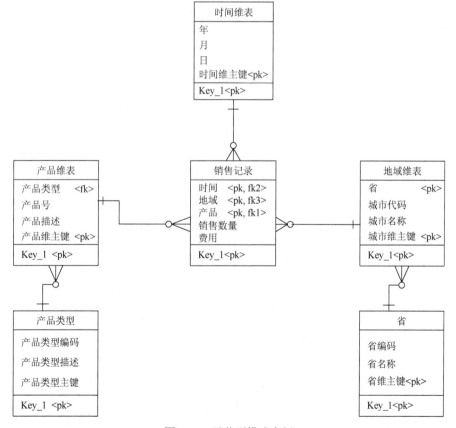

图 5-20　雪花型模式实例

雪花型模式具有如下特点。

维表的规范化实现了维表的重用，简化了维护工作。但是查询时使用雪花型模式要比星型模式进行更多的关联操作，反而降低了查询效率。

雪花型模式中有些维表并不直接和事实表关联，而是与其他维表关联。特别是派生维和实体属性对应的维，这样就减少了事实表中的一条记录。因此，当维度较多，特别是派生维和实体属性较多时，雪花型模式较为适合。但是，当涉及派生维和实体属性的查询时，首先要进行维表之间的关联，然后与事实表关联，因此查询效率低于星型模式。

用雪花型模式可以实现维表和事实表之间多对多的关系。

（3）星型-雪花型

由以上描述可见，星型模式结构简单，查询效率高，可是维表之间的数据公用性差，限制了事实表中关联维表的数量；雪花型模式通过维表的规范化，增强了维表的公用性，可是查询效率低，两者各有优缺点，却可以在一定程度上互补。例如，电信业务中基站和受理点两个维的层次关系分别是"地市-区县-基站"和"地市-区县-受理点"。这两个维度中都有地市和区县，星型模式把地市和区县分别保存在两个维表中。同一信息在基站和受理点之间的统一需要通过人工维护，这一问题被雪花型模式通过共用维表进行解决（图 5-21）。因此，在实际应用中，经常综合使用星型模式和雪花型模式，即星型-雪花型模式。

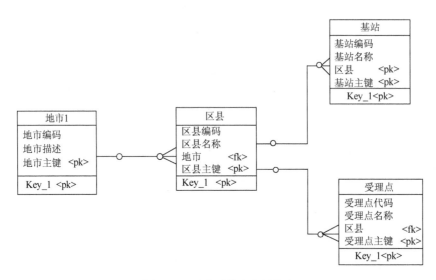

图 5-21　雪花型模式共用维表

星型-雪花型模式是星型模式和雪花型模式的结合，在使用星型模式的同时，将其中的一部分维表规范化，如图 5-22 所示，这样打破了星型模式只有一个事实表的限制，且这些事实表共享全部或部分维表，既保证了较高的查询效率，又简化了维表的维护。

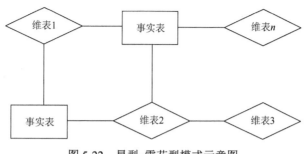

图 5-22　星型-雪花型模式示意图

3. 物理模型

物理模型是逻辑模型的具体实现，如物理存取方式、数据存储结构、数据存放位置和存储分配等。在设计数据仓库的物理模型时，需要考虑提高性能的技术，如表分区、建索引等。

（四）ETL

ETL 是数据的抽取、转换、加载的过程，负责完成数据从数据源向目标数据仓库的转化。用户从数据源抽取所需的数据，经过数据转换，按照预先定义的数据仓库模型，最终将数据加载入数据库。由于应用和系统环境的不同，数据的 ETL 具有不同的特点。ETL 维系着数据仓库中数据的新陈代谢，而数据仓库日常的大部分管理和维护工作就是保持 ETL 的正常及稳定。

1. 数据抽取

数据抽取是 ETL 的首要任务，主要是确定需要抽取的数据，并采用合适的方法抽取。源数据进入数据仓库是通过数据抽取完成的，是从一个或多个数据库中通过记录选取进行数据辅助的过程，抽取过程是将记录写入 ODS 或者临时区（staging area），以备进一步处理。

（1）主要功能

1）数据提取。数据提取主要确定要导入数据仓库中的数据。

2）数据清洁。检查数据源中存在矛盾的数据，按照用户确认的清洁规则修改数据。

3）数据转换。数据转换包括数据格式、数据内容、数据模式的转换。数据格式转换指把数据源的数据转换成数据仓库要求的格式，如把数据源中的日期字段转换成数据仓库要求的字符形式。数据内容转换指把同一含义的字段用统一的形式表达。数据模式转换指在数据抽取时进行不同数据模式间的转换，因为分析型数据仓库系统和事务型业务系统面向的数据操作不同，所以在数据模式上也存在不同，例如，业务系统中出账表的主键字包括用户标识、费用项，但是数据仓库的用户主题中用户账户的主键字是用户标识，不同费用项的费用是字段。

4）衍生数据生成。数据仓库保存了大量的历史数据，为了保证查询的效率，需要预处理用户常用的查询操作，以提高效率、生成衍生数据。衍生数据既包括数值数据的运算，如平均值、汇总等，也包括分类字段的生成，如用户费用的分档信息等。

（2）抽取方式

在很多情况下，数据源系统与数据仓库不在同一个数据服务器中，两者往往相互独立，并处于远程系统中。数据抽取可以远程式、分布式进行，涉及多种方法，主要有全量抽取和增量抽取两种方式。全量抽取将数据源中的表或视图的数据原封不动地从数据库中抽取出来，转换成 ETL 工具可以识别的格式。相对而言，增量抽取较全量抽取应用更广，增量抽取只抽取自上次抽取以来数据库中要抽取的表中新增、修改、删除的数据。在增量抽取时，捕获变化数据的方法，能够质优价廉地准确捕获业务系统中的变化数据，尽量减轻对业务系统造成的压力，避免影响现有的业务，目前捕获变化数据的方法有以下几种。

1）触发器。在要抽取的表上建立插入、修改、删除等需要的触发器，每当源表中的数据发生变化时，就被相应的触发器将变化的数据写入一个临时表，抽取线程从临时表中抽取数据。触发器的优点是数据抽取的性能较高，缺点是要求在业务数据库中建立触发器，对业务系统有一定的性能影响。

2）时间戳。它是一种基于递增数据比较的增量数据捕获方式，在源表上增加一个时间戳字段，系统中更新修改表数据的时候，同时修改时间戳字段的值。当进行数据抽取时，通过比较系统时间与时间戳字段的值来决定抽取哪些数据。同触发器一样，时间戳的性能比较好，数据抽取相对清楚简单，但对业务系统也有很大的侵入性（加入额外的时间戳字段），另外，无法捕获对时间戳以前数据的删除和更新操作，在数据准确性上受到一定的限制。

3）全表对比。典型方式是采用 MD5 校验码。ETL 工具事先为要抽取的表建立一个结构类似的 MD5 临时表，该临时表记录源表主键字以及根据所有字段的数据计算出来的 MD5 校验码。每次进行数据抽取时，对源表和 MD5 临时表进行 MD5 校验码的对比，从而决定源表中的数据是新增、修改还是删除，同时更新 MD5 校验码，MD5 的优点是对源系统的侵入性较小（仅需要建立一个 MD5 临时表），但性能较差。当表中没有主键字或唯一列且含有重复记录时，MD5 方式的准确性较差。

4）日志对比。通过分析数据库自身的日志来判断变化的数据。ETL 处理的数据源除了关系数据库，还可能是文件，如 TXT 文件、EXCEL 文件、XML 文件等。对文件数据的抽取一般是进行全量抽取，一次抽取前可保存文件的时间戳或计算文件的 MD5 校验码，下次抽取时进行对比，若相同，则可忽略本次抽取。

（3）数据清理

数据仓库中必须存放满足数据仓库定义的清洁数据。但是，来自事务型数据源的数据，可能含有拼写不清楚的成分和不规范的格式等数据污染问题，将在数据仓库的构建、维护、OLAP 中造成很多后患。数据清理针对数据污染的主要问题和特征，通过有效的组合数据对照表、数据转换函数及其子程序库，能够检测出被污染的数据，这些数据要么抛弃，要么将其转换成"清洁"数据，使其符合数据仓库定义，然后装载到数据仓库中。常用的数据清理方法包括以下几种。

1）预处理：预先诊断和检测新的数据加载文件，特别是新的文件和数据集。

2）标准化处理：为名字和地址建立辅助表或联机字典，据此检查和修正名字与地址。应用数据仓库内部的标准字典对地名、人名、公司名、产品名、品类名等进行标准化处理，设计拼写检查，与标注值对照检查。

3）查重：应用各种数据查询手段，避免引入重复数据。

4）出错处理和修正：将出错的记录和数据写入日志文件，留待进一步处理。

2. 数据的清洗转换

数据转换可以把已抽取的数据升华为数据仓库的有效数据，通过设计转换规则，实施过滤、合并、解码和翻译等操作。数据转换需要理解业务侧重、信息需求和可用源数据，常用规则如下。

1）字段级的转换：主要是指数据类型转换，增加"上下文"数据，如时间戳；将数值型的地域编码替换成地域名称。

2）清洁和净化：主要是保留字段具有特定值或特定范围的记录、引用完整性检查、去除重复记录等。

3）多数据源整合：主要包括字段映射、代码变换、合并、派生等。字段映射以每个数据字段为基础指定一个特定的控件；代码变换（transposing）将不同数据源中的数据值标准化为数据仓库数据值，例如，将源系统的非英文编码、信息编码转换为数据仓库的英文编码、信息编码等；合并是将两个或更多源系统记录合并为一个输出或目标记录；派生则根据元数据，利用数学公式产生数据仓库需要的数据，例如，由身份证号码计算出生日期、性别和年龄等。

4）聚合（aggregation）和汇总（summarization）：事务型数据库侧重于细节，数据仓库侧重于高层次的聚合和汇总。基于特定的简单数据聚合可以是汇总数据，也可以是平均数据，可以直接在报表中展示。基于多维数据的聚合体现在多维数据模型中。

3. 数据加载

数据加载把转换后的数据按照目标数据库元数据定义的表结构装入数据仓库。数据加载有两种基本方式：刷新方式和更新方式。

刷新方式采用在定期的间隔对目标数据进行批量重写的技术。目标数据起初被写进数据仓库，然后每隔一定时间，数据仓库被重写，替换以前的内容。现在这种方式用得比较少。更新方式是一种只将源数据改变写进数据仓库的方法。为了支持数据仓库的周期，便于历史分析，新记录常被写进数据仓库中，但不覆盖和删除以前的记录，而是通过时间戳来分辨它们。

刷新方式通常用于数据仓库首次被创建时填充数据仓库，更新方式通常用于目标仓库的维护。刷新方式通常与全量抽取相结合，而更新方式通常与增量抽取相结合。

三、数据挖掘

（一）数据挖掘的定义

数据挖掘（data mining，DM）又称数据库中的知识发现（knowledge discover in

database，KDD），是目前人工智能和数据库领域研究的热点问题。数据挖掘是指从数据库的大量数据中揭示出隐含的、先前未知的、有潜在价值的信息的非平凡过程。

数据挖掘的定义有广义和狭义之分：广义的数据挖掘是指知识发现的全过程；狭义的数据挖掘是知识发现的一个重要细节。数据挖掘是利用机器学习、统计分析等发现数据模式的智能方法，侧重于模型和算法。知识发现的流程主要包括以下重要环节。

1）数据准备：掌握知识发现领域的情况，熟悉相关的背景知识，理解用户需求。

2）数据选取：目的是确定目标数据，根据用户的需求从原始数据中选取相关数据或样本。在此过程中，将利用一些数据库操作对数据进行相关处理。

3）数据预处理：对数据选取步骤中选出的数据进行再处理，检查数据的完整性及数据一致性，消除噪声、减除与数据挖掘无关的冗杂数据，根据时间序列和已知的变化情况，利用统计等方法填充丢失的数据。

4）数据变换：根据知识发现的任务对经过预处理的数据进行再处理，将数据变换或统一成数据挖掘的形式，包括投影、汇总、聚集等。

5）数据挖掘：确定发现目标。根据用户的要求，确定要发现的知识类型。根据确定的任务，选择合适的分类、关联、聚类等算法，选取合适的模型和参数，从数据库中提取用户感兴趣的知识，并以一定的方式表示出来。

6）模式解释：对在数据挖掘中发现的模式进行解释，经过用户或机器评估后，可能会发现这些模式中存在冗杂或无关的模式，此时应该将其删除。如果模式不能满足用户的要求，就返回前面的相应步骤中反复提取。

7）知识评价：将发现的知识以用户能了解的方式呈现给用户，并结合需要解决的问题评价知识的有效性和新颖性。

在上述步骤中，数据挖掘占据着非常重要的地位，是一种决策支持过程。它主要基于人工智能、机器学习、模式识别、统计学、数据库、可视化技术等，高度自动化地分析企业的数据，做出归纳性的推理，从中挖掘出潜在的模式，帮助决策者调整市场策略、减少风险、做出正确的决策，数据挖掘决定了整个过程的效果与效率。

从不同的角度对数据挖掘有不同的理解，从技术角度定义，数据挖掘就是从大量的、不完全的、有噪声的、模糊的、随机的实际应用数据中，提取隐含在其中的、人们事先不知道的、但又是潜在有用的信息和知识的过程。从商业角度定义，数据挖掘是一种新的商业信息处理技术，其主要特点是对商业数据库中的大量业务数据进行抽取、转换、分析和其他模式化处理，从中提取辅助商业决策的关键性数据。

现在数据挖掘已被拓展到文本挖掘、图像挖掘等领域，成为一个标准术语，包括文本挖掘、图像挖掘、万维网挖掘、预测分析，以及海量数据处理技术（现在广泛称为大数据）等众多内容。

（二）数据挖掘的功能

数据挖掘通过预测未来趋势及行为，做出前摄的、基于知识的决策。数据挖掘的目标是从数据库中发现隐含的、有意义的知识，主要有以下五类功能。

1. 自动预测趋势和行为

数据挖掘自动在大型数据库中寻找预测性信息，以往需要进行大量手工分析的问题如今可以迅速直接由数据本身得出结论。一个典型的例子是市场预测问题，数据挖掘使用过去有关促销的数据来寻找未来投资中回报最大的用户。其他可预测的问题包括预报破产以及认定对指定事件最可能作出反应的群体。

2. 关联分析

数据关联是数据库中存在的一类重要的可被发现的知识。若两个或多个变量的取值之间存在某种规律性，就称为关联。关联可分为简单关联、时序关联、因果关联。关联分析的目的是找出数据库中隐藏的关联网。有时并不知道数据库中数据的关联函数，即使知道也是不确定的，因此关联分析生成的规则带有可信度。

3. 聚类

数据库中的记录可划分为一系列有意义的子集，即聚类。聚类增强了人们对客观现实的认识，是概念描述和偏差分析的先决条件。聚类技术主要包括传统的模式识别方法和数学分类学。20 世纪 80 年代初，Mchalski 提出了概念聚类技术，其要点是，在划分对象时不仅考虑对象之间的距离，还要求划分出的类具有某种内涵描述，从而避免了传统技术的某些片面性。

4. 概念描述

概念描述就是对某类对象的内涵进行描述，并概括这类对象的有关特征。概念描述分为特征性描述和区别性描述，前者描述某类对象的共同特征，后者描述不同类对象之间的区别。生成一个类的特征性描述只涉及该类对象中所有对象的共性。生成区别性描述的方法有很多，如决策树方法、遗传算法等。

5. 偏差检测

数据库中的数据常有一些异常记录，从数据库中检测这些偏差很有意义。偏差包括很多潜在的知识，如分类中的反常实例、不满足规则的特例、观测结果与模型预测值的偏差、量值随时间的变化等。偏差检测的基本方法是，寻找观测结果与参照值之间有意义的差别。

（三）数据挖掘的常用方法

利用数据挖掘进行数据分析常用的方法主要有分类、回归分析、聚类分析、关联规则、特征、变化和偏差分析、Web 页挖掘等，它们分别从不同的角度对数据进行挖掘。

（1）分类

分类是找出数据库中一组数据对象的共同特点并按照分类模式将其划分为不同的类，

其目的是通过分类模型，将数据库中的数据项映射到某个给定的类别。它可以应用于客户的分类、客户的属性和特征分析，客户满意度分析，客户的购买趋势预测等，例如，一个汽车零售商将客户按照对汽车的喜好划分成不同的类，这样营销人员就可以将新型汽车的广告手册直接邮寄到有这种喜好的客户手中，从而极大地增加了商业机会。

（2）回归分析

回归分析（regression analysis）方法反映的是事务型数据库中属性值在时间上的特征，产生一个将数据项映射到一个实值预测变量的函数，发现变量或属性间的依赖关系，其主要研究问题包括数据序列的趋势特征、数据序列的预测以及数据间的相关关系等。它可以应用到市场营销的各个方面，如客户寻求、保持和预防客户流失活动、产品生命周期分析、销售趋势预测及有针对性的促销活动等。

回归分析目的在于了解两个或多个变量间是否相关，以及相关方向与强度，并建立数学模型（以便观察特定变量）来预测研究者感兴趣的变量，主要包括线性回归分析和非线性回归分析。例如，手机的用户满意度与产品的质量、价格和形象有关，以"用户满意度"为因变量，"质量"、"形象"和"价格"为自变量作线性回归分析，得到回归方程：用户满意度=0.0088×形象+0.645×质量+0.221×价格，利用训练数据集建立该模型后就可以根据各品牌手机的质量、价格和形象，预测用户对该手机的满意程度。

虽然分类与回归具有许多不同的研究内容，但它们之间也有许多相同之处，简单地说，它们都是研究输入输出变量之间的关系问题，不同之处在于分类的输出是离散的类别值，而不是（离散的）类标号。例如，预测一个 Web 用户是否会在网上书店买书是分类任务，因为该目标变量是二值的（会购买和不会购买）；而预测某股票的未来价格则是回归任务，因为预测的价格是连续的数值型数据。有很多的学习方法既可以用于分类又可以用于回归中，如贝叶斯方法、神经网络方法和支持向量机方法等。

（3）聚类分析

聚类分析是把一组数据按照相似性和差异性分为几个类别，其目的是使属于同一类别的数据间的相似性尽可能大，不同类别中的数据间的相似性尽可能小。它可以应用于客户群体的分类、客户背景分析、客户购买趋势预测、市场的细分等。

聚类分析（cluster analysis）又称群分析，是根据"物以类聚"的道理，对样品或指标进行划分的一种多元统计分析方法，讨论的对象是大量的样品，要求能合理地按各自的特性来进行合理的划分。在聚类分析中没有任何模式可供参考，即聚类是在没有先验知识的情况下进行的。Everitt 在 1974 年关于聚类所下的定义是：一个类簇内的实体是相似的，不同类簇的实体是不相似的。一个类簇是测试空间中点的汇聚，同一类簇的任意两个点间的距离小于不同类簇的任意两个点间的距离。类簇可以描述为一个包含密度相对较高的点集的多维空间中的连通区域。在机器学习中，聚类属于非监督式学习。聚类分析应用于很多方面。商业上，聚类分析用来发现不同的客户群，并且通过购买模式刻画不同客户群的特征，如移动电话用户使用手机情况的数据集如表 5-11 所示。

表 5-11　移动电话用户使用手机情况

变量名称	变量标签	类型	模型角色	有效记录
Customer-ID	客户编号	字符串	无	3395
Peak-mins	工作上班时期电话时长	数值（N）	输入	3395
Offpeak-mins	工作下班时期电话时长	数值（N）	输入	3395
Weekend-mins	周末电话时长	数值（N）	输入	3395
International-mins	国际电话时长	数值（N）	输入	3395
Total-mins	总通话时长	数值（N）	输入	3395
Average-mins	平均每次通话时长	数值（N）	输入	3395

分类和聚类的区别在于，分类是事先定义好类别，类别数不变。分类需要由人工标注分类训练数据训练得到，属于有指导学习范畴。聚类则没有事先预定的类别，类别数不确定。聚类不需要人工标注和预先训练分类器，类别在聚类过程中自动生成。分类的目的是学会一个分类函数或分类模型（也常称为分类器），该模型能把数据库中的数据项映射到给定类别中的某一个类中。分类需要构造分类器，需要有一个训练样本数据集作为输入。每个训练样本都有一个类别标记。聚类的目的是划分对象，使得属于同一个簇的样本之间彼此相似，不同的簇的样本足够不相似。

（4）关联规则

关联规则（association rules）是描述数据库中数据项之间所存在的关系的规则，即根据一个事务中某些项的出现可导出另一些项在同一事务中也出现，即隐藏在数据间的关联或相互关系。在客户关系管理中，通过对企业的客户数据库里的大量数据进行挖掘，可以从大量的记录中发现有趣的关联关系，找出影响市场营销效果的关键因素，为产品定位、定价与定制客户群，客户寻求、细分与保持，市场营销与推销，营销风险评估和诈骗预测等决策支持提供参考依据。

关联规则挖掘发现大量数据中项集之间有趣的关联或相关联系，即在交易数据、关系数据或其他信息载体中，查找存在于项目集合或对象集合之间的频繁模式，关联、相关性或因果结构，是数据挖掘中一个重要的课题。关联规则挖掘的一个典型例子是购物篮分析，购物篮数据如表 5-12 所示。

表 5-12　购物篮数据

事务 ID	商品
1	（面包、黄油、尿布、牛奶）
2	（咖啡、糖、小甜饼、鲑鱼）
3	（面包、黄油、咖啡、尿布、牛奶、鸡蛋）
4	（面包、黄油、鲑鱼、鸡）
5	（鸡蛋、面包、黄油）

事务 ID	商品
6	（鲑鱼、尿布、牛奶）
7	（面包、茶、糖、鸡蛋）
8	（咖啡、糖、鸡、鸡蛋）
9	（面包、尿布、牛奶、盐）
10	（茶、鸡蛋、小甜饼、尿布、牛奶）

表 5-12 显示，在商场中拥有大量的商品（项目），如牛奶、面包等，客户将所购买的商品放入自己的购物篮中。发现顾客放入购物篮中的不同商品之间的联系有助于分析顾客的购买习惯，例如，可能发现规则（尿布）→（牛奶），该规则暗示购买尿布的顾客多半会购买牛奶。这种类型的规则可以用来发现各类商品中可能存在的交叉销售的商机。

关联规则研究有助于发现交易数据库中不同的商品（项）之间的联系，找出顾客购买行为模式，如购买了某一商品对购买其他商品的影响。分析结果可以应用于商品货架布局、货存安排等。

（5）特征

特征分析是从数据库的一组数据中提取出关于这些数据的特征式，这些特征式表达了该数据集的总体特征。例如，营销人员通过对客户流失因素的特征提取，可以得到导致客户流失的一系列原因和主要特征，利用这些特征可以有效地预防客户的流失。

（6）变化和偏差分析

偏差包括很大一类潜在有趣的知识，如分类中的反常实例、模式的例外、观察结果对期望的偏差等，其目的是寻找观察结果与参照量之间有意义的差别。在企业危机管理及其预警中，管理者更感兴趣的是那些意外规则。意外规则的挖掘可以应用到各种异常信息的发现、分析、识别、评价和预警等方面。

（7）Web 页挖掘

随着 Internet 的迅速发展及 Web 的全球普及，Web 上的信息量无比丰富，通过对 Web 的挖掘，可以利用 Web 的海量数据进行分析，收集政治、经济、政策、科技、金融、各种市场、竞争对手、供求信息、客户等有关的信息，集中精力分析和处理那些对企业有重大或潜在重大影响的外部环境信息与内部经营信息，并根据分析结果找出企业管理过程中出现的各种问题和可能引起危机的先兆，对这些信息进行分析和处理，以便识别、分析、评价和管理危机。

（四）数据挖掘的流程

1999 年，在欧盟（European Union）的资助下，由 SPSS（statistical product and service solutions，统计产品与服务解决方案）、DaimlerChrysler、NCR（National Cash Register）公司和 OHRA（荷兰银行保险公司）发起的 CRISP-DM Special Interest Group 组织开发并

提炼跨行业的标准数据挖掘流程（cross-industry standard process for data mining，CRISP-DM），并进行了大规模数据挖掘项目的实际试用。CRISP-DM 从方法论的角度将整个数据挖掘过程分解成商业理解、数据理解、数据准备、建立模型、模型评估和发布 6个阶段。图 5-23 描述了这 6 个阶段以及它们之间的相关关系，在实际的数据挖掘过程中，不需要对每个任务和输出都做书面记录，但应该对这些内容予以充分的关注。

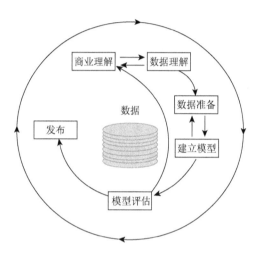

图 5-23　CRISP-DM 模型

CRISP-DM 认为数据挖掘过程是循环往复的探索过程，6 个步骤在实践中并不是按照直线顺序进行的，而是在实际目标中经常会回到前面的步骤。例如，当在数据理解阶段发现现有的数据无法解决商业理解阶段提出的商业问题时，就需要回到商业理解阶段重新调整和界定商业问题；到了建立模型阶段若发现无法满足建模的要求，则可能要重新回到数据准备阶段；到了模型评估阶段，发现建模效果不理想的时候，也可能需要重新回到商业理解阶段审视商业问题的界定是否合理、是否需要做些调整，目前大多数数据挖掘系统的研制和开发都遵循 CRISP-DM 标准。数据挖掘的基本过程和主要步骤如图 5-24 所示。

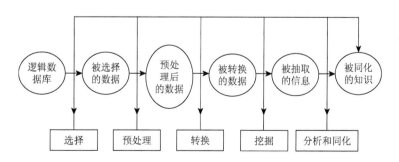

图 5-24　数据挖掘的流程图

1. 挖掘过程中的步骤

（1）确定业务对象

清晰地定义出业务问题，认清数据挖掘的目的是数据挖掘的重要一步。挖掘的最后结构是不可预测的，但要探索的问题应是有预见的，为了数据挖掘而数据挖掘则带有盲目性，是不会成功的。

（2）数据准备

1）数据的选择。搜索所有与业务对象有关的内部和外部数据信息，并从中选择出适用于数据挖掘应用的数据。

2）数据的预处理。研究数据的质量，为进一步的分析做准备，并确定将要进行的挖掘操作的类型。

3）数据的转换。将数据转换成一个分析模型，这个分析模型是针对挖掘算法建立的，建立一个真正适合挖掘算法的分析模型是数据挖掘成功的关键。

（3）数据挖掘

对所得到的经过转换的数据进行挖掘，除了完善选择合适的挖掘算法，其余一切工作都能自动地完成。

（4）结果分析

解释并评估结果，其使用的分析方法一般应视数据挖掘操作而定，通常会用到可视化技术。

（5）知识的同化

将分析所得到的知识集成到业务信息系统的组织结构中。

2. 数据挖掘需要的人员

数据挖掘过程分步实现，不同的过程需要具有不同专长的人员，他们大体可以分为三类。

1）业务分析人员：要求精通业务，能够解释业务对象，并根据各业务对象确定用于数据定义和挖掘算法的业务需求。

2）数据分析人员：精通数据分析技术，并对统计学有较熟练的掌握，有能力把业务需求转化为数据挖掘的各步操作，并为每步操作选择合适的技术。

3）数据管理人员：精通数据管理技术，并从数据库或数据仓库中收集数据。

从上可见，数据挖掘是一个多种专家合作的过程，也是一个在资金上和技术上高投入的过程。这一过程要反复进行，在反复过程中，不断地趋近事物的本质，不断地优化问题的解决方案。

（五）数据挖掘和数据仓库

大部分情况下，数据挖掘都要先把数据从数据仓库中拿到数据挖掘库或数据集市中（图 5-25）。从数据仓库中直接得到进行数据挖掘的数据有许多好处。就如后面会讲到的，数据仓库的数据清理与数据挖掘的数据清理差不多，如果数据在导入数据仓库时已经清理过，那么很可能在做数据挖掘时就没必要再清理一次了，而且所有的数据不一致的问题都已经解决了。

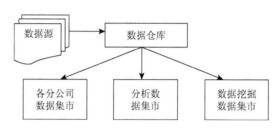

图 5-25　数据挖掘库从数据仓库中得出

数据挖掘库可能是数据仓库的一个逻辑上的子集，而不一定必须是物理上单独的数据库。但如果数据仓库的计算资源已经很紧张，那么最好还是建立一个单独的数据挖掘库。

当然为了数据挖掘，也不是必须要建立一个数据仓库，数据仓库不是必需的。建立一个巨大的数据仓库，把各个不同源的数据统一在一起，解决所有的数据冲突问题，然后把所有的数据导入一个数据仓库内，是一项巨大的工程，可能要用几年的时间、花上百万元的资金才能完成。只是为了数据挖掘，可以把一个或几个事务数据库导到一个只读的数据库中，就把它当作数据集市，然后在它上面进行数据挖掘。图 5-26 为数据挖掘库从事务数据库中得出图。

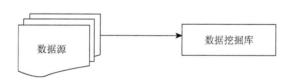

图 5-26　数据挖掘库从事务数据库中得出

（六）数据挖掘和 OLAP

一个经常问的问题是，数据挖掘和 OLAP 到底有何不同。下面将会解释，它们是完全不同的工具，基于的技术也大相径庭。

OLAP 是决策支持领域的一部分。传统的查询和报表工具是告诉用户数据库中都有什么（what happened），OLAP 则更进一步告诉用户下一步会怎样（what next）和如果采取这样的措施又会怎样（what if）。用户首先建立一个假设，然后用 OLAP 检索数据库来验证这个假设是否正确。例如，一个分析师想找到什么原因导致了贷款拖欠，他可能先做一个初始的假定，认为低收入的人信用度也低，然后用 OLAP 来验证这个假设。如果这个假设没有被证实，他可能去查看那些高负债的账户，如果还不行，他也许要把收入和负债一起考虑进去，一直进行下去，直到找到他想要的结果或放弃。

也就是说，OLAP 分析师先建立一系列的假设，然后通过 OLAP 来证实或推翻这些假设来最终得到自己的结论。OLAP 分析过程在本质上是一个演绎推理的过程。但是如果分析的变量达到几十或上百个，那么再用 OLAP 手动分析验证这些假设将是一件非常困难和痛苦的事情。

数据挖掘与 OLAP 不同的地方是，数据挖掘不是用于验证某个假定的模式（模型）的正确性，而是在数据库中自己寻找模型，它在本质上是一个归纳的过程。例如，一个用数据挖掘工具的分析师想找到引起贷款拖欠的风险因素，数据挖掘工具可能帮他找到高负债和低收入是引起这个问题的因素，甚至还可能发现一些分析师从来没有想过或试过的其他因素，如年龄。

数据挖掘和 OLAP 具有一定的互补性。在利用数据挖掘出来的结论采取行动之前，要验证一下如果采取这样的行动会给公司带来什么样的影响，那么 OLAP 工具能回答这些问题。

另外，在知识发现的早期阶段，OLAP 工具还有其他一些用途。可以探索数据，找到哪些是对一个问题比较重要的变量，发现异常数据和互相影响的变量。这都能帮助用户更好地理解数据，加快知识发现的过程。

四、云计算

1. 云计算的分类

（1）按服务类型分类

按服务类型（为用户提供什么样的服务，通过这样的服务用户可以获得什么样的资源）的不同，云计算可以分为基础设施云（infrastructure cloud）、平台云（platform cloud）和应用云（application cloud）三种。

1）基础设施云：为用户提供的是底层的，接近于直接操作硬件资源的服务接口，通过调用这些接口，用户可以直接获得计算和存储能力，而且非常自由、灵活。几乎不受逻辑上的限制。但是，用户需要进行大量的工作来设计和实现自己的应用。因为基础设施云除了为用户提供计算和存储等基础功能，不进一步做任何应用类型的假设。

2）平台云：为用户提供一个托管平台，用户可以将他们所开发和运营的应用托管到平台云中。但是，这个应用的开发部署必须遵守该平台特定的规则和限制，如语言、编程框架、数据存储类型等。

3）应用云：为用户提供可以为其直接所用的应用。这些应用一般是基于浏览器的，针对某一项特定的功能。但是，它们也是灵活性最低的，因为一种应用云只针对一种特定的功能，无法提供其他功能的应用。

（2）按部署范围分类

按部署范围的不同，云计算可以分为公有云（public cloud）、私有云（private cloud）和混合云（hybrid cloud）三种。

1）公有云：指通过互联网为客户提供服务的云，即所有的基础设施均由云服务提供商负责，用户只需能够接入网络的终端即可。对使用者而言，其所应用的程序、服务及相关数据都存放在公有云的提供者处，自己只需通过配置公有云中的虚拟化私有资源，即可获得相应服务，无需做相应的投资和建设。

在公有云模式下，应用和数据不存储在用户自己的数据中心，导致其安全性和可用性存在一定隐患。

2）私有云：指企业使用自有基础设施构建的云。它提供的服务仅供自己的内部人员或分支结构使用。私有云的部署比较适合于有众多分支结构的大型企业或政府部门。大型企业数据中心的集中化趋势日益明显，私有云将会成为企业部署信息技术系统的主流模式。

私有云部署在企业自身内部，其数据安全性、系统可用性都可由企业自身控制，但其缺点是建设投资规模大，成本较高，同时需要有相应的维护人员。

3）混合云：指部分使用公有云，部分使用私有云所构成的云，它所提供的服务可以供别人使用。混合云可以结合公有云和私有云的优势，但其部署方式对服务提供者的技术要求较高。

2. 云计算的服务类型

云计算从一开始就以实现 XaaS（everything as a service，一切皆服务）为首要任务。从体系结构上看，云计算的底层由硬件组成，在此基础上分别是 IaaS（infrastructure as a service，基础架构即服务）、PaaS（platform as a service，平台即服务）和 SaaS（software as a service，软件即服务）。这三层不仅包含了提供的资源，也定义了新的应用开发模型。由于云计算刚起步不久，每一层内部还有很多尚未解决的问题，下面是对各层的简单介绍。

（1）IaaS

IaaS 指的是以服务形式提供服务器、存储和网络硬件。这类基础架构一般是利用网络计算架构建立虚拟化的环境，网络光纤、服务器、存储设备、虚拟化、集群和动态配置软件被涵盖在 IaaS 之中。在 IaaS 环境中，用户相当于在使用裸机和磁盘，虽然可以在其上运行 Windows 或 Linux，做许多事情，但用户必须自己考虑如何让多台机器协同工作。IaaS 的最大优势在于允许用户动态申请或释放节点，按使用量计费。运行 IaaS 的服务器规模通常多达几十万台。用户几乎可以认为能够申请的资源是无限的。由于 IaaS 是供公众共享的，资源使用率会较高。

（2）PaaS

PaaS 是在 IaaS 之上的一层，这种形式的云计算把软件开发环境作为一种服务来提供，指的是以服务形式将应用程序开发部署平台提供给第三方开发人员。这种平台一般包含数据库、中间件及开发工具，均以服务形式通过互联网提供。

（3）SaaS

SaaS 指的是通过浏览器将应用程序以服务形式提供给用户的形式，应用程序可以是公有云提供的商用 SaaS 应用，或私有云提供商提供的商用或订制的 SaaS 应用。这种类型的云计算通过浏览器把程序提供给成千上万的用户使用。

3. 云计算的体系架构

云计算可以按需提供弹性资源，它的表现形式是一系列服务的集合。结合当前云计算的应用与研究，其体系架构可分为核心服务层、服务管理层和用户访问接口层。核心服务层将硬件基础设施、软件开发环境、应用程序抽象成服务，这些服务具有可靠性强、可用性高、规模可伸缩等特点，以满足多样化的应用需求。服务管理层为核心服务层提供支持，进一步确保核心服务层的可靠性、可用性与安全性。用户访问接口层实现端到云的访问。

（1）核心服务层

云计算核心服务层通常可以分为 IaaS、PaaS 和 SaaS 三个层次。

IaaS 提供硬件基础设施部署服务，为用户按需提供实体或虚拟的计算、存储和网络等资源。在使用 IaaS 层服务的过程中，用户需要向 IaaS 层服务提供商提供基础设施的配置信息、运行于基础设施的程序代码以及相关的用户数据。由于数据中心是 IaaS 层的基础，数据中心的管理和优化问题近年来成为研究热点。另外，为了优化硬件资源的分配，IaaS 层引入了虚拟化技术。借助于 Xen、KVM、VMware 等虚拟化工具，可以提供可靠性高、可定制性强、规模可扩展的 IaaS 层服务。

PaaS 是云计算应用程序运行环境，提供应用程序部署与管理服务。通过 PaaS 层的软件工具和开发语言，应用程序开发者只需上传程序代码和数据即可使用服务，而不必关注底层的网络、存储、操作系统的管理问题。由于目前互联网应用平台（如 Facebook、Google 等）的数据量日趋庞大，PaaS 层应当充分考虑对海量数据的存储与处理能力，并利用有效的资源管理与调度策略提高处理效率。

SaaS 是基于云计算基础平台所开发的应用程序。企业可以通过租用 SaaS 层服务解决企业信息化问题，如企业通过 Gmail 建立属于该企业的电子邮件服务。SaaS 层托管于 Google 的数据中心，企业不必考虑服务器的管理、维护问题。对于普通用户来讲，SaaS 层服务将桌面应用程序迁移到互联网，可实现应用程序的泛在访问。

（2）服务管理层

服务管理层对核心服务层的可用性、可靠性和安全性提供保障。服务管理层包括服务质量保证和安全管理等。

云计算需要提供高可靠性、高可用性、低成本的个性化服务。然而云计算平台规模庞大且结构复杂，很难完全满足用户的服务质量需求。为此，云计算服务提供商需要和用户进行协商，并制定 SLA，使得双方对服务质量的需求达成一致。当服务提供商提供的服务未能达到 SLA 的要求时，用户将得到补偿。

此外，数据的安全性一直是用户较为关心的问题。云计算数据中心采用的资源集中式管理方式使云计算平台存在单点失效问题。保存在数据中心的关键数据会因为突发事件（如地震、断电）、病毒入侵、黑客攻击而丢失或泄露。根据云计算服务的特点，研究云计算环境下的安全与隐私保护技术（如数据隔离、隐私保护、访问控制等）是保证云计算得以广泛应用的关键。

除了服务质量保证、安全管理，服务管理层还包括计费管理、资源监控等管理措施，这些管理措施对云计算的稳定运行同样起着重要作用。

（3）用户访问接口层

用户访问接口层实现了云计算服务的泛在访问，通常包括命令行、Web 服务、Web 门户等形式。命令行和 Web 服务的访问模式既可为终端设备提供应用程序开发接口，又便于多种服务的组合。Web 门户是访问接口的另一种模式。通过 Web 门户，云计算将用户的桌面应用迁移到互联网，从而可以使用户随时随地通过浏览器访问数据和程序，提高了工作效率。虽然用户通过访问接口使用便利的云计算服务，但是不同云计算服务商提供的接口标准不同，用户数据不能在不同服务器之间迁移。为此，在 Intel、Sun 和 Cisco 等公司的倡导下，云计算互操作论坛（cloud computing interoperability forum，CCIF）宣告成立。并致力于开发统一的云计算接口（unified cloud interface，UCI），以实现"全球环境下，不同企业之间可利用云计算服务无缝协同工作"的目标。

实验一：基于数据挖掘的库存决策支持系统综合实验

【实验目的】

1）熟悉库存决策环节。

2）熟悉数据挖掘技术与数据仓库实现。

3）掌握如何进行基于数据挖掘的库存决策系统的需求分析及设计。

4）掌握数据库表的设计。

5）锻炼学生进行实际系统分析及构建的能力。

6）启发学生的设计灵感，并通过实验过程达到自行建立系统的目的。

7）本实验着重对于库存仓储决策系统的功能和框架结构环节、实现决策支持系统的数据仓库的构建以及数据转化过程进行探讨。

【实验条件】

1）PC（网络功能和串口功能正常）。

2）开发环境为 SQL Server 2010、ASP.Net 4.0。

3）计算机软件环境为 Windows 7 或 Windows XP。

【实验步骤】

1）库存决策支持系统将决策支持系统的理念成功地运用于物流企业的库存管理中。这样做的好处就是能够提高决策者的管理决策水平，为企业做出更合理的决策，将库存管理更加合理化、高效化、科学化。分析库存仓储决策系统体系结构，如图 5-27 所示。

2）根据所分析的库存仓储决策系统体系结构，分析系统功能，如图 5-28 所示。

3）根据所分析的系统功能，进行相应的模块设计，进行实验单元之间的架构设计，并设计它们之间的连接方式，实现库存仓储决策系统的系统功能，得到如图 5-29 所示的系统网络拓扑结构。

4）构建库存仓储决策系统的雪花型数据仓库模型，如图 5-30 所示。

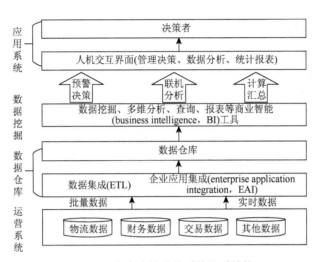

图 5-27　库存仓储决策系统体系结构

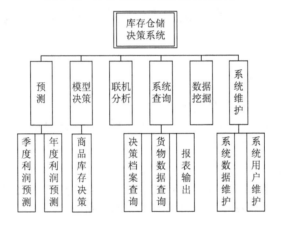

图 5-28　系统功能

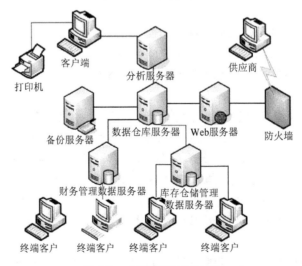

图 5-29　系统网络拓扑结构

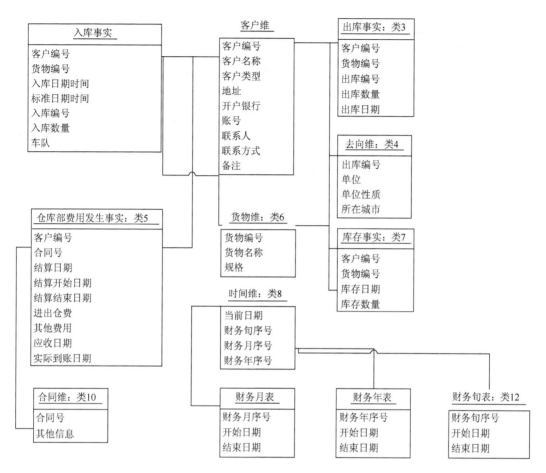

图 5-30　库存仓储决策系统的雪花型数据仓库模型

第三节　物流信息管理系统

一、物流信息管理系统的概念

物流信息管理系统是物流现代化的重要标志之一，它的主要功能是对物流过程中所产生的信息进行采集、加工、转换、存储、传送，从而对物流基本活动进行有效管理和监控，并且能够积累物流管理的经验，节省物流管理的开销。物流信息管理系统具有高效化、智能化、规范化、集成化等重要特征。从另一个角度看，物流信息管理系统对物流活动中的每个环节起到了支撑的作用,使得各个环节协同工作,从而在整体上提高了物流工作效率,使得企业获得了最大的经济效益。

物流信息管理信息化是物流现代化的基本要求之一,随着民众生活水平的提高,物流行业发展越来越迅速,网络购物量也突飞猛进,物流业务流程也越来越复杂,数据量也不断增加,原始的手工操作会极大地增加管理过程中的工作量,还会使数据处理的出错率增高。对于现代化的物流企业来说,均应该根据企业的具体情况来研发自己的物流信息管理系统,无论何种物流企业,其大致的物流业务流程基本一致。物流信息管理系统作为主要的业务管理信息化系统,与其外部相关的系统接口有供应商、消费者,其还与内部管理信息系统对接,如金融结算中心(财务管理系统)、企业门户等,其主要流程如图 5-31 所示。

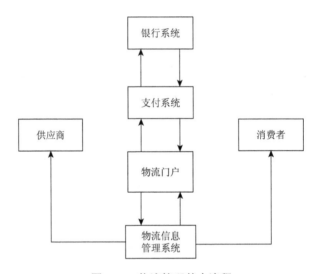

图 5-31　物流管理基本流程

物流信息管理系统是指由人员、网络通信设备、计算机软件、计算机硬件及其他设备组成的人机交互系统,旨在对物流信息进行数据采集、信息存储、信息传输、信息加工整理、信息维护和输出,为物流管理者提供战术、战略及运作决策的支持,从而提高整个物流运作的效益和效率。物流信息管理系统是整个物流系统的心脏,是现代物流企业的灵魂。对于物流企业来说,拥有物流信息管理系统在某种意义上比拥有车队、仓库更为重要。物流信息管理系统在物流运作过程中非常关键,并且自始至终发挥着不可替代的中枢作用。随着信息经济的发展,物流信息管理系统在现代物流中占有极其重要的地位。

以往的物流信息管理系统的货物流程主要是从供应商开始经过物流企业到消费者手中,再由消费者进行确认并通过第三方结算工具进行结算。

随着物流行业规模的不断扩大,各大物流企业的竞争也在不断加剧,很多电子商务企业推出了退货的业务,这样一来,"逆向物流"的概念也就产生了。逆向物流指的是与传统物流供应链相反的,为价值恢复或处置合理而对原材料、中间库存、最终产品及相关信息从消费地到起始点的有效实际流动所进行的计划、管理和控制过程。逆向物流基本原理如图 5-32 所示。

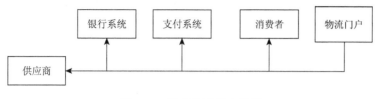

图 5-32　逆向物流基本原理

二、物流信息管理系统的功能

物流信息管理系统是物流系统的神经中枢，它作为整个物流系统的指挥和控制系统，可以分为多种子系统，具有多种基本功能。因此，可以将其基本功能归纳为以下几个方面。

第一，数据采集。物流信息管理系统首先要将数据通过采集子系统从系统内部或者外部收集到预处理系统中，整理成物流信息管理系统要求的格式和形式，然后通过输入子系统输入物流信息管理系统中。根据信息的来源，可以把物流信息采集工作分为原始信息采集和二次信息采集。数据采集是其他功能的基础和前提，假设从数据收集开始，输入的数据就不正确或者不完整，那么在接下来的过程中，得到的结果就可能与实际情况有偏差，也将导致严重的后果。那么信息系统在权衡性能时，收集数据的准确性、完整性，以及预防和抵抗破坏的能力和校验能力等问题都应该有所注意。

第二，信息存储。物流信息管理系统在经过数据采集与输入后，必须在数据处理前将这些数据存储下来。物流信息管理系统的存储功能就是要保证已得到的物流信息能够不外泄、不走样、不丢失、整理适当、随时能用。任何一种物流信息管理系统在涉及信息的存储问题时，都必须考虑信息格式、使用方式、存储方式、存储量、存储时间、安全保密等问题。如果这些问题没有得到妥善的解决，信息系统是不可能投入使用的。

第三，信息传输。物流信息管理系统在经过数据采集与信息存储后，要将物流信息从一个子系统传送到另一个子系统中。在电子商务环境下，物流信息管理系统实现了跨地区、跨企业的空间信息传输，同时增加了信息传输的准确性与及时性。物流信息管理系统在实际运行前，还必须充分考虑所要传递的信息种类、数量、频率、可靠性要求等因素。只有当这些因素符合物流系统的实际需要时，物流信息管理系统才是有实际使用价值的。

第四，信息加工。物流信息管理系统的最根本目的就是要将输入的数据加工处理成物流系统所需要的物流信息。信息加工就是对收集来的信息进行去伪存真、去粗取精、由表及里、由此及彼的加工过程，是在原始信息的基础上，生产出价值含量高、方便用户利用的二次信息的活动过程。这一过程将使信息增值，只有得到了具有实际使用价值的物流信息，物流信息管理系统的功能才算得到了发挥。

第五，信息输出。物流信息管理系统的最后一项功能是信息的输出，也只有在实现了这个功能后，物流信息管理系统的任务才算完成。信息输出的手段是物流信息管理系统的管理者根据自身的情况来确定接口或界面，必须采用便于人或计算机理解的形式，在输出形式上言简意赅，醒目直观。

以上五个功能是物流信息管理系统的基本功能，互不或缺，也只有在这五个过程都没有任何差错的情况下，得到的最后物流信息才真正具备实际使用价值，否则将会产生严重后果。

三、物流信息管理系统的体系结构

从整个物流行业的角度看，物流活动以物流企业为中心展开，涉及物流企业与运输设备之间的信息交换，对物流设备进行管理，与用户进行信息交流，并从政府相关部门或物流枢纽获取信息支撑。物流软件目前就其所适应的应用范围，主要包含以下系统。

（1）仓储管理信息

仓储管理系统主要提供一整套仓储业务以及作业管理，实现全方位分配自动化和智能化，提高仓储作业效率和速度，提高准确的库存信息，并使之与实际库存变化同步。

（2）运输管理系统

运输管理系统是物流软件的重要子系统，该系统提供以下功能：①运输资源管理，包括车辆、驾驶员及允许的运输范围和线路资源等；②运输成本管理，包括单车劳动成本的管理；③运输计划管理，包括生成运输计划、运输执行命令系统等；④装载优化，提供优化的配载计划，使得车辆车型的使用和搭配达到最优；⑤路径及站点顺序优化，提供站点顺序合理性建设以及优化的路径路线引导。

（3）订单管理系统

订单管理系统的主要功能是通过统一订单给用户提供整合的一站式供应链服务。这一思想的提出基于单一功能的物流企业已经不再适应现代物流环境的激烈竞争，国际化跨国物流企业正不断地通过并购航空公司以及航运码头和空港，并充分利用其完整的物流服务资源来提供更加高效和便利的物流服务，从而逐渐占有物流市场的很大一部分。单一功能的物流服务提供商在这种市场环境中将沦为补充服务提供商或被并购的对象。对于第三方物流公司，订单管理及订单跟踪管理能够使用户的物流服务得到全程的满足，同时这种服务是透明的，也是稳定和可靠的。

（4）服务管理系统

服务管理系统是在物流系统具有峰值服务量的基础上提出的，其功能就是通过对服务进行地区、时间分类和分析，平衡作业资源，使服务资源能够承担更大的业务挑战。

四、物流信息管理系统的内容

企业物流是对企业从原材料供应地一直到产品用户之间的实物流及有关信息流进行

组织和管理的过程。具体来说,企业物流包括运输、仓储、物料管理、订货处理、顾客服务等活动,以及支持这些活动的信息和对整个物流过程的管理。

为了达到物流系统服务于企业的生产与销售活动的目的,必须由一定的人员、设施、设备、材料、资金、能源、信息等要素构成各种具有特定功能的子系统,并通过这些子系统的相互配合形成系统的整理功能。

物流信息管理系统涉及各个功能系统,是保证各个子系统正常运行、相互配合的基础。例如,某一企业物流信息管理系统的功能结构如图 5-33 所示。

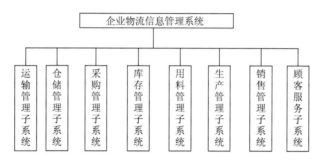

图 5-33 物流信息管理系统的功能结构图

1)运输管理子系统:包括搬运管理,以及车辆、设备管理等功能。

2)仓储管理子系统:包括各种原材料、在制品,以及成品的仓储管理。

3)采购管理子系统:包括各种原料采购、上游客户的管理。

4)库存管理子系统:包括各种库存原料、在制品,以及成品的库存控制。

5)用料管理子系统:包括各种生产用料、合理用料的管理。

6)生产管理子系统:包括生产计划编制、生产过程控制、生产实绩管理、生产设备的维护管理。

7)销售管理子系统:包括销售策略、销售渠道、销售预测、销售订单以及下游客户的管理。

8)顾客服务子系统:包括产品销售服务、顾客问题解答以及售后服务。

实验一:电子商务下物流信息管理系统设计

【实验目的】

1)熟悉物流信息管理系统。

2)熟悉数据挖掘技术与数据仓库实现。

3)掌握如何进行电子商务下的物流信息管理系统的需求分析及设计。

4)掌握数据库表的设计。

5)锻炼学生进行实际系统分析及构建的能力。

6)启发学生的设计灵感,并通过实验过程达到自行建立系统的目的。

7）本实验着重对于电子商务下物流信息管理系统的功能和框架结构环节进行深入探讨。

【实验条件】

1）PC（网络功能和串口功能正常）。

2）开发环境为 SQL Server 2010、ASP.Net 4.0。

3）计算机软件环境为 Windows 7 或 Windows XP。

【实验步骤】

物流信息管理系统是电子商务信息平台的一个重要组成部分，电子商务信息平台还包括网上商城、电子支付系统、客户关系管理系统、财务管理系统等。物流信息系统在电子商务信息平台中主要负责从订单输入开始到商品发货的一系列物流运作相关环节的信息管理。具体步骤如下。

1）本实验对物流管理商务平台进行了设计，分析系统总体需求中的采购、库存、运输、配送四个环节，总共需要多少不同种类的信息节点，物流基本业务图如图 5-34 所示。

2）根据所分析的物流信息管理系统的基本业务图，进而分析系统结构图，如图 5-35 所示。

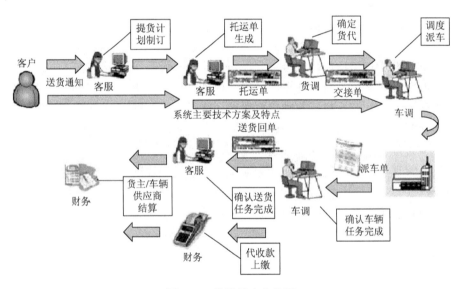

图 5-34　物流基本业务图

3）分析业务管理流程，参考图 5-36，根据所分析的业务管理流程，进行相应的模块设计，进行实验单元之间的架构设计，并设计它们之间的连接方式，进而分析系统功能，得到如图 5-37 所示的系统功能图。

4）对物流管理商务平台进行设计，根据所分析的系统各组成模块，对系统进行模块化处理。运输管理系统功能模块参考图 5-38，车辆管理功能模块如图 5-39 所示，仓储管理功能模块如图 5-40 所示，仓库管理功能模块如图 5-41 所示，配送管理功能模块如图 5-42 所示。

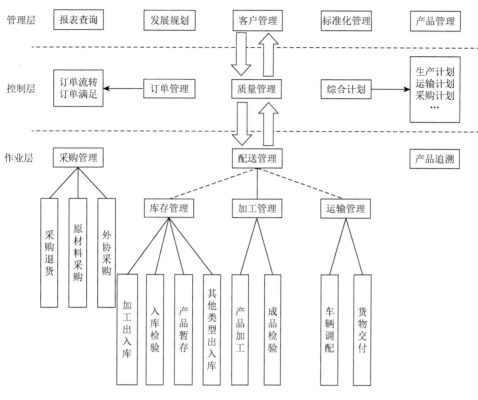

图 5-35　系统结构图

图 5-36　业务管理流程

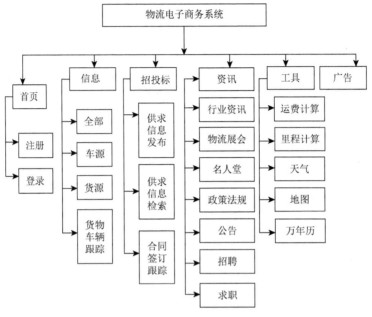

图 5-37 系统功能图

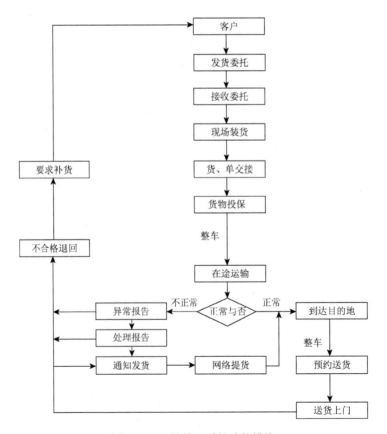

图 5-38 运输管理系统功能模块

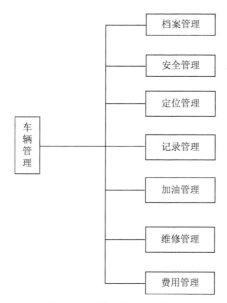

图 5-39　车辆管理功能模块

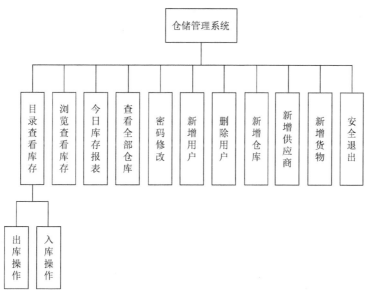

图 5-40　仓储管理功能模块

5）数据库需求设计。整个数据库 data.mdb 中共有 5 个表（表 5-13～表 5-17），按首字母顺序分别介绍如下。明细表（detail）如表 5-13 所示。该表主要用于对货物出库、入库时的单价、数量等相关信息进行记录。当进行入库操作时必须输入入库/出库等，之后借助相关软件进行自动统计，然后便可显示出收入金额（insum）。出库操作与其步骤相同。特别注意的是查看明细（list.asp）中涉及的多方面信息，包括出库信息、入库信息、结存单价、结存数量及剩余数量等。

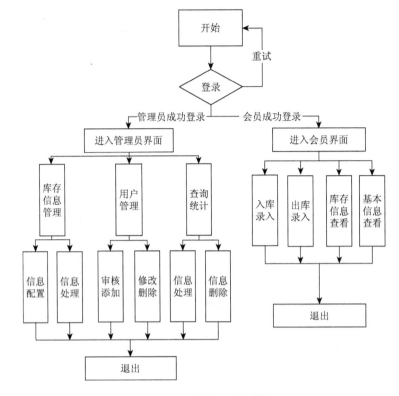

图 5-41　仓库管理功能模块

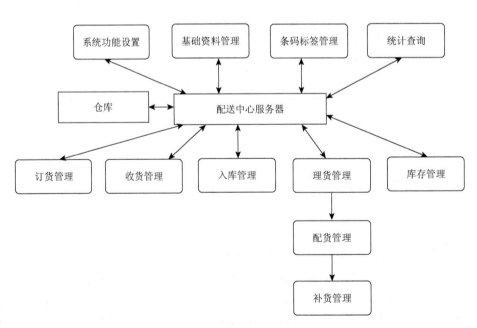

图 5-42　配送管理功能模块

表 5-13 明细表

字段名称	数据类型	说明
id	自动编号	编号,用来区别每个记录
rq	日期/时间	记录日期,即记录发生的入库、出库日期
zl	文本	种类
hs	文本	号数
zy	文本	摘要,描述入库、出库等的说明
name_id	数字	品名编号,用来识别此记录应该归属哪个物品
storage_id	数字	仓库编号,用来识别此记录应该归属哪个仓库

供应商信息表(provider)如表 5-14 所示,此表记录了所有供应商的信息,以对入库操作时物品的出处来源进行说明而设计。

表 5-14 供应商信息表

字段名称	数据类型	说明
provider_id	自动编号	供应商编号,使供应商唯一
provider_name	文本	供应商名称,提供货源的个体或单位名称
memo	文本	备注

记录表(rpt_log)如表 5-15 所示,该表实质上为每天报表记录,即每天完成报表后均会形成该天的相关记录。该表属于日报表,为此该表内的 rq 取值为当天日期,此外还要求该表的日期与明细表的日期保持一致,只有这样才能够保证 count_out、count_in 取值的准确性、合理性,从而使其相关信息准确反映于日报表页面中。

表 5-15 记录表

字段名称	数据类型	说明
id	自动编号	编号
storage_id	数字	仓库编号,用来识别此记录归属哪个仓库
rq	日期/时间	报表日期,做报表的日期,一般是一天做一次
user	文本	操作员,做报表的用户,显示为登录时的用户名
sj	日期/时间	报表时间,产生报表的时间
count_in	货币	收入统计金额,今日报表产生的入库总金额
count_out	货币	发出统计金额,今日报表产生的出库总金额

名列表（storage）如表 5-16 所示，此表为仓库名列表，是考虑到需要有不同的仓库来存放不同的物品就需要有多个仓库而设计的一个表。

表 5-16　名列表

字段名称	数据类型	说明
storage_id	自动编号	仓库编号
storage_name	文本	仓库名称，如一号仓库、二号仓库等
memo	文本	备注

用户表（user）如表 5-17 所示，是企业物流管理商务平台的重要组成部分，该部分主要用于对登录该平台的用户名、密码及数据用户表等相关信息予以记录。其中 in_storage 表示所属仓库，storage_id 表示仓库编号。因为 storage_id 为自动编号产生，所以此编号通常均大于零。当 in_storage 值等于零时，用户不属于任何仓库，他们负责管理仓库，即管理员。

表 5-17　用户表

字段名称	数据类型	说明
user_id	自动编号	用户编号
storage_id	自动编号	仓库编号
username	文本	用户名
password	文本	密码
in_storage	数字	记录仓库表中的仓库编号，当为 0 时，即可以进入任何仓库
viewother	是/否	是否可以查看其他仓库，只有为是时，才可以查看全部仓库情况
memo	文本	备注

viewother 指的是是否查看其他仓库，用户是否具备查看所有仓库的权利关键在于用户是否具有管理所有仓库的能力。若 in_storage 值等于零，则表明用户既可以管理所有仓库，又可以随意查看其他仓库；反之仅能够管理某一仓库。归纳而言，若 viewother 值为否，则说明用户无法查看其他仓库，反之若 viewother 值为是，则说明用户可查看其他仓库。

数据库表格设计如下。系统中涉及的表格包括仓库存储表、派单存储表、顾客留言表、管理员信息表、客户信息表。上述五张表是企业物流管理商务平台设计与实现过程中不可或缺的重要组成部分，同时五张表之间又存在某种特定的联系，即相关作用、相互影响。

仓库存储表（表 5-18）主要用于记录仓库中现存放的所有客户订单的详细信息，包括 DC 编号、产品类型、物品简介、入库单号、联系人等有关物流订单管理的各类信息。在表中，通常将主键确定为自动编号，严格依照客户订单入库先后顺序进行编写。当存在客户订单入库时，物流管理商务系统将显示客户订单编号，此时可按照订单编号搜寻所需订单。为解决编号不易记忆的问题，运用产品编号与入库单号两大字段进行处理，这样便在真正意义上实现了编号分类查找，既提高了查找效率，又节省了查找时间，还保证了查找的准确性、全面性。

表5-18 仓库存储表

序号	字段名称解释	数据类型	是否为空值	字段名称
1	自动编号	数字	N	Hw_id
2	DC编号	字符	N	sort_id
3	产品类型	字符	N	nsort_id
4	产品编号	字符	N	hw_name
5	物品简介	备注	N	hw_content
6	填写日期	时间/日期	N	hw_date
7	入库单号	字符	N	chubsh
8	运输方式	字符	N	hw_sn
9	数量	字符	N	kaiben
10	联系人	字符	N	isbn
11	判断确定	是/否	N	tuijian

派单存储表（表5-19）主要用于记录货物派送清单的相关信息，包括DC编号、产品类别、委托时间、联系人、联系电话等。它主要用来为管理员提供派送运输管理，在系统中每个客户订单都必须由管理员进行处理，对已确定的订单必须发出派送清单，通知送货人员按订单指派的要求及时将货物送出。

表5-19 派单存储表

序号	字段名称解释	数据类型	是否为空值	字段名称
1	自动编号	数字	N	Hw_id
2	DC编号	字符	N	sort_id
3	产品类别	字符	N	nsort_id
4	填写日期	字符	N	pa_date
5	委托日期	备注	N	pa_wdate
6	委托时间	时间/日期	N	pa_time
7	委托单号	字符	N	pa_chubsh
8	出库数量	字符	N	pa_kaiben
9	出运方式	字符	N	pa_sn
10	目的地	字符	N	pa_ad
11	客户名称	是/否	N	pa_guest
12	派送说明	备注	N	pa_content
13	出库编号	字符	N	pa_chuk
14	联系人	字符	N	pa_isbn
15	联系电话	字符	N	pa_tel

顾客留言表（表 5-20）主要用于记录顾客对商业运营中的一些问题和要求进行留言说明，以及管理员对顾客所提的问题和要求做出具体的解释，字段包括顾客姓名、顾客留言、管理员回复等。

表 5-20　顾客留言表

序号	字段名称解释	数据类型	是否为空值	字段名称
1	自动编号	数字	N	id
2	顾客姓名	字符	N	名字
3	顾客留言	字符	N	留言
4	管理员回复	字符	N	reply
5	检查	字符	N	check
6	回复日期	时间/日期	N	Reply_date

管理员信息表（表 5-21）主要记录管理员登录的用户名和密码，为系统增加一个进入界面，防止非管理员进入系统、对系统进行非法操作、偷窃系统内保存的信息、对系统数据资源进行危害。

表 5-21　管理员信息表

序号	字段名称解释	数据类型	是否为空值	字段名称
1	自动编号	数字	N	Admin_id
2	管理员姓名	字符	N	Admin_name
3	管理员密码	字符	N	Admin_pass
4	管理员名称	字符	Y	mingcheng

客户信息表（表 5-22）主要记录客户的相关信息，统计客户信息资源，有利于分拣操作。主要字段有自动编号、客户名称、所在城市、联系人、联系电话、传真、身份证、收货代码、客户 Email。

表 5-22　客户信息表

序号	字段名称解释	数据类型	是否为空值	字段名称
1	自动编号	数字	N	Guest_id
2	客户名称	字符	N	guest_name
3	所在城市	字符	N	Guest_cs
4	联系人	字符	N	Guest_man
5	联系电话	字符	N	Guest_tl

序号	字段名称解释	数据类型	是否为空值	字段名称
6	传真	字符	N	Guest_kel
7	身份证	字符	N	Guest_sh
8	收货代码	字符	N	Guest_g
9	客户 Email	字符	Y	Guest_mail

本 章 小 结

本章介绍了物流信息管理技术的相关知识，包括数据库知识，以及大数据、数据仓库、数据挖掘、云计算和物流信息管理系统知识，分析了物流信息管理系统的数据库设计以及系统设计。

➢教学实践

任务	任务分解	教学要求			教学设计		
		认识层次	讲授程度	特别要求	教学方法	教学手段	教学资源
任务一：物流管理数据库需求分析及设计	1. 老师先下发任务：物流管理数据库需求分析及设计；2. 老师指导学生了解掌握数据库技术，并且对其进行讲解；3. 学生一边操作，一边学习理论知识，进行相应的实验内容的方法掌握，并且进行实际操作演练	掌握	重点讲授	会设计	讲授法、案例教学法、教学软件操作	多媒体教学、实验箱	计算机、模拟实验室
任务二：基于数据挖掘的库存决策支持系统综合实验	1. 老师先下发任务：基于数据挖掘的库存决策支持系统综合实验；2. 老师指导学生了解掌握数据库需求分析及设计，并且对其进行讲解；3. 学生一边回顾理论知识，一边进行实际操作演练	理解	重点讲授	会分析	讲授法、案例教学法、教学软件操作	多媒体教学、实验箱	计算机、模拟实验室
任务三：电子商务下物流信息管理系统设计	1. 老师先下发任务：电子商务下物流信息管理系统设计；2. 老师指导学生了解掌握数据库需求分析及设计，并对其进行讲解；3. 学生一边回顾理论知识，一边进行实际操作演练	理解	一般讲授	会分析	讲授法、案例教学法、教学软件操作	多媒体教学、实验箱	计算机、模拟实验室

➢教学评价

名称：物流信息管理技术与应用实践

评价类别	评价项目	评价标准	评价依据	评价方式			权重
				学生自评	同学互评	教师评价	
				0.1	0.1	0.8	
过程评价	学习能力	学习态度、学习兴趣、学习习惯、沟通表达能力、团队合作精神	学生考勤、课后作业完成情况、课堂表现、收集和使用资料情况、合作学习情况				0.2
	专业能力	物流管理数据库系统的需求分析、概念设计、逻辑设计以及物理设计；熟悉数据挖掘技术与数据仓库实现；掌握数据库表的设计；掌握电子商务下的物流信息管理系统的需求分析及设计	数据库的建立；数据库表的设计；电子商务下的物流信息管理系统的需求分析及设计；进行基于数据挖掘的库存决策系统的需求分析及设计				0.3
	其他方面	探究、创新能力	积极参与研究性学习，有独到的见解，能提出多种解决问题的方法				0.1
结果评价	理论考核						0.2
	实操考核						0.2

➢复习思考题

1. 名词解释
（1）数据挖掘。
（2）大数据。
（3）云计算。
（4）数据仓库。
2. 简答题
（1）如何选择数据仓库的体系结构？
（2）简述云计算的体系结构。
3. 思考题
（1）大数据将为数据仓库和数据挖掘提供哪些挑战及机遇？
（2）NoSQL、Hadoop、InfoSphere BigInsights3.0 要如何发展，才能满足未来的大数据应用？

第六章

物流自动控制技术与应用实践

本章实施体系如下。

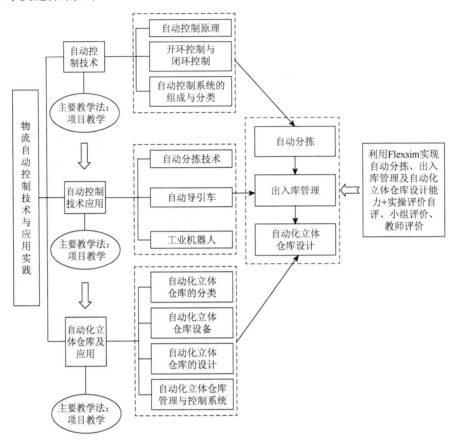

➢案例引导

海尔集团（简称海尔）分析仓储信息数据发现在整个生产过程中，最受制约的就是仓储，即原材料和零部件的仓储与配送，所以海尔对此进行了突破，在青岛海尔信息园里面建了一座机械化的立体库，在黄岛开发区建了一座全自动的立体库。在国内，人们因为人工成本低、占地面积大而质疑立体库的效果。

但海尔的实际情况是，黄岛立体库长 120m、宽 60m，仓储面积 5400m²，立体库有 9168 个标准托盘位，托盘是 1.2m×1m 的；立体库的建筑高度是 16m，放货的高度可达 12.8m，每天进出的托盘达到 1200 个，实际能力是 1600 个。

第一个突破是节省了资金。5400m² 取代了原来 65 000m² 的外租库，而且由于使用了计算机系统，管理人员从原来的 300 多人降为 48 人。减少外租库的租金和外租库到车间的来回费用、节省工人工资加起来一年是 1200 万元。

第二个突破是降低了物料的库存。因为海尔在计算机系统里都设定了限定值，例如，只允许放 7 天的料，超过 7 天不让进，这相对来说能使整个库存量下降。空调事业部就是一个典型的例子，立体库建成大约 3 个月，库存成本降了 1.4 亿元。

第三个突破是深化了企业物流系统的规划。立体库的使用起到两翼推动的作用。一是海尔要求所有的分供方按照标准化的模式送货，所有的都是标准化的托盘、标准的周转箱。以往都是纸箱，纸箱的缺点在于：产品的零部件容易压坏，上线的时候还要倒箱，多次倒箱增加了人工拣选的工作量，保证不了产品的质量。现在采用统一的产品包装，从分供方的厂里到海尔的生产线整个过程不用倒箱。对车间也是一样，以往车间的环境也是脏、乱、差，使用标准箱之后，全部是叉车标准化作业，车间环境也变得整齐、通畅、有秩序。立体库对双方都有利，对分供方和海尔内部的整个物流推进都是很重要的。二是立体库具有灵活性和扩展性，刚开始设计立体库的目的只是放空调，但是通过计算机系统管理以后，发现只占很少的库容，公司马上把冰箱、洗衣机、计算机全部放进去，一下减少了这些厂的外租库，效果非常明显。

请思考：什么是自动化立体仓库，自动化立体仓库由哪些部分构成。

第一节　自动控制技术

一、自动控制原理

自动控制是在没有人的直接干预下，利用物理装置对生产设备和工艺过程进行合理的控制，使被控制的物理量保持恒定，或者按照一定的规律变化，如矿井提升机的速度控制、轧钢厂加热炉的温度控制等。

通常，在自动控制技术中，把工作的机器设备称为被控对象，把表征这些机器设备工作状态的物理参量称为被控量，而对这些物理参量的要求值称为给定值或希望值（或参考输入）。自动控制系统是在无人直接参与下可使生产过程或其他过程按期望规律或预定程序进行的控制系统。自动控制系统是实现自动化的主要手段。下面通过图 6-1 所示的水位自动控制系统的例子来说明自动控制和自动控制系统的概念。

①控制任务：维持水箱内水位恒定。②控制装置：气动阀门、控制器。③被控对象：水箱、供水系统。④被控量：水箱内水位的高度。⑤给定值：控制器刻度盘指针标定的预定水位高度。⑥测量装置：浮子。⑦比较装置：控制器刻度盘。⑧干扰：水的流出量和流入量的变化都将破坏水位保持恒定。

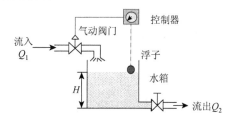

图 6-1　水位自动控制系统

自动控制在众多领域都发挥着重大作用，如化工生产中合成氨反应塔内的温度和压力能够自动维持恒定不变，雷达跟踪和指挥仪所组成的防空系统能使火炮自动地瞄准目标,无人驾驶飞机能按预定轨道自动飞行,人造地球卫星能够发射到预定轨道并能准确回收等。

二、开环控制与闭环控制

1. 开环控制

开环控制是一种最简单的控制方式,其特点是在控制器与被控对象之间只有正向控制作用而没有反馈控制作用,即系统的输出量对控制量没有影响。开环控制系统的示意图如图 6-2 所示。

图 6-2　开环控制系统的示意图

2. 闭环控制

闭环控制是指控制器与被控对象之间既有正向作用,又有反向联系的控制过程,即若控制器的信息来源中包含来自被控对象输出的反馈信息,则称为闭环控制系统,或称为反馈控制系统。闭环控制系统的示意图如图 6-3 所示。

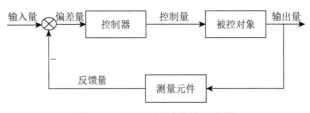

图 6-3　闭环控制系统的示意图

在控制系统中,控制器对被控对象所施加的控制作用,若能取自被控量(输出量)的反馈信息(反馈量),即根据实际输出来修正控制作用,实现对被控对象进行控制的任务,则这种控制原理称为反馈控制原理。正是因为引入了反馈信息(反馈量),整个控制过程成为闭合的,所以按反馈控制原理建立起来的控制系统称为闭环控制系统。在闭环控制系统中,其控制作用的基础是被控量(输出量)与给定值之间的偏差,这个偏差是各种实际扰动所导致的总"后果",它并不区分其中的个别原因。因此,这种系统往往能够同时抵制多种扰动,而且对系统自身元部件参数的波动也不甚敏感。

三、自动控制系统的组成与分类

1. 自动控制系统的组成

一般情况下,闭环控制系统的结构如图 6-4 所示。

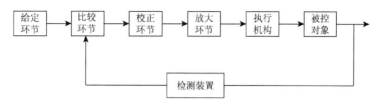

图 6-4 闭环控制系统的结构图

由图 6-4 可知，闭环控制系统包括以下几个基本环节。

1）控制对象或调节对象：要进行控制的设备或过程。

2）执行机构：一般由传动装置和调节机构组成。执行机构直接作用于控制对象，使被控量达到所要求的数值。

3）检测装置或传感器：该装置用来检测被控量，并将其转换为与给定量相同的物理量。

4）给定环节：设定被控量的给定值的装置。

5）比较环节：将所检测的被控量与给定量进行比较，确定两者之间的偏差量。

6）中间环节：一般包括放大环节和校正环节。

2. 自动控制系统的分类

自动控制系统有多种分类方式，如下所述。

1）按照主要元件的特性方程的输入输出特征划分为线性系统和非线性系统。

①线性系统。由线性元件组成的系统，其微分方程中输出量及其各阶导数都是一次的，并且各系数与输入量（自变量）无关。

②非线性系统。由非线性元件组成的系统，其微分方程式的系数与自变量有关。

2）按照信号传递方式划分为连续数据系统和离散数据系统。

①连续数据系统。系统各部分的信号都是模拟的连续函数。

②离散数据系统。系统的一处或几处信号是以脉冲系列或数码的形式传递的。

3）按照输入量的变化规律划分为恒值系统、随动系统和程序控制系统。

①恒值系统。给定量是恒定不变的。

②随动系统。给定量是按照一定的时间函数变化的。

③程序控制系统。给定量是按照事先未知的时间函数变化的。

第二节 自动控制技术应用

一、自动分拣技术

第二次世界大战以后，自动分拣系统逐渐开始在西方发达国家投入使用，成为发达国家先进的物流中心、配送中心或流通中心所必需的设施条件之一。自动分拣系统具有很高的分拣效率，通常每小时可分拣商品 6000～12 000 箱。在引进和建设自动分拣系统时一定要考虑以下条件。

1）一次性投资巨大。自动分拣系统本身需要建设短则 40～50m，长则 150～200m 的机械传输线，还有配套的机电一体化控制系统、计算机网络及通信系统等，这一系统不仅占地面积大，动辄 2 万 m^2 以上，而且一般自动分拣系统都建在自动立体仓库中，这样就要建 3～4 层楼高的立体仓库，库内需要配备各种自动化的搬运设施，这丝毫不亚于建立一个现代化工厂所需要的硬件投资。这种巨额的先期投入要花 10～20 年的时间才能收回，需要可靠的货源做保证，因此系统大都由大型生产企业或大型专业物流公司投资，小企业无力进行此项投资。

2）对商品外包装要求高。自动分拣机只适用于分拣底部平坦且具有刚性的包装规则的商品。袋装商品、包装底部柔软且凹凸不平、包装容易变形、易破损、超长、超薄、超重、超高、不能倾覆的商品不能使用普通的自动分拣机进行分拣，为了使大部分商品都能用机械进行自动分拣，可以采取两条措施：一是推行标准化包装，使大部分商品的包装符合国家标准；二是根据所分拣的大部分商品的统一的包装特性定制特定的分拣机。但要使所有商品的供应商都执行国家的包装标准是很困难的，公司要根据经营商品的包装情况来确定是否建设或建设什么样的自动分拣系统。

自动分拣系统一般由控制装置、分类装置、输送装置及分拣道口组成。

1）控制装置的作用是识别、接收和处理分拣信号，根据分拣信号的要求指示分类装置，按商品品种、商品送达地点或货主的类别对商品进行自动分类。这些分拣需求可以通过不同方式，如条码扫描、色码扫描、键盘输入、重量检测、语音识别、高度检测及形状识别等，输入分拣控制系统中，根据对这些分拣信号的判断，来决定某一种商品该进入哪一个分拣道口。

2）分类装置的作用是根据控制装置发出的分拣指示，使货物改变在输送装置上的运行方向而进入其他输送机或进入分拣道口。分类装置的种类有很多，一般有推出式、浮出式、倾斜式和分支式几种，不同的装置对分拣货物的包装材料、包装重量、包装物底面的平滑程度等有不完全相同的要求。

3）输送装置的主要组成部分是传送带或输送机，其主要作用是使待分拣商品通过控制装置、分类装置，以及输送装置的两侧，一般要连接若干分拣道口，使分好类的商品滑下主输送机（或主传送带），以便进行后续作业。

4）分拣道口是已分拣商品脱离主输送机（或主传送带）进入集货区域的通道，一般由钢带、皮带、滚筒等组成滑道，使商品从主输送装置滑向集货站台，在那里由工作人员将该道口的所有商品集中后或是入库储存，或是组配装车并进行配送作业。

以上四部分装置通过计算机网络连接在一起，配合人工控制及相应的人工处理环节构成一个完整的自动分拣系统，如图 6-5 所示。

图 6-5 自动分拣系统

二、自动导引车

AGV 是自动导引车（automated guided vehicle）的英文缩写，它是一种自动化的无人驾驶的智能化搬运设备，属于移动式机器人系统，可以按照监控系统下达的指令，根据预先设定的程序，依照车载传感器确定的位置信息，沿着规定的行驶路线和停靠位置自动行驶。

AGV 具有灵活性、智能化等显著特点，可以方便地重组系统，达到生产过程的柔性化运输。它以电池为动力，装备电磁或光学等自动导航装置，能够独立自动寻址，并通过计算机系统控制，完成无人驾驶及作业。因此，AGV 具有电动车辆的结构特征。自动导引车如图 6-6 所示。

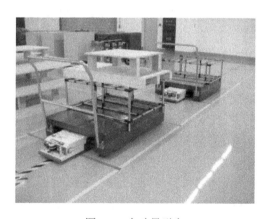

图 6-6 自动导引车

1. AGV 的结构

AGV 的基本构成包括车体、能源储存装置、转向和驱动系统、安全系统、控制与通信系统、引导系统。

1）车体包括底盘、车轮、车架、壳体和控制室等，是 AGV 运动的主要部件和装配其他装置的主要支撑。

2）能源储存装置是 AGV 的动力装置，一般为蓄电池及其充放电控制装置，电池为24V 或 48V 的工业电池，有铅酸蓄电池、镉镍蓄电池、镍锌蓄电池、镍氢蓄电池、锂离子蓄电池等可供选用，需要考虑的因素除了功率、容量（AH 数）、功率重量比、体积等，最关键的因素是充电时间的长短和维护的便利性。快速充电为大电流充电，一般采用专业的充电装备，AGV 本身必须有充电限制装置和安全保护装置。充电装置在 AGV 上的布置方式有多种，一般有地面电靴式、壁挂式等，并需要结合 AGV 的运行状况，综合考虑其在运行状态下可能产生的短路等因素，配置 AGV 的安全保护装置。

3）转向和驱动系统包括驱动部分和转向部分。其中，驱动装置由车轮、减速器、制动器、电机及调速器等组成，是一个伺服驱动的速度控制系统，驱动系统可由计算机或人工控制，可驱动 AGV 运行并具有速度控制和制动能力。根据 AGV 运行方式的不同，常见的 AGV 转向机构有铰轴转向式、差速转向式和全轮转向式等形式。通过转向机构，AGV 可以实现向前、向后，或纵向、横向、斜向及回转的全方位运动。

4）AGV 的安全措施至关重要，必须确保 AGV 在运行过程中的自身安全，以及现场人员与各类设备的安全。一般情况下，AGV 都采取多级硬件和软件的安全监控措施（即安全系统）。例如，在 AGV 前端设有非接触式防碰传感器和接触式防碰传感器，AGV 顶部安装有醒目的信号灯和声音报警装置，以提醒周围的操作人员。对需要前后双向运行或有侧向移动需要的 AGV，防碰传感器需要在 AGV 的四面安装。一旦发生故障，AGV 自动进行声光报警，同时采用无线通信方式通知 AGV 监控系统。

5）AGV 控制系统通常包括车上控制器和地面（车外）控制器两部分，目前均采用微型计算机，由通信系统联系。通常，由地面控制器发出控制指令，经通信系统输入车上控制器中来控制 AGV 运行。车上控制器完成 AGV 的手动控制、安全装置启动、蓄电池状态、转向极限、制动器解脱、行走灯光、驱动和转向电机控制与充电接触器的监控及行车安全监控等。地面控制器完成 AGV 调度、控制指令发出和 AGV 运行状态信息接收。控制系统是 AGV 的核心，AGV 的运行、监测及各种智能化控制的实现，均需通过控制系统实现。

6）AGV 的引导系统决定 AGV 的运行方向和路径。目前常用的 AGV 导航方式主要有预定路径导航方式和非预定路径（自由路径）导航方式两种。车外预定路径导航方式是指在行驶的路径上设置导航用的信息媒介物，AGV 通过检测其信息而得到导向的导航方式，如电磁导航、光学导航、磁带导航（又称磁性导航）等。非预定路径（自由路径）导航方式是指 AGV 不预先确定行驶路径，AGV 根据调度要求，在运行过程中通过方位识别确定行驶路径，如激光导航、坐标或地理信息识别导航、视觉导航、路径规划等。

2. AGV 的导航方式

AGV 的导航方式主要包括以下几种。

1）直接坐标导航（cartesian guidance）。用定位块将 AGV 的行驶区域分成若干坐标小区域，通过对小区域的计数来实现导引，一般有光电式（将坐标小区域以两种颜色划分，通过光电器件计数）和电磁式（将坐标小区域以金属块或磁块划分，通过电磁感应器件计数）两种形式，其优点是可以实现路径的修改，导引的可靠性好，对环境无特别要求。

缺点是地面测量安装复杂，工作量大，导引精度和定位精度较低，且无法满足复杂路径的要求。

2）电磁导航（wire guidance）。电磁导航是较为传统的导引方式之一，目前仍被许多系统采用，它是在 AGV 的行驶路径上埋设金属线，并在金属线上加载导引频率，通过对导引频率的识别来实现 AGV 的导引。其主要优点是引线隐蔽，不易污染和破损，导引原理简单而可靠，便于控制和通信，对声光无干扰，制造成本较低。缺点是路径难以更改扩展，对复杂路径的局限性大。

3）磁带导航（magnetic tape guidance）。与电磁导航相近，用在路面上贴磁带替代在地面下埋设金属线，通过磁感应信号实现导引，其灵活性比较好，改变或扩充路径较容易，磁带铺设简单易行，但此导引方式易受环路周围金属物质的干扰，磁带易受机械损伤，因此导引的可靠性受外界影响较大。

4）光学导航（optical guidance）。在 AGV 的行驶路径上涂漆或粘贴色带，通过对摄像机采入的色带图像信号进行简单处理而实现导引，其灵活性比较好，地面路线设置简单易行，但对色带的污染和机械磨损十分敏感，对环境要求过高，导引可靠性较差，精度较低。

5）激光导航（laser navigation）。激光导航是在 AGV 行驶路径的周围安装位置精确的激光反射板，AGV 通过激光扫描器发射激光束，同时采集由反射板反射的激光束，来确定其当前的位置和航向，并通过连续的三角几何运算来实现 AGV 的导引。

此项技术最大的优点是，AGV 定位精确；地面无需其他定位设施；行驶路径灵活多变，能够适合多种现场环境，它是目前国外许多 AGV 生产厂家优先采用的先进导引方式。缺点是制造成本高，对环境要求相对苛刻（如外界光线、地面、能见度要求等），不适合室外（尤其是易受雨、雪、雾的影响）。

6）惯性导航（inertial navigation）。惯性导航是在 AGV 上安装陀螺仪，在行驶区域的地面上安装定位块，AGV 可通过对陀螺仪偏差信号（角速率）的计算及地面定位块信号的采集来确定自身的位置和航向，从而实现导引。

此项技术在军方较早运用，其主要优点是技术先进，较之有线导引，地面处理工作量小，路径灵活性强。其缺点是制造成本较高，导引的精度和可靠性与陀螺仪的制造精度及其后续信号处理情况密切相关。

7）视觉导航（visual navigation）。视觉导航是在 AGV 的行驶路径上涂刷与地面颜色反差大的油漆或粘贴颜色反差大的色带，在 AGV 上安装的摄图传感器将不断拍摄的图片与存储图片进行对比，偏移量信号输出给驱动控制系统，控制系统经过计算纠正 AGV 的行走方向，实现 AGV 的导航。

视觉导航的主要优点是 AGV 定位精确，视觉导航灵活性比较好，改变或扩充路径也较容易，路径铺设也相对简单，导引原理同样简单而可靠，便于控制通信，对声光无干扰，投资成本比激光导航同样低很多，但比磁带导航稍高。缺点是路径同样需要维护，不过维护也较简单方便，成本也较低。

8）GPS 导航。通过卫星对非固定路面系统中的控制对象进行跟踪和制导，目前此项技术还在发展和完善，通常用于室外远距离的跟踪和制导，其精度取决于卫星在空中的固定精度和数量，以及控制对象、周围环境等因素。

三、工业机器人

1. 工业机器人的定义

从 20 世纪 50 年代工业机器人诞生以来，各国对工业机器人的定义仍然存在争议。美国机器人协会（Robotic Industries Association，RIA）对机器人的定义如下：所谓工业机器人，是为了完成不同的作业，根据种种程序化的运动来实现材料、零部件、工具或特殊装置的移动并可重新编程的多功能操作机。日本产业机器人协会（Japan Industry Robot Association，JIRA）的定义如下：所谓工业机器人，是在三维空间具有类似人体上肢动作机能及其结构，并能完成复杂空间动作的多自由度的自动机械或根据感觉机能或认识机能，能够自行决定行动的机器（智能机器人）。

不管各国机器人专家如何定义和解释工业机器人，有一点是可以明确的，就是人们开发研究工业机器人的最终目标在于研制出一种能够综合人的所有动作特性——通用性、柔软性、灵活性的自动机械。工业机器人是面向工业领域的多关节机械手或多自由度的机器人。工业机器人是自动执行工作的机器装置，是靠自身动力和控制能力来实现各种功能的一种机器。它可以接受人类指挥，也可以按照预先编排的程序运行，现代的工业机器人还可以根据人工智能技术制定的原则纲领行动，如图 6-7 所示。

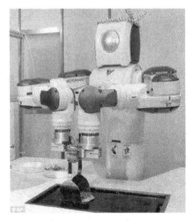

图 6-7　工业机器人

2. 工业机器人的特点

1954 年美国戴沃尔最早提出了工业机器人的概念，该工业机器人有以下特点：将数控机床的伺服轴与遥控操纵器的连杆机构连接在一起，预先设定的机械手动作经编程输入后，系统就可以离开人的辅助而独立运行。这种机器人还可以接受示教而完成各种简单的重复动作，示教过程中，机械手可依次通过工作任务的各个位置，这些位置序列全部记录在存储器内，任务的执行过程中，机器人的各个关节在伺服驱动下依次再现上述位置，故这种机器人的主要技术功能称为可编程和示教再现。

随后出现了具有视觉传感器的、能识别与定位的工业机器人系统。当今工业机器人技术正逐渐向着具有行走能力、具有多种感知能力、具有对作业环境较强的自适应能力的方向发展。当前，对全球机器人技术的发展最有影响的国家是美国和日本。美国在工业机器人技术的综合研究水平上仍处于领先地位，而日本生产的工业机器人在数量、种类方面则居世界首位。

3. 工业机器人的构造与分类

工业机器人由主体、驱动系统和控制系统三个基本部分组成。主体即机座和执行机构，包括臂部、腕部和手部，有的机器人还有行走机构，大多数工业机器人有 3～6 个运动自由度，其中腕部通常有 1～3 个运动自由度；驱动系统包括动力装置和传动机构，用以使执行机构产生相应的动作；控制系统按照输入的程序对驱动系统和执行机构发出指令信号，并进行控制。

1）工业机器人按臂部的运动形式分类。直角坐标型的臂部可沿三个直角坐标移动；圆柱坐标型的臂部可作升降、回转和伸缩动作；球坐标型的臂部能回转、俯仰和伸缩；关节型的臂部有多个转动关节。

2）工业机器人按执行机构运动的控制机能分类。点位型工业机器人只控制执行机构由一点到另一点的准确定位，适用于机床上下料、点焊和一般搬运、装卸等作业；连续轨迹型工业机器人可控制执行机构按给定轨迹运动，适用于连续焊接和涂装等作业。

3）工业机器人按程序输入方式分类。编程输入型工业机器人是将计算机上已编好的作业程序文件，通过 RS232 串口或者以太网等通信方式传送到机器人控制柜。示教输入型工业机器人的示教方法有两种：一种是由操作者用手动控制器（示教操纵盒），将指令信号传给驱动系统，使执行机构按要求的动作顺序和运动轨迹操演一遍；另一种是由操作者直接领动执行机构，按要求的动作顺序和运动轨迹操演一遍。在示教过程的同时，工作程序的信息即自动存入程序存储器中，在机器人自动工作时，控制系统从程序存储器中检出相应信息，将指令信号传给驱动机构，使执行机构再现示教的各种动作。示教输入程序的工业机器人称为示教再现型工业机器人。

4. 工业机器人的控制技术

机器人控制系统是机器人的大脑，是决定机器人功能和性能的主要因素。

工业机器人控制技术的主要任务就是控制工业机器人在工作空间中的运动位置、姿态和轨迹、操作顺序及动作的时间等，具有编程简单、软件菜单操作、友好的人机交互界面、在线操作提示和使用方便等特点。

关键技术包括如下几项。

1）开放性模块化的控制系统体系结构：采用分布式中央处理器计算机结构，包括机器人控制器（robot controller，RC）、运动控制器（motion controller，MC）、光电隔离 I/O 控制板、传感器处理板和编程示教盒等。机器人控制器和编程示教盒通过串口/控制器局域网络（controller area network，CAN）总线进行通信。机器人控制器的主计算机完成机器人的运动规划、插补和位置伺服以及主控逻辑、数字 I/O、传感器处理等功能，而编程示教盒完成信息的显示和按键的输入。

2）模块化层次化的控制器软件系统：软件系统建立在基于开源的实时多任务操作系统 Linux 上，采用分层和模块化结构设计，以实现软件系统的开放性。整个控制器软件系统分为三个层次：硬件驱动层、核心层和应用层。三个层次分别面对不同的功能需求，对应不同层次的开发，系统中各个层次内部由若干个功能相对对立的模块组成，这些功能模块相互协作共同实现该层次所提供的功能。

3）机器人的故障诊断与安全维护技术：通过各种信息，对机器人故障进行诊断，并进行相应维护，是保证机器人安全性的关键技术。

4）网络化机器人控制器技术：当前机器人的应用工程由单台机器人工作站向机器人生产线发展，机器人控制器的联网技术变得越来越重要。控制器上具有串口、现场总线及以太网的联网功能，可用于机器人控制器之间和机器人控制器同上位机的通信，便于对机器人生产线进行监控、诊断和管理。

第三节　自动化立体仓库及应用

立体仓库的产生和发展是第二次世界大战之后生产与技术发展的结果。20 世纪 50 年代初，美国出现了采用桥式堆垛起重机的立体仓库；50 年代末 60 年代初出现了驾驶员操作的巷道式堆垛起重机立体仓库；1963 年美国率先在高架仓库中采用计算机控制技术，建立了第一座计算机控制的立体仓库。此后，自动化立体仓库在美国和欧洲得到迅速发展，并形成了专门的学科。60 年代中期，日本开始兴建立体仓库，并且发展速度越来越快，成为当今世界上拥有自动化立体仓库最多的国家之一。

中国对立体仓库及其物料搬运设备的研制并不晚，1963 年研制成第一台桥式堆垛起重机，1973 年开始研制中国第一座由计算机控制的自动化立体仓库（高 15m），该库 1980 年投入运行。截至 2016 年，中国自动化立体仓库数量已超过 3000 座。立体仓库由于具有很高的空间利用率、很强的入出库能力、采用计算机进行控制管理而利于企业实施现代化管理等特点，已成为企业物流和生产管理中不可缺少的仓储技术，越来越受到企业的重视。

自动化立体仓库（图 6-8）是一种利用高层立体货架（托盘系统）储存物资，用电子计算机控制管理和用自动控制堆垛运输车进行存取作业的仓库。它是机械和电气、强电控制和弱电控制相结合的产品，主要由货物储存系统、货物存取和传送系统、管理和控制系统三大系统组成，还有与之配套的供电系统、空调系统、消防报警系统、称重计量系统、信息通信系统等。

图 6-8　自动化立体仓库

自动化立体仓库的优越性是多方面的，主要有以下几个方面。

（1）提高空间利用率

早期立体仓库构想的基本出发点是提高空间利用率，充分节约有限且昂贵的场地，在西方有些发达国家提高空间利用率的观点已有更广泛、深刻的含义，节约土地已与节约能源、保护环境等更多方面联系起来。有些甚至把空间利用率作为考核仓库系统合理性和先进性的重要指标。仓库空间利用率与其规划紧密相连，一般来说，立体仓库的空间利用率为普通仓库的 2～5 倍。

（2）先进的物流系统提高企业生产管理水平

传统的仓库只是货物的储存场所，保存货物是其唯一的功能，属于静态储存。立体仓库采用先进的自动化物料搬运设备，不仅能使货物在立体仓库内按需要自动存取，而且可以与仓库以外的生产环节进行有机连接，并利用计算机管理系统和自动化物料搬运设备使立体仓库成为企业物流中的重要环节。企业外购件和自制件进入立体仓库短时储存是整个生产的一个环节，是为了在指定的时间自动输出到下一道工序进行生产，从而形成自动化的物流系统环节，属于动态储存，是当今立体仓库发展的明显技术趋势。以上所述的物流系统又是整个企业生产管理系统（订货、设计和规划、计划编制和生产安排、制造、装配、试验以及发运等）的一个子系统，建立物流系统与企业生产管理系统间的实时连接是目前自动化立体仓库发展的另一个明显技术趋势。

（3）加快货物存取，减轻劳动强度，提高生产效率

建立以立体仓库为中心的物流系统，其优越性还表现在立体仓库具有快速的出入库能

力，能妥善地将货物存入立体仓库，及时自动地将生产所需零部件和原材料送达生产线。同时，立体仓库系统减轻了工人综合劳动强度。

（4）减少库存资金积压

通过对一些大型企业的调查，了解到由历史原因造成管理手段落后，物资管理零散，生产管理和生产环节的紧密联系难以到位。为了达到预期的生产能力和满足生产要求，就必须准备充足的原材料和零部件，这样，库存积压就成为较大的问题。如何降低库存资金积压和充分满足生产需要，已经成为大型企业面对的大问题。立体仓库系统是解决这一问题最有效的手段之一。

（5）现代化企业的标志

现代化企业采用的是集约化大规模生产模式，这就要求生产过程中各环节紧密相连，成为一个有机整体，要求生产管理科学实用，做到决策科学化，建立立体仓库系统是有力的措施之一。采用计算机管理和网络技术可使企业领导宏观快速地掌握各种物资信息，且使工程技术人员、生产管理人员和生产技术人员及时了解库存信息，以便合理安排生产工艺，提高生产效率。国际互联网和企业内部网络更为企业取得与外界的在线连接，突破信息瓶颈，开阔视野及外引内联提供了广阔的空间和坚实强大的技术支持。

一、自动化立体仓库的分类

自动化立体仓库是一个复杂的综合自动化系统，作为一种特定的仓库形式，一般有以下几种分类方式。

（1）按照建筑物形式分类

按建筑物形式可分为整体式和分离式两种。

1）整体式：是指货架除了存储货物，还作为建筑物的支撑结构，构成建筑物的一部分，即库房货架一体化结构，一般整体式高度在 12m 以上。这种仓库结构重量轻，整体性好，抗震好。

2）分离式：分离式中存货物的货架在建筑物内部独立存在。分离式高度一般在 12m 以下，但也有 15～20m 的。适用于利用原有建筑物作为库房，或在厂房和仓库内单建一个高货架的场所。

（2）按照货物存取形式分类

按照货物存取形式分为单元货架式、移动货架式和拣选货架式。

1）单元货架式：单元货架式是常见的立体仓库形式。货物先放在托盘或集装箱内，再装入单元货架的货位上。

2）移动货架式：移动货架式由电动货架组成，货架可以在轨道上行走，由控制装置控制货架合拢和分离。作业时货架分开，在巷道中可进行作业；不作业时可将货架合拢，只留一条作业巷道，从而提高空间的利用率。

3）拣选货架式：拣选货架式中分拣机构是其核心部分，分为巷道内分拣和巷道外分拣两种方式。"人到货前拣选"是拣选人员乘拣选式堆垛机到货格前，从货格中拣选所需数量的货物出库。"货到人处拣选"是将存有所需货物的托盘或货箱由堆垛机运至拣选区，拣选人员按提货单的要求拣出所需货物，再将剩余的货物送回原地。

（3）按照货架构造形式分类

按照货架构造形式可分为单元货格式、贯通式、水平旋转式和垂直旋转式。

1）单元货格式：类似单元货架式，存放单元化托盘货物或货箱，配以巷道式垛机或其他搬运设备进行存取，巷道占去 1/3 左右的面积。货架每个货格可设计成存放一个托盘或者存放两个托盘。为便于叉车存取作业，货架立柱与托盘间隙及托盘与托盘之间的间隙要≥100mm。出入库不受先后顺序影响，存取方便，但其存储密度不高。

2）贯通式：为了提高仓库利用率，可以取消位于各排货架之间的巷道，将个体货架合并在一起，使每一层、同一列的货物互相贯通，形成能一次存放多货物单元的通道，而在另一端由出库起重机取货，成为贯通式仓库。

根据货物单元在通道内的移动方式，贯通式仓库又可分为重力式货架仓库和穿梭小车式货架仓库。重力式货架仓库每个存货通道只能存放同一种货物，所以它适用于货物品种不太多而数量又相对较大的仓库。梭式小车可以由起重机从一个存货通道搬运到另一个存货通道。

3）水平旋转式：这类仓库本身可以在水平面内沿环形路线来回运行。每组货架由若干独立的货柜组成，用一台链式传送机将这些货柜串联起来。每个货柜下方有支撑滚轮，上部有导向滚轮。传送机运转时，货柜便相应运动。需要提取某种货物时，只需在操作台上给予出库指令。当装有所需货物的货柜转到出货口时，货架停止运转。这种货架对于小件物品的拣选作业十分合适。它简便实用，充分利用空间，适用于作业频率要求不太高的场合。

4）垂直旋转式：与水平旋转式仓库相似，只是把水平面内的旋转改为垂直面内的旋转。这种货架特别适用于存放长卷状货物，如地毯、地板革、胶片卷、电缆卷等。

二、自动化立体仓库设备

自动化立体仓库设备一般包括高层货架、巷道堆垛机和出入库输送、搬运机械等。

1. 高层货架

高层货架是自动化立体仓库（automated storage and retrieval system，AS/RS）的主要组成部分，是保管物料的场所。随着单元货物重量和仓库高度的提高，要求货架立柱、横梁的刚度和强度提高，随着仓库自动化程度的提高，要求货架制造和安装精度也相应提高，高层货架的高精度是自动化立体仓库的主要保证之一。

高层货架的分类方法有以下几种。

（1）按建筑形式分类

按建筑形式分为整体式货架和分离式货架。

整体式货架由货架顶部支撑建筑屋架，在货架边侧安装墙围，货架与建筑物成一整体。

建筑费用低，抗震性能好，尤其适用于 15m 以上的大型自动化立体仓库。分离式货架与建筑无关，呈独立、分离状态，适用于车间仓库、旧库技术改造和中小型自动仓库。

（2）按建造材料分类

按建造材料分为钢筋混凝土货架和钢货架。

钢筋混凝土货架防火性能好，抗腐蚀能力强，维护保养简单。钢货架构件尺寸小，仓库利用率高，制作方便，安装建设周期短。

（3）按负载能力分类

按负载能力分为轻负载式高层货架和单元负载式高层货架。

轻负载式高层货架高度为 5～10m，以塑料篮等容器为存取单位，存取重量在 50～100kg，一般以重量轻、体积小的货物为储存对象，如电子零件、精密机器零件、汽车零件、药品及化妆品等。单元负载式高层货架高度可达 40m，储位量可达 10 万余个托盘单元，适用于大型的仓库，普遍的高度为 6～15m，储位数在 100～1000 个托盘单元。随着仓储自动化技术的不断进步，存取时间越来越短，以 100 个托盘单元存取为例，平均存取时间为 70s/托盘。

2. 巷道堆垛机

巷道堆垛机又称为巷道堆垛起重机，是由叉车、桥式堆垛机演变而来的，它是自动化立体仓库中最重要的搬运设备，是随着立体仓库的出现而发展起来的专用起重机，专用于高架仓库。巷道堆垛机一般由机架、运行机构、升降机构、驾驶员室、货叉伸缩机构、电气控制设备等组成。

巷道堆垛机的主要用途是在高层货架的巷道内来回穿梭运行，将位于巷道口的货物存入货格；或者取出货格内的货物运送到巷道口。

（1）按照有无导轨分类

按照有无导轨可将巷道堆垛机分为有轨和无轨两种。

有轨巷道堆垛机是指堆垛机沿着轨道内的轨道运行。有轨巷道堆垛机由钢轨、带钢轮的立柱、货叉组成，带钢轮的立柱在钢轨上运行，货叉在立柱上上下运动。这种堆垛机可以在地面导轨上行走，利用上部的导轨防止摆动或倾倒；或者相反，在上部导轨上行走，利用地面导轨防止摆动或倾倒。

无轨巷道堆垛机又称为高架叉车，是一种变型叉车，当作业不太频繁或临时保管、高度不大的仓库及为提高仓库储存能力把现有仓库改造成中、低层货架的仓库时，这种高架叉车尤为适用。高架叉车保留了叉车的一些特点，又发展了适用于在高货架中工作的性能。

（2）按照高度不同分类

按照高度不同可将巷道堆垛机分为低层型、中层型和高层型。

低层型堆垛机的起升高度在 5m 以下，主要用于分体式高层货架仓库及简易立体仓库中；中层型堆垛机的起升高度在 5～15m；高层型堆垛机的起升高度在 15m 以上，主要用于一体式的高层货架仓库中。

（3）按照自动化程度不同分类

按照自动化程度不同可将巷道堆垛机分为手动、半自动和自动堆垛机。手动和半自动堆垛机上带有驾驶员室,自动堆垛机不带有驾驶员室,采用自动控制装置进行控制,可以进行自动寻址、自动装卸货物。

此外还有一些其他的分类方式,例如,按用途分为单元型、拣选型、单元-拣选型三种;按控制方式分为手动、半自动和全自动三种;按应用巷道数量分为直道型、转弯型和转轨型三种;按照金属结构的形式可分为单立柱和双立柱两种。

3. 出入库输送、搬运机械

巷道机只能在巷道内进行存取作业,货物出入库需通过周围的配套搬运机械设施。周围搬运系统包括搬运输送设备、自动导向车、机器人、叉车、台车、托盘等。其作用是配合巷道堆垛机完成货物运输、搬运、分拣等作业,还可以临时取代其他主要搬运系统,使自动存取系统维持工作,完成货物出入库作业。

自动化立体仓库的控制形式有手动控制、随机自动控制、远距离自动控制和计算机自动控制四种形式。

(1)穿梭车

在自动化物流系统中,物料输送主要采用链式、辊道、带式输送机等通用设备,一般均固定在地面上。将上述设备装上行走轮,沿固定路径移动,就成为穿梭车(rail guide vehicle,RGV)。穿梭车具有动态移载的特点,能使物料在不同工位之间的传送及输送线布局更加紧凑、简捷,从而提高物料的输送效率。因此,穿梭车在自动化物流系统中应用较为普遍。

一般来说,沿固定轨道行走的输送设备称为穿梭车,无轨的称为 AGV,在空中输送的称为电子控制悬挂系统(electronic modulated suspension system)。从轨道形式上,穿梭车可分为往复式直行穿梭车和环行穿梭车,环行穿梭车能在同一轨道上运行多辆车体,可大大提高搬运能力,是穿梭车的发展趋势。目前,国内穿梭车的速度一般为 120～200m/min,在国外机场行李分拣系统中,采用无接触能量传输技术的穿梭车最高走行速度可达 600m/min。

(2)辊筒式输送机

辊筒式输送机适用于底部是平面的物品输送,主要由传动滚筒、机架、支架、驱动部等组成。具有输送量大,速度快,运转轻快,能够实现多品种共线分流输送的特点。

辊筒式输送机按驱动方式可分为动力滚筒线和无动力滚筒线。动力式由一系列排列整齐的具有一定间隔的辊子组成,3～4 个辊子同时支撑一件货物。无动力式呈一定坡度,使货物靠自身重力从高端移动到低端。按布置形式可分为水平输送滚筒线、倾斜输送滚筒线和转弯滚筒线。

辊筒式输送机适用于各类箱、包、托盘等件货的输送,散料、小件物品或不规则的物品需放在托盘上或周转箱内输送。能够输送单件重量很大的物料,或承受较大的冲击载荷,滚筒线之间易于衔接过滤,可用多条滚筒线及其他输送机或专机组成复杂的物流输送系统,完成多方面的工艺需要。可采用积放滚筒实现物料的堆积输送。辊筒式输送机结构简单,可靠性高,使用维护方便。

（3）链式输送机

链式输送机是利用链条牵引、承载，或由链条上安装的板条、金属网带、辊道等承载物料的输送机，广泛用于食品、罐头、药品、饮料、化妆品和洗涤用品、纸制品、调味品、乳业及烟草等的自动输送、分配、后道包装的连线输送。

链式输送机的特点如下。

1）输送能力强，高效的输送机允许在较小空间内输送大量物料。

2）输送能耗低，借助物料的内摩擦力，变推动物料为拉动，使其与螺旋输送机相比节电 50%。

3）密封和安全，全密封的机壳使粉尘无缝可钻，操作安全，运行可靠。

4）使用寿命长，用合金钢材经先进的热处理手段加工而成的输送链的正常寿命＞5年，链上的滚子寿命（根据不同物料）≥2年。

5）工艺布置灵活，可高架、地面或地坑布置，可水平或爬坡（≤15°）安装，也可同机水平加爬坡安装，可多点进出料。

6）使用费用低，节电且耐用，维修次数少，费用低（约为螺旋输送机的 1/10），能确保主机的正常运转，以增加产出、降低消耗、提高效益。

7）系列齐全并均可提供两种形式的双向输送。

（4）AGV

AGV 是装备有电磁或光学等自动导引装置，能够沿规定的导引路径行驶，具有安全保护以及各种移载功能的运输小车，是自动化物流系统中的关键设备之一。

AGV 是在计算机和无线局域网络的控制下，经磁、激光等导向装置引导并沿程序设定路径运行完成作业的无人驾驶自动小车。AGV 具有安全保护以及各种移载功能，采用电池驱动（交、直流），是自动化物流系统中的关键设备之一，为现代制造业物流和自动化立体仓库提供了一种高度柔性化和自动化的运输方式。

（5）码垛机

码垛机俗称机器人码垛机，是目前比较先进的包装设备，可以代替人工进行码垛，能够大大提高工作效率，而且机器人码垛可以长时间进行操作，降低了劳动成本。

码垛机用于食品饮料行业、化工行业等；配套于三合一灌装线等，对各类瓶罐箱包进行码垛。码垛机自动运行分为自动进箱、转箱、分排、成堆、移堆、提堆、进托、下堆、出垛等步骤。自动化立体仓库系统中大量使用码垛机完成码垛、拆垛的工作。

码垛机的优点主要包括以下几方面。

1）码垛机一般都是在开敞的环境下进行操作的，它拥有独立的连杆机构，而且它使用的是直线输送轨迹，所以非常平稳，传动的效率也非常高。

2）码垛机呈现一个直线的情况，只用到一个电机，所以码垛的效果非常好。而且操作的范围非常大，安全性能好。

3）码垛机有很多不同规格的产品，选择范围非常广泛。

4）码垛机器人大多数零件都是在底部，手臂相当灵活，电量消耗得也慢，既节能又环保。而且就算是在高速运行的环境下，可靠性也是非常高的。

5）码垛机的操作非常容易，只需要设定取物的位置以及托盘的位置，然后设计运行轨迹，放置操作机器人。码垛的位置调整也非常简单，直接在触屏上就能进行操作。如果要换另一种产品，只需要在系统中输入新产品的规格，就可进行操作，非常方便。

6）因为码垛机采用的是直线的导轨、输送机也是皮带型的标准件，如果有破坏，采购以及更换起来也很方便。

（6）自动分拣机

分拣是指将物品按品种、出入库先后顺序分门别类进行堆放的作业。这项工作可以通过人工的方式进行，也可以用自动化设备进行处理。自动分拣机能够连续、大批量地分拣货物，分拣误差率极低，分拣作业基本实现无人化。

自动分拣机是自动分拣系统的一个主要设备，它一般由输送机械部分、电气自动控制部分和计算机信息系统联网组合而成。它可以根据用户的要求、场地情况，对条烟、整箱烟、药品、货物、物料等，按用户、地名、品名进行自动分拣、装箱、封箱的连续作业。机械输送设备根据输送物品的形态、体积、重量而设计定制。分拣输送机是工厂自动化立体仓库及物流配送中心对物流进行分类、整理的关键设备之一，通过应用分拣系统可实现物流中心准确、快捷地工作。

自动分拣机按照分拣机构的结构分为不同的类型，常见的主要类型包括以下几种。

1）挡板式分拣机。挡板式分拣机是利用一个挡板（挡杆）挡住在输送机上向前移动的商品，将商品引导到一侧的滑道排出。挡板的另一种形式是挡板一端作为支点，可作旋转。挡板动作时，像一堵墙挡住商品向前移动，利用输送机对商品的摩擦力推动，使商品沿着挡板表面移动，从主输送机上排出至滑道。平时挡板处于主输送机一侧，可让商品继续前移；若挡板作横向移动或旋转，则商品排向滑道。挡板一般是安装在输送机的两侧，和输送机上平面不接触，即使在操作时也只接触商品而不触及输送机的输送表面，因此它对大多数形式的输送机都适用。就挡板本身而言也有不同形式，如直线型、曲线型，也有的在挡板工作面上装有滚筒或光滑的塑料材料，以减少摩擦阻力。

2）浮出式分拣机。浮出式分拣机是把商品从主输送机上托起，从而将商品引导出主输送机的一种结构形式。从引离主输送机的方向看，一种是引出方向与主输送机构成直角；另一种是呈一定夹角（通常是30°～45°）。一般是前者比后者生产率低，且对商品容易产生较大的冲击力。

3）倾斜式分拣机。倾斜式分拣机包括条板倾斜式分拣机和翻盘式分拣机。

条板倾斜式分拣机是一种特殊型的条板输送机，商品装载在输送机的条板上，当商品行走到需要分拣的位置时，条板的一端自动升起，使条板倾斜，从而将商品移离主输送机。商品占用的条板数随不同商品的长度而定，经占用的条板数如同一个单元，同时倾斜，因此，这种分拣机的长度一般不受限制。

翻盘式分拣机由一系列的盘子组成，盘子为铰接式结构，向左或向右倾斜。装载商品的盘子运行到一定位置时，盘子倾斜，将商品翻到旁边的滑道中，为减轻商品倾倒时的冲击力，有的分拣机能控制以抛物线状来倾倒出商品。这种分拣机对分拣商品的形状和大小可以不限制，但以不超出盘子为限。长形商品可以跨越两只盘子放置，倾倒时两只盘子同时倾斜。这种分拣机能采用环状连续输送，其占地面积较小，又由于是水平循环，使用时可以分成数段，每段设一个分拣信号输入装置，以便商品输入，而分拣排出的商品在同一滑道排出，这样就可提高分拣能力。

4）滑块式分拣机。滑块式分拣机是一种特殊形式的条板输送机。输送机的表面由金属条板或管子构成，如竹席状，而在每个条板或管子上有一枚用硬质材料制成的导向滑块，能沿条板作横向滑动。平时滑块停止在输送机的侧边，滑块的下部有销子与条板下导向杆连接，通过计算机控制，当被分拣的货物到达指定道口时，控制器使导向滑块有序地自动向输送机的对面一侧滑动，把货物推入分拣道口，从而商品就被引出主输送机。这种方式是将商品侧向逐渐推出，并不冲击商品，故商品不容易损伤，它对分拣商品的形状和大小的适用范围较广，是目前国外一种最新型的高速分拣机。

5）托盘式分拣机。托盘式分拣机是一种应用十分广泛的机型，它主要由托盘小车、驱动装置、牵引装置等组成。其中托盘小车形式多种多样，有平托盘小车、U 形托盘小车、交叉带式托盘小车等。传统的平托盘小车利用盘面倾翻、重力卸载货物，结构简单，但存在上货位置不稳、卸货时间过长的缺点，从而造成高速分拣时不稳定以及格口宽度尺寸过大。交叉带式托盘小车的特点是取消了传统的盘面倾翻、利用重力卸落货物的结构，而在车体下设置了一条可以双向运转的短传送带（又称交叉带），用它来承接上货机，并由牵引链牵引运行到格口，再由交叉带运送，将货物强制卸落到左侧或右侧的格口中。

6）悬挂式分拣机。悬挂式分拣机是用牵引链（或钢丝绳）作牵引的分拣设备，按照有无支线，它可分为固定悬挂和推式悬挂两种机型。前者用于分拣、输送货物，它只有主输送线路、吊具和牵引链是连接在一起的，后者除主输送线路外，还具备储存支线，并有分拣、储存、输送货物等多种功能。悬挂式分拣机具有悬挂在空中、利用空间进行作业的特点，它适合于分拣箱类、袋类货物，对包装物形状要求不高，分拣货物重量大，一般可达 100kg 以上，但该机需要专用场地。

7）滚柱式分拣机。滚柱式分拣机是用于对货物输送、存储与分路的分拣设备，按处理货物流程需要，可以布置成水平形式，也可以和提升机联合使用构成立体仓库。滚柱式分拣机中的滚柱机的每组滚柱（一般由 3～4 个滚柱组成，与货物宽度或长度相当）均各自具有独立的动力，可以根据货物的存放和分路要求，由计算机控制各组滚柱的转动或停止。货物输送过程中在需要积放、分路的位置均设置光电传感器以进行检测。当货物输送到需分路的位置时，光电传感器给出检测信号，由计算机控制货物下面的那组滚柱停止转动，并控制推进器开始动作，将货物推入相应支路，实现货物的分拣工作。滚柱式分拣机一般适用于包装良好、底面平整的箱装货物，其分拣能力高但结构较复杂，价格较高。

三、自动化立体仓库的设计

1. 自动化立体仓库设计的准备工作

1）立体仓库是企业物流系统的子系统，必须要了解企业整个物流系统对子系统的要求和物流系统总体设计的布置图，以便对仓储的子系统进行总体设计。要调查过去进、出库房或料场物品的种类、数量及规律，以便预测未来，进行仓库容量的计算和分析。

2）立体仓库是机械、结构、电气、土建等多专业的工程，这些专业在立体仓库的总体设计中互相交叉，互相制约。因此，在设计时对各专业必须兼顾，例如，机械的运动精度要根据结构制作精度和土建的沉降精度选定。

3）要了解企业对仓储系统的投资、人员配置等计划，以确定仓储系统的规模和机械化、自动化的程度。

4）调查库内储存的货物的品名，特征（如易碎、怕光、怕潮等），外形及尺寸，单件重量，平均库存量，最大库存量，每日进、出库数量，入库和出库频率等。

5）了解建库现场条件，包括气象、地形、地质条件、地面承载能力、风及雪载荷、地震情况以及其他环境影响。

6）调查了解与仓储系统有关的其他条件，如入库货物的来源，连接库场交通情况，进、出库门的数目，包装形式，搬运方法，出库货物的去向和运输工具等。

2. 自动化立体仓库的总体规划

（1）库场的选择与规划

仓库和料场的选择与布置对仓储系统的基建投资、物流费用、生产管理、劳动条件、环境保护等都有着重要意义，这是首先要考虑的。其主要任务是确定库场各部分的相互几何位置关系，画出平面布置图。

（2）仓库形式和作业方式

1）在调查分析入库货物品种的基础上，确定仓库形式。

①品种单一或品种较少：单元货格式仓库。

②批量较大：重力式货架仓库或贯通式仓库。

③特殊要求的货物：冷藏、防潮、恒温仓库。

2）根据出库工艺要求决定是否采用拣选作业：整单元出库为主/零星货物出库为主。

3）少采用单作业方式，尽量采用复合作业方式。

（3）货物单元的形式和货格尺寸设计

立体仓库是以单元化搬运为前提的，货物单元形式、尺寸和重量的确定不仅影响仓库的投资，而且对整个物流和仓储系统的配备、设施以及有关因素都有极大的影响。

抓住所有入库货物流通中的关键环节，根据调查和统计结果，列出所有可能的货物单元形式和规格，选择最为经济合理的方案。

1）对于少数形状和尺寸比较特殊以及很重的货物，可以单独处理。

2）货物单元尽量采用标准推荐的尺寸，以便于与其他物料搬运和运输机具相匹配。

3）货格尺寸取决于在货物单元四周留出的净空尺寸和货架构件的尺寸。

（4）确定库存量和仓库总体尺寸

库存量：指同一时间内储存在仓库内的货物单元数，根据历史进出仓库和货场的数量与规律，通过预测技术来确定库存量。

仓库内采用存储和搬运机械的数量取决于仓库的最大出入库频率。

仓库高度：不宜设计得过高，以 10～20m 为宜，长、宽、高之间没有确定的比例关系。设库存量为 N 个货物单元，巷道数为 A，货架高度方向可设 B 层，则每一排货架在水平方向应具有的列数 D 为：$D=N/(2AB)$。

根据每排货架的列数 D 及货格横向尺寸可确定货架总长度 L。

已知货架总长度为 L，又知仓库的宽度和高度，再根据实际需要，考虑办公室、操纵控制室、搬运机械的转弯以及其他辅助设施等，就可以确定仓库的总体尺寸。在确定仓库总体尺寸和货架结构尺寸的同时，还要参照国内外仓库和仓储机械设计标准，遵照执行。

（5）出入库搬运周期

一般来讲，立体仓库的出入库搬运周期，主要取决于巷道堆垛起重机的作业循环时间。

（6）自动化立体仓库的布置

确定了高层货架的总体尺寸之后，便可进一步根据仓库作业的要求进行总体布置。这种布置主要解决两个问题。

1）高层货架区和作业区的衔接方式。

①叉车——出入库台方式。

②自动导引小车——出入库台方式。

③自动导引小车——输送机方式。

④叉车（或升降机）——连续输送机方式。

2）货物单元出入高层货架的形式。

①贯通式：货物从巷道的一端入库，从另一端出库。

②同端出入式：这是货物入库和出库在巷道的同一端的布置形式。

③旁流式：货物从仓库的一端（或侧面）入库，从侧面（或一端）出库。

3. 自动化立体仓库的计算

（1）立体仓库面积计算

方法一：
$$S = \frac{m_Q}{qa}$$

式中，S 为立体仓库所需总面积，m^2；a 为立体仓库面积利用率，为堆货面积与总面积之比；m_Q 为立体仓库货物的堆存量，t；q 为立体仓库单位面积上的货物堆存量，t/m^2。

$$m_Q = \frac{EK}{30}t \ , \quad q = rH$$

式中，E 为通过立体仓库的月最大货物存取量，t；K 为设计最大入库百分数；30 为每月30 天计；t 为货物在立体仓库中平均库存期，天，根据统计的各种货物历年平均库存周期分析确定；H 为货物的堆放高度，按照装卸工艺要求确定，m；r 为立体库单位体积上的货物堆存量，t/m^3。

方法二：
$$S = f_1 + f_2 + f_3 + f_4$$

式中，f_1 为存放货物有效存放面积，m^2，$f_1 = m_Q/q$；f_2 为入库验货场地面积，根据货物的种类、验收和发货的具体要求及设施确定，$\mathrm{m^2}$；f_3 为出库发货场地面积，$\mathrm{m^2}$；f_4 为通道（人行道、车行道）面积，$\mathrm{m^2}$，根据立体仓库的布置确定，取决于货物和运输工具的外形尺寸。

（2）立体仓库通过能力计算

$$p = \frac{30Sqa}{tb}$$

式中，b 为立体仓库货物的月不平衡系数，该系数与货运量、货源、运输工具的衔接、水文气象及生产管理因素有关。参照同类仓库正常情况下不少于连续三年的统计资料来分析确定。运量越大，不平衡系数越小。其中，$b=$最大月通过能力（吞吐量）/月平均通过能力。

（3）堆垛机作业循环时间计算

1）高层货架区和作业区的衔接方式：

$$T_\mathrm{s} = \frac{\sum_{j=1}^{m}\sum_{k=1}^{n} t_{jk} \times 2}{mn} + 2t_\mathrm{f} + t_\mathrm{i}$$

式中，j 为货架列数，$1\sim m$；k 为货架层数，$1\sim n$；t_{jk} 为单程移动时间，从该入库站开始到 j 列 k 层单程移动时间，s；t_f 为叉货时间，在出入库站或货格处货物移动时间，s；t_i 为停机时间、控制延迟时间等，s。

2）平均复合作业时间：

$$T_\mathrm{D} = \frac{\sum_{j=1}^{m}\sum_{k=1}^{n} t_{jk} \times 2}{mn} + t_\mathrm{t} + t_\mathrm{s} + 4t_\mathrm{f} + t_\mathrm{i}$$

式中，t_t 为平均货格间移动时间，随机确定入库货格和出库货格，作适当次数的货格间移动求得所需时间的平均值，s；t_s 为出入库站间移动时间，入库站和出库站位置不同时的站间移动时间，s。

（4）堆垛机基准出入库能力计算

1）平均单一作业循环时间的基准出入库能力：

$$N_\mathrm{s} = \frac{3600}{T_\mathrm{s}}$$

2）平均复合作业循环时间的基准出入库能力：

$$N_\mathrm{D} = \frac{3600}{T_\mathrm{D}}$$

（5）仓库机械及人员数量计算

一般情况下，立体仓库的装卸机械数量应在同一调配原则下，根据物流工艺流程按下式计算：

$$N = \sum_{i=1}^{k} \frac{E_i}{T_i \times 720d}$$

式中，N 为装卸机械数量，台；E_i 为仓库为完成月最大吞吐量，要求各类机械分别完成的操作量，t；d 为机械利用率，为机械工作台时占日历台时的百分比，一班制取 0.15～0.20；两班制取 0.30～0.35；三班制取 0.40～0.50，电动机械取大值，内燃机械取小值；k 为仓库内用于装卸存取的机械设备种类数；T_i 为第 i 种机械设备单位时间操作量，t/h。

四、自动化立体仓库管理与控制系统

自动化立体仓库管理与控制系统的任务是对仓库中的货物、货位等基本信息进行管理，优化仓库存储效率，管理货物的在库情况并控制仓库中的自动化设备，实现仓库中货物的自动出入库操作和存储操作。

1. 主要功能

自动化立体仓库管理与控制系统的主要功能包括以下两个方面。

1）库存管理：对库存货物的实时信息，如货物品种、数量、单价、来源、入库时间、货位地址等数据进行存储，以供查询、分析、预测和报表制作。

2）货位管理：计算机管理的自动化仓库一般采用"自由货位"存储法。货位管理的任务是根据事先制定的原则，为需要入库或者出库的货物单元选定最佳货位地址。

货位管理需要遵循以下原则。

①分巷道存放原则：目的是提高仓库的可靠性。要求将同一种规格的货物尽量均匀分散在不同的巷道存放。这一原则可以使所有的堆垛机同时高速运行，同时防止某一台堆垛机损坏或某一巷道发生阻塞而不能进行出入库操作，从而造成生产中断，物流阻塞。

②就近原则：这一原则可以提高效率。不同频率、重量的货物在立体仓库中的位置也是不同的，按就近原则，入库时在相应的区域内寻找最靠近入口的空货位，出库时寻找时间最早又最靠近出口的货物，这样使出入库时间最短，达到提高效率的目的。

③货架受力均匀原则：上轻下重，使货架受力稳定；分散存放，货物分散存放在仓库的不同位置，保证货架受力均匀，防止货架因受力不均匀而发生变形、倾覆。

④先入先出原则：同种货物出库时，先入库者，先提出库，以加快物料周转，避免因物料长期积压产生锈蚀、变形、变质以及其他损坏。

⑤货位分区原则：根据货物出入库频率和特性，将立体仓库划区，方便管理。

2. 控制方式

通常，自动化立体仓库管理与控制系统的控制方式包括以下几种。

（1）手动控制

1）货物的搬运和储存作业由人工完成或人工操作机械完成。

2）多在调试或事故处理状态使用。

3）适用范围：拣选作业；中小规模、出入库频率不高的仓库；大中型仓库的备用控制方式。

（2）半自动控制

1）货物的搬运和储存作业一部分由人工完成。

2）整个仓库作业活动可以通过可编程控制器或微型计算机控制。

3）堆垛机具有自动认址、自动换速、自动停准等一项或多项功能，从而显著降低驾驶员操作的疲劳程度，提高作业效率。

4）适用范围：拣选作业；中小型仓库。

（3）单机半自动控制

1）堆垛机停在立体仓库巷道端部原位，由操作人员用机上设定器设定出入库作业方式和货位地址，起重机自动完成存取作业，并返回原址。

2）输送机等周边设备由一个控制柜自动控制。

3）优点：不需要进行信息传输，系统比较简单。

4）适用范围：堆垛机数量不多、出入库频率不高的仓库；集中或联机自动控制方式的备用控制方式。

（4）遥控

1）仓库内的全部作业机械的控制全部集中到一个控制室内，控制室的操作人员通过电子计算机进行仓库作业活动的远距离控制。

2）遥控分为实时控制和监视控制两级，其间实行信息传输。

3）仓库计算机管理与控制系统之间没有实时联系，是一种脱机自动控制系统。

4）适用范围：具有多台堆垛机和复杂的运输机系统的控制场合。

（5）全自动控制（联机自动控制）

1）将仓库管理计算机和集中自动控制系统进行实时联机的控制方式。

2）装运机械和存放作业通过各种控制装置的控制自动进行操作，计算机对整个仓库的作业活动进行控制。

3）操作人员只需在管理计算机终端上进行人机对话，即可实现全系统最佳自动运转，进行所需的出入库作业。

4）特点：高速、优化、方便，现代高级控制方式。

5）硬件配置：分为管理（机）、监控（机）和实时控制（机）三级；对于规模较小、工艺较为简单的系统，管理和监控可以合二为一，直接与实时控制机通信。

（6）计算机集成制造系统控制

1）计算机集成制造系统（computer integrated manufacturing system，CIMS）是全企业生产物流系统的一个子系统。

2）仓库本身仍按照全自动控制方式运转，但其管理机与企业 CIMS 联网，实现信息资源共享。

3）仓库可以由车间或企业的 CIMS 根据自动化生产系统的需要进行管理和控制。

4）适用范围：立体仓库的最高级控制；无人化工厂生产。

3. 控制系统结构

自动化立体仓库管理与控制系统的结构分为集中控制和分布式控制两种。

集中控制：使用一台计算机进行集中管理。要求实时响应的工作和高效数据处理的工作利用分时技术隔开；20 世纪六七十年代使用较多；结构复杂，适用性差。

分布式控制：全部系统功能不集中在一台或几台设备上，抗故障能力强；采用分层控制，系统即可在高层次上运行，也可以在低层次下运行；适合于大规模控制的场合。

图 6-9 中，管理级负责对仓库进行在线和离线管理；中间控制级负责对通信、流程进行控制，并进行实时图像显示；直接控制级则由 PLC（programmable logic controller，可编程逻辑控制器）组成的控制系统对设备进行单机自动控制。

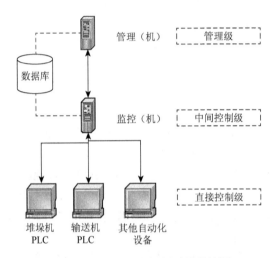

图 6-9　三级分布式控制系统结构图

4. 构成和功能

自动化立体仓库管理与控制系统由仓库货物管理系统、仓库路由（调度）系统、仓库实时监控系统、设备自动控制系统构成。

（1）仓库货物管理系统

仓库货物管理系统主要包括货位管理和终端出入库操作两个子系统，主要功能如下。

1）物品超期、短缺数量统计和报警。

2）多功能数据查询和报表生成。

3）数据备份和恢复。

4）联机作业（终端型作业）和脱机作业（批处理作业）。

5）单元、拣选出入库操作。

6）初始基本数据库管理。

7）接口模块。

8）仓库货位分配管理。

9）出错报警处理。

10）系统维护。

（2）仓库路由（调度）系统

系统以控制元方式配置整个物流控制过程。每个控制元由运行方向、占用状态、预约状态、类型、定时、坐标位置等属性构成，用于路由的动态生成。主要作用是根据仓库的巷道堆垛机和出入库传输系统等设备的实际位置与运动轨迹及当前状态等信息，对仓库货物管理系统发送下来的所有任务进行链路路由的动态生成和实时跟踪管理及动态调度，以达到对传输设备的高利用率和实时避免并发任务的路由冲突。

（3）仓库实时监控系统

仓库实时监控系统实时监控整个立体仓库中各部分的运行情况，动态显示堆垛机和出入库传输设备以及各货物的运行位置，显示所有任务的当前运行状态、出错报警情况，并能直接独立地控制仓库中所有设备的运行。主要功能如下。

1）当前接收到的任务和正在执行的任务的统计。

2）各任务具体参数显示和动态编辑。

3）当前通信状态显示。

4）运行设备动态位置、状态显示。

5）货位占用情况的显示、侧视图显示。

6）底层单步控制信息显示及动态修改。

7）紧急停止、出错报警、堆垛机召回功能。

8）任务执行状态动态显示。

9）货位中货箱箱号显示。

（4）设备自动控制系统

设备自动控制系统包括堆垛机自动控制系统和出/入库输送设备自动控制系统。

堆垛机自动控制系统由控制器、通信接口、操作器、传感检测系统、速度和位置控制系统、控制软件组成。其中，速度和位置控制系统是关键部分，传感检测系统采用先进的高精度检测设备，如旋转编码器和激光测距仪等。速度和位置控制系统采用先进的变频控制技术。各机构采用闭环控制系统，实现对堆垛机的高速、高精度定位控制。

出入库输送设备自动控制系统由主控制器、通信接口、输入及显示操作系统、传感检测系统、货物运动控制系统、控制软件组成。其中，货物运动控制系统是关键。

设备自动控制系统有两种结构方式：PLC 集中控制和 FieldBus 控制。

目前，应用最为广泛的是 PLC 集中控制方式。该方式以 PLC 为中心，通过通信接口，接收来自上位机的任务信息，采集设备传感系统的各种信息，通过 PLC 的控制软件，控制 PLC 的输出，控制设备的各向运动，对货物进行存取作业，实现货物的流转和存储。同时通过通信接口，向上位机发送设备的实时状态信息，以实现仓库实时监控系统对设备的实时监控功能。

目前，最为先进的是 FieldBus 控制方式。该方式采用现场总线技术，组成分布式控制系统，将总线控制器、传感检测系统、速度和位置控制系统、输入及显示操作系统、上位机通信接口等用 FieldBus 组网技术组成一个工控网络，控制设备运动，实现对货物的流转与存储控制，同时向上位机发送设备的实时状态信息，实现仓库实时监控系统对设备的实时监控。其优点是布线简单，节省空间，便于维护，设备维护资金少；使用用户具有高度的系统集成主动权，提高抗干扰能力，提高系统的准确性和可靠性，获取更多的设备信息。

实验一：自动分拣

【实验目的】

通过建立一个传送带系统，学习 Flexsim 提供的运动系统的定义；学习 Flexsim 提供的 conveyor 系统建模；进一步学习模型调整与系统优化。

【实验内容】

在如图 6-10 所示的一个分拣系统中，沿一条传送带传送的货物，根据各自的品种被分别送至不同的操作台，经检验打包后，被取走；检验不合格的货物由一条传送带送往检修处。

图 6-10　分拣系统

分拣传送带的空间结构图如图 6-11 所示。

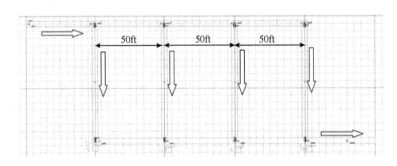

图 6-11　空间结构图

传送带空间布置的俯视图如图 6-12 所示。

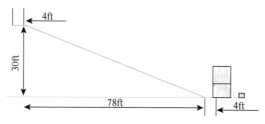

图 6-12　空间布置俯视图

分拣系统的流程描述和系统参数如下。

四种货物 L_a、L_b、L_c、L_d 各自独立到达高层的传送带入口端；

L_a 的到达频率服从正态分布函数 normal400，50 秒；

L_b 的到达频率服从正态分布函数 normal200，40 秒；

L_c 的到达频率服从正态分布函数 uniform500，100 秒；

L_d 的到达频率服从正态分布函数 uniform150，30 秒；

根据不同货物，分别从四条倾斜的传送带送到下层传送带检验包装处；

每个检验包装操作台需操作工一名，每检验一件货物占用时间大约 1 分钟；

每种货物都可能有不合格产品，检验合格的产品放入箱笼，不合格的通过地面传送带送往检修处进行修复；

L_a 的合格率为 95%；L_b 的合格率为 96%；L_c 的合格率为 97%；L_d 的合格率为 98%；

传送带的传送速度选默认速度。

对上述传送分拣系统进行建模，模拟系统一天 8 小时的运行状况，并完成思考题。

【实验步骤】

1）在一个新建的 model 中定义整个系统，并定义 process、source、sink（操作工、队列）等实体及其参数。

2）建立 conveyor 系统，根据空间布置的要求调整各个 conveyor 的位置，根据需要在各个传送带的连接处布置站点，定义各段传送带的参数。

3）定义系统的逻辑流程。

4）运行调整模型，指导模型按照实际系统流程正确运行。

5）运行模型，得到数据和图表等多种结果输出。

6）根据结果输出对系统进行分析。

【思考题】

1）该分拣系统一天的总货物流量约为多少？

2）按照目前的配置，该系统能够承受的最大日流量是多少？

3）如果你是该系统的主管，你怎样调整这个系统的物流安排和人员配置？

4）比较 24 小时工作制和 8 小时工作制设定模型运行，看是否是简单的大约 3 倍的关系？是否能发现不同的现象？连续运行一个月，情况又如何？试说明仿真长度对系统分析的影响。

5）如果该系统中合格的货物被操作工放置在箱笼中，累计每 20 个打一包送走，如何实现这样的逻辑？

6）在 source 定义窗口中改变 source 到达系统的随机分布函数的种类和参数，观察仿真结果的变化，结合有关数学参考书，给出数学上的解释。

实验二：出入库管理

【实验目的】

熟悉自动化立体仓库的组成、运行原理，了解利用堆垛机控制系统进行货物入库、出库以及调库的操作。

【实验设备和器材】

自动化立体仓库、条码打印机、物料盒、模拟货品。

【实验项目和内容】

1）立体仓库设备组成以及运行原理。

2）堆垛机运行流畅，包括手动控制和自动控制。

【实验步骤】

（1）熟悉自动化立体仓库的组成

（2）熟悉堆垛机的组成与分类

（3）操作堆垛机控制系统

运行"条码.exe"程序和单片机通信程序。双击桌面上的"条码"图标（图 6-13）。

图 6-13　"条码"图标

弹出如图 6-14 所示的界面。

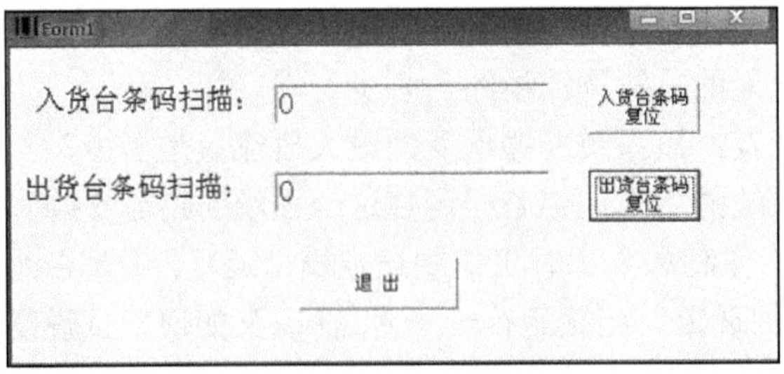

图 6-14　弹出 Form1 界面

双击桌面的"堆垛机控制程序"图标，如图 6-15 所示。

图 6-15　"堆垛机控制程序"图标

若先前未运行"条码.exe"程序，则会出现如图 6-16 所示的对话框。

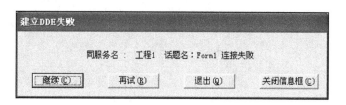

图 6-16　"建立 DDE 失败"对话框

单击"继续"按钮可进入主界面，进入程序。

核对堆垛机的当前位置，如图 6-17 和图 6-18 所示。

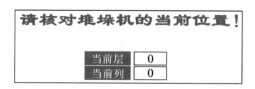

图 6-17　正在刷新数据库

图 6-18　数据库刷新完毕

若出现如图 6-19 所示情况，说明主控机与 PLC 通信失败，请检查 PLC 控制柜电源是否打开，它与计算机的通信接口是否出现松动。

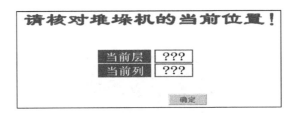

图 6-19　主控机与 PLC 通信失败示意图

一切正常核对完之后，单击"确定"按钮，进入主界面，如图 6-20 所示。

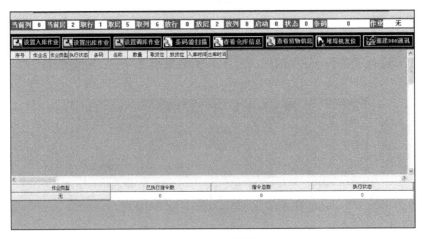

图 6-20　主界面

若先前出现"建立 DDE 失败"对话框，就需要单击"重建 DDE 通讯"按钮，如图 6-21 所示。

图 6-21　"重建 DDE 通讯"按钮示意图

若再未弹出"建立 DDE 失败"对话框，就说明与 Visual Basic 程序的连接已成功。

（4）出入库作业及调库作业操作

1）入库作业。

①设置入库作业，如图 6-22 所示。

图 6-22　设置入库作业示意图

新建入库申请。

输入入库货物条码和数量，单击"添加入库请求"按钮。

选择入库仓位，单击"指定仓位"按钮确定。也可单击"随机仓位"按钮，待入库时系统自动分配。

所有入库请求添加完毕，单击"生成入库单"按钮。

先选择"新建入库单"选项清空所有入库申请，然后在下拉列表中选择需要入库的货物条码，再单击"添加入库请求"按钮。

如果想删除某条入库申请，则输入货物条码，并选择"删除入库请求"按钮。

所有入库申请建立后，单击"生成入库单"按钮，保存在某个固定的路径下。

如果要导入一份已经保存过的入库单，则先选择"刷新入库列表"按钮，选择右边的列表文件后选择"导入入库单"按钮。

②导入入库作业，如图 6-23 所示。

图 6-23 导入入库作业示意图

选择要导入的入库单，并选择"导入数据并运行"按钮。然后把货物放在入库区的辊筒输送链上。

手动依次将需要入货的物流盒放到辊筒输送链上，有条码的一面朝向条码阅读器。盒子的间距保持在 0.3m 以上。

2）出库作业。

①设置出库作业，如图 6-24 所示。

图 6-24 设置出库作业示意图

先选择"新建出库单"按钮清空所有出库申请，然后选择"添加出库请求"按钮，如图 6-25 所示。

图 6-25 添加出库请求示意图

选择出库仓位或出库货物的条码，确定对应想要的出口。

确认出库货物信息后，单击"确定"按钮。

如果想删除某条出库申请，则输入序号后，选择"删除出库请求"按钮。

所有出库申请建立后，单击"生成出库单"按钮，保存在某个固定的路径下。

如果要导入一份已经保存过的出库单，则先选择"刷新出库列表"按钮，选择右边的列表文件后选择"导入出库单"按钮。

②导入出库作业，如图 6-26 所示。

图 6-26　导入出库作业示意图

选择要导入的出库单，并选择"导入数据并运行"按钮。

3）调库作业。

①设置调库作业，如图 6-27 所示。

图 6-27　设置调库作业示意图

先选择"新建调库单"按钮清空所有调库申请，然后选择"添加调库请求"按钮。

选择调库作业的两个操作地址，然后选择是对调流程还是移库流程，对调流程将实现两个仓位的对调，移库流程将某个仓位中的货物移动到另一个空仓位中。

如果想删除某条调库申请，则输入序号后，选择"删除调库请求"按钮。

所有调库申请建立后，单击"生成调库单"按钮，保存在某个固定的路径下。

如果要导入一份已经保存过的调库单，则先选择"刷新调库列表"按钮，选择右边的列表文件后选择"导入调库单"按钮。

②导入调库作业。

选择要导入的调库单，并选择"导入数据并运行"按钮。

4）复位。

在界面的右下角还有个复位按钮——"堆垛机复位"按钮。当系统出现故障时，它是快速恢复到正常状态的有效方法。

堆垛机复位：将堆垛机移至出货台。当堆垛机不在它的标准位置时，单击"堆垛机复位"按钮可快速使堆垛机回到标准位置，并与主控机中的当前层、当前列保持一致。

单击"堆垛机复位"按钮时必须保证堆垛机的叉伸没有伸出。

【思考题】

1）自动化立体仓库的组成部分有哪些？

2）堆垛机如何自动寻址？

3）出入货台上安装的激光扫描器的作用是什么？

实验三：自动化立体仓库设计

【实验目的】

掌握自动化立体仓库的规划设计方法。

【实验内容】

××国际物流中心的业务对象涉及纺织、家电、通信、机械等行业，要求仓储系统具有较大的柔性。为提高土地的利用率，××国际物流中心仓储系统以自动化立体库为主体，同时考虑货柜式货架、立式旋转货架、平库结合的规划设计方案，以适应不同货物存储的需求。

××国际物流中心基地根据发展需要建设自动化立体仓库。自动化立体仓库设计规模为占地面积 $12\,000\text{m}^2$，20 个巷道，层数 18，共计 64 800 个标准货位，如表 6-1 所示。

表 6-1 库区规划一览表

区域	存放货品	备注
自动化立体仓库	纺织成品、电视机、分体空调（室内、室外）、柜式空调（室外）、窗式空调、微机、服务器、显示器、家电零配件、计算机零配件、摩托车零配件、汽车零配件等	一期 5 个巷道 建筑高度 24m
平库货架区	纺织材料、柜式空调（室内）、大型电视机、冰箱、冰柜、摩托车零配件、汽车零配件等	建筑高度 24m
平库分区堆积区	冰箱、冰柜、摩托车零配件、汽车零配件、家电零配件等	建筑高度 24m
露天库区	汽车、摩托车轮胎	二期建筑高度 9m 一期要求平整

通过计算，选用合理的设计方案，使得设计后的自动化立体仓库满足××国际物流中心基地适应不同货物存储的需求。

【实验步骤】

1）根据基础数据设定两种或两种以上的设计方案，方案中包括出入库方式、所采用的设施设备等内容。

2）自动化立体库设计计算，其中包括托盘设计、库存能力设计及设备配置、出入库能力设计等。

3）物流工艺流程规划，其中包括入库组盘和托盘注册、立体库的入库操作、立体库的出库操作、空托盘流程、出库区出库流程、叉车作业流程等。

4）设备参数及投资概算。

本 章 小 结

　　现代物流系统的先进水平主要体现在物流系统高度集成化和自动化、物流设备多样化等方面，自动控制技术在物流系统中起着举足轻重的作用。本章介绍了自动控制技术及其在物流领域中的应用，在此基础上对自动化立体仓库及其应用进行了详细的阐述。

➤教学实践

任务	任务分解	教学要求			教学设计		
		认识层次	讲授程度	特别要求	教学方法	教学手段	教学资源
任务一：自动分拣	1. 老师先下发任务：自动分拣；2. 老师指导学生了解掌握自动分拣技术，并且对其进行讲解；3. 学生一边操作，一边学习理论知识，进行相应的实验内容的方法掌握，并且进行实际操作演练	掌握	重点讲授	会操作	讲授法、案例教学法、教学软件操作	多媒体教学、实验箱	计算机、模拟实验室
任务二：出入库管理	1. 老师先下发任务：出入库管理；2. 老师指导学生了解掌握出入库管理，并且对其进行讲解；3. 学生一边回顾理论知识，一边进行实际操作演练	掌握	重点讲授	会操作	讲授法、案例教学法、教学软件操作	多媒体教学、实验箱	计算机、模拟实验室
任务三：自动化立体仓库设计	1. 老师先下发任务：自动化立体仓库设计；2. 老师指导学生了解掌握数据库自动化立体仓库设计，并且对其进行讲解；3. 学生一边回顾理论知识，一边进行实际操作演练	理解	重点讲授	会操作	讲授法、案例教学法、教学软件操作	多媒体教学、实验箱	计算机、模拟实验室

➤教学评价

名称：物流自动控制技术与应用实践							
评价类别	评价项目	评价标准	评价依据	评价方式			权重
				学生自评	同学互评	教师评价	
				0.1	0.1	0.8	
过程评价	学习能力	学习态度、学习兴趣、学习习惯、沟通表达能力、团队合作精神	学生考勤、课后作业完成情况、课堂表现、收集和使用资料情况、合作学习情况				0.2

续表

名称：物流自动控制技术与应用实践

评价类别	评价项目	评价标准	评价依据	评价方式			权重
				学生自评	同学互评	教师评价	
				0.1	0.1	0.8	
过程评价	专业能力	了解自动控制技术及其在物流领域的应用；理解自动化立体仓库设备的特点和应用场合；使用自动化立体仓库中的自动化设施、设备；掌握自动化立体仓库的设计方法	自动化设施、设备的使用；自动化立体仓库的设计方案				0.3
	其他方面	探究、创新能力	积极参与研究性学习，有独到的见解，能提出多种解决问题的方法				0.1
结果评价	理论考核						0.2
	实操考核						0.2

➢复习思考题

（1）自动化立体仓库的机械设备如何选择？

（2）自动化立体仓库管理与控制系统的控制方式包括哪几种？适用范围是什么？